U0476383

本教材为四川师范大学校级教学综合改革项目《以产出为导向的社会体育指导与管理专业人才培养模式改革创新研究》(项目编号:20220010XJG)结题成果。

《野外生活生存》
课程实施大纲

李佩聪 主编

吉林大学出版社

·长 春·

图书在版编目 (CIP) 数据

《野外生活生存》课程实施大纲 / 李佩聪主编 .
长春 : 吉林大学出版社 , 2024. 7-- ISBN 978-7-5768
-3450-5

Ⅰ . G895-61
中国国家版本馆 CIP 数据核字第 20243WL222 号

书　　　名	《野外生活生存》课程实施大纲
	《YEWAI SHENGHUO SHENGCUN》KECHENG SHISHI DAGANG
作　　　者	李佩聪　主编
策 划 编 辑	樊俊恒
责 任 编 辑	樊俊恒
责 任 校 对	樊俊恒
装 帧 设 计	沈加坤
出 版 发 行	吉林大学出版社
社　　　址	长春市人民大街 4059 号
邮 政 编 码	130021
发 行 电 话	0431-89580028/29/21
网　　　址	http://www.jlup.com.cn
电 子 邮 箱	jldxcbs@sina.com
印　　　刷	北京亚吉飞数码科技有限公司
开　　　本	710mm×1000mm　1/16
印　　　张	19
字　　　数	301 千字
版　　　次	2025 年 3 月　第 1 版
印　　　次	2025 年 3 月　第 1 次
书　　　号	ISBN 978-7-5768-3450-5
定　　　价	98.00 元

版权所有　翻印必究

前　言

野外，泛指荒郊野岭，是与人的居住环境相对应的区域。野外有别于户外，除了"田野""旷野"含义之外，更着重指那些人迹罕至的自然生态环境。生存，是维持生命的所有行为的组合。野外生存，即人在非生活环境下，最大限度地维持生命力的行为。野外生存是一种行为，也是一种能力，更是一种精神。教育部于2002年7月至2006年7月在全国部分高校试行野外生活生存课程，2007年7月开始在全国各高校正式推行，该课程的教育理念和价值，符合高校体育人才培养的改革需要和时代发展趋势。回归初心，坚持正确政治方向，大思政融入是课程的根本任务，认真贯彻习近平新时代中国特色社会主义思想，解决好培养什么人、怎样培养人、为谁培养人这个根本问题。

《野外生活生存》课程为社会体育专业户外运动专业方向学生的专业必修课，该课程充分利用自然地理资源，以在自然环境中开展的身体运动为载体，以传授野外生活生存的基本知识、基本技术、基本技能为教学主要内容，以掌握野外生活生存活动的组织与管理方法，达到强身健体、磨炼意志、陶冶情操、放松自己、充实生活的目的，培养学生积极、乐观、勇于面对困难以及团结协作的精神，激发学生热爱祖国、爱惜生命、珍惜动植物资源的热情，树立绿色环保的价值观及职业素养等为目的的一门课程。通过本门课程的学习提升学生在复杂环境下分析和解决问题的综合能力，使学生能在野外艰苦环境下或不幸遇险时，运用野外生活生存的基本知识、方法以及坚强的意志和过硬的本领，努力发掘自己的潜能，最大限度地回避或脱离风险，自救和救助他人，从而成为一个伟大的幸存者。

《野外生活生存》课程实施大纲充分考虑了学生的认知水平以及学习经验，帮助学生表现出作为学习主体所应具有的选择性、自主性、能动性和创造性。在野外生活生存知识部分，采用教师讲授、课堂讨论与互动、翻转课堂等方式进行理论教学；实践部分，采用模块化导入学习、实操训练、分组练习的方式，学生进行野外生活生存装备品鉴、使用及保养、绳结攀爬等基础技能学习；课后，线上自主学习中国 MOOC、荒野求生（美），完成课后作业、线上单元测试等；校外集中实习部分，将任务设定法、教师问题导向法、小组合作练习法、反思与引导等教学法综合运用，以学生为中心，以应对不同环境下综合运用知识技能为导向，进行自我激励，主动挑战。本门课程坚持教师主导，启发学生思维；坚持教学相长，重视师生互动；坚持师生平等，倡导民主和谐师生关系和师生教学共同体。

《野外生活生存》课程实施大纲作为重要的教学资料，教研室主任、分管教学的副院长都对课程实施大纲中的思想政治教育内容、实施方案等进行了严格审查，并多次作为教研室集体备课的使用材料。《野外生活生存》课程实施大纲在教研室集体备课的教研活动中，就教学实施步骤、思政内容的融入方式、手段及课程思政案例、考评方式等进行了多次研讨交流。课前学生需浏览课程实施大纲，对课堂上要学习的内容能够提前预知，课后，学生还可以针对课程实施大纲上的作业和拓展阅读材料进行巩固复习和深化学习。同时，本课程实施大纲是学生教材之外的重要学习材料，通过实施大纲学生还能进一步了解，教师的教学理念、教学方法、教学原则等。本课程实施大纲的使用能促进学生课堂学习，也能实现学科前沿知识的进一步拓展。

本书共有十四章，前五章主要阐述教学理念、课程介绍、教师简介、先修课程以及课程目标。通过以上内容的介绍，能帮助学生更好地认识与了解野外生活生存课程的理念和基本内涵，以及本门课程要达成的课程目标、价值和意义。第六章至第九章详细介绍与探讨了课程内容、课程实施、课程要求和课程考核，同时也是本书的核心部分。第十章至第十四章主要阐述与介绍了课程资源、课程规范、学术诚信、教学契约和其他说明。具体内容包括教材与参考书，专业学术著作、专业刊物、网络课程资源、课外阅读资源介绍，课堂纪律、课堂礼仪，考试诚信、学术规范等。通过以上内容的阐述、介绍、探讨，能较大地促进学生对《野外生活生存》课程的学习。

随着我国经济、社会的不断发展，人民生活水平的不断提高，在假期和闲暇时光，人们回归自然的需求越来越高。通过在自然环境中的身体

前　言

运动缓解压力、享受快乐和自由、实现自我价值并带有一定探险意义的野外活动正好满足了人们的需要,逐渐成为越来越多人的休闲时尚。本书在撰写的过程中,参考和借鉴了大量的有关《野外生存》和《户外运动》方面的书籍和资料,在此向有关专家及学者致以诚恳的谢意。当然由于时间和能力有限,不足之处在所难免,恳请广大读者批评指正!

四川师范大学　李佩聪
2024 年 1 月

目 录

1. 教学理念 ·· 1
   - 1.1 坚持立德树人根本任务,体现社会主义核心价值观 ········· 2
   - 1.2 坚持"学生为中心,教师主导" ··· 2
   - 1.3 现代教学手段丰富课堂教学,提高教学效果 ···················· 4
   - 1.4 建设安全、科学、理性、环保课程体系 ······························· 4
   - 1.5 理论联系实际,强化课程实践、服务社会需求 ················· 5
   - 1.6 社会体育专业培养目标引领实践型、
     创新型社会体育指导员培养 ··· 6

2. 课程介绍 ·· 8
   - 2.1 课程的性质 ·· 8
   - 2.2 课程中的思想政治教育内容(元素)及思想政治
     教育的方法和手段 ··· 9
   - 2.3 课程在专业结构中的地位、作用 ···································· 22
   - 2.4 课程发展简况及前沿趋势 ··· 23
   - 2.5 课程可能涉及到的道德和伦理问题 ······························ 27
   - 2.6 本课程与经济社会发展的关系 ······································ 31
   - 2.7 学习本课程的必要性 ··· 33
   - 2.8 学习本课程的注意事项 ··· 37

3. 教师简介 ·· 41
   - 3.1 教师的职称、学历 ·· 41
   - 3.2 教育背景 ··· 41
   - 3.3 研究方向、兴趣以及个人教学特点、风格 ····················· 42

- 4. 先修课程 ·· 45
- 5. 课程目标 ·· 46
  - 5.1 知识、技能、能力和思政方面 ··· 46
  - 5.2 本课程重点支撑的毕业要求指标点(能力和创新方面) ··· 47
  - 5.3 课程内容与课程目标的关系 ·· 50
  - 5.4 过程与方法方面 ·· 50
  - 5.5 情感、态度与价值观方面 ··· 51
- 6. 课程内容 ·· 52
  - 6.1 课程的内容概要 ·· 52
  - 6.2 学时安排 ··· 55
- 7. 课程实施 ·· 56
  - 7.1 教学单元一 社会体育指导与管理专业、野外生活生存课程介绍 ·· 56
  - 7.2 教学单元二 野外生存概述 ··· 70
  - 7.3 教学单元三 野外装备 ·· 77
  - 7.4 教学单元四 野外装备(实践课) ····································· 95
  - 7.5 教学单元五 野外装备 野外生存的必要工具 ············· 101
  - 7.6 教学单元六 野外生存的必要工具(实践课、刀的使用) ··· 108
  - 7.7 教学单元七 野外给养 植物性食物 ··························· 110
  - 7.8 教学单元八 野外给养 实践课(植物性食物的鉴别与获取) ·· 141
  - 7.9 教学单元九 野外给养 动物性食物 ··························· 144
  - 7.10 教学单元十 野外给养 实践课(动物性食物获取) ····· 160
  - 7.11 教学单元十一 野外给养 水 ······································ 162
  - 7.12 教学单元十二 野外宿营 ·· 171
  - 7.13 教学单元十三 野外求救与方向识别 ························· 178
  - 7.14 教学单元十四 拓展训练的意义及安全常识 ·············· 189
  - 7.15 教学单元十五 团队拓展训练之团队建设 ·················· 193
  - 7.16 教学单元十六 定向运动与生存能力 ························· 201

7.17　教学单元十七　定向运动基本技术 …………………… 205
　　7.18　教学单元十八　重走长征路、徒步大渡河 …………… 214
　　7.19　教学单元十九、二十　野外露营、野外炊事
　　　　　（校内集中实践教学）……………………………… 225
　　7.20　教学单元二十一　户外活动的组织与管理 …………… 236
　　7.21　教学单元二十二　野外避险与救援 …………………… 243
　　7.22　教学单元二十三　高原反应 …………………………… 252
　　7.23　教学单元二十四　户外活动与环境保护 ……………… 256
　　7.24　教学单元二十五　野外综合实践能力培养及考核 …… 263

8. 课程要求 …………………………………………………………… 269
　　8.1　学生自学的要求 …………………………………………… 269
　　8.2　课外阅读的要求 …………………………………………… 270
　　8.3　课堂讨论的要求 …………………………………………… 271
　　8.4　课程实践的要求 …………………………………………… 272

9. 课程考核 …………………………………………………………… 274
　　9.1　出勤（迟到、早退等）、课堂讨论、作业、报告等的要求 … 274
　　9.2　成绩的构成与评分规则说明 ……………………………… 275
　　9.3　考试形式及说明 …………………………………………… 279

10. 课程资源 ………………………………………………………… 280
　　10.1　教材与参考书 …………………………………………… 280
　　10.2　专业学术著作 …………………………………………… 281
　　10.3　专业刊物 ………………………………………………… 281
　　10.4　网络课程资源 …………………………………………… 281

11. 课堂规范 ………………………………………………………… 283
　　11.1　课堂纪律 ………………………………………………… 283
　　11.2　课堂礼仪 ………………………………………………… 284

12. 学术诚信 ………………………………………………………… 285
　　12.1　考试违规与作弊处理 …………………………………… 285
　　12.2　杜撰数据、信息处理等 ………………………………… 285

  12.3　学术剽窃处理等 …………………………………… 286
13. 教学合约 ……………………………………………………… 287
  13.1　合约理解 ……………………………………………… 287
  13.2　学生责任 ……………………………………………… 287
  13.3　老师责任 ……………………………………………… 288
  13.4　遵守的标准和期望 …………………………………… 288
  13.5　阅读课程实施大纲,理解其内容 …………………… 288
  13.6　同意遵守课程实施大纲中阐述的标准和期望 ……… 289
14. 其他说明 ……………………………………………………… 290

1. 教学理念

野外生存的定义：野外，泛指荒郊野岭，是与人的居住环境相对应的区域。野外有别于户外，前者更强调环境的原始性和自然性。这里的野外除了"田野""旷野"之外，更着重的是指那些人迹较少的自然生态环境。生存，是维持生命的所有行为的组合。在不同的环境状态下，生存有不同的含义。在紧急关头，在极端恶劣的生态环境下，生存往往可以简单地理解为"活下去"。野外生存，即人在非生活环境下，最大限度地维持生命力的行为。野外生存是一种行为，也是一种能力，更是一种精神。野外生存按其行为的发生，可以分为主动野外生存和被动野外生存两种。

《野外生活生存》课程是依据野外的特点，充分利用自然地理资源，以在自然环境中开展的身体运动为载体，以传授野外生活生存的基本知识、基本技术、基本技能为教学主要内容，掌握野外生活生存活动的组织与管理方法，达到锻炼身体、磨炼意志、陶冶情操、放松自己、充实生活的目的，培养学生积极、乐观、勇于面对困难以及团结协作的精神，激发学生热爱祖国、爱惜生命、珍惜动植物资源的热情，树立绿色环保的价值观及职业素养等为目的的一门课程。通过本门课程的学习提升学生在复杂环境下分析解决问题的综合运用实践能力，使学生能在野外艰苦环境下或不幸遇险时，运用野外生活生存的基本知识、方法以及平时造就的坚强意志和过硬的本领，努力发掘自己的潜能，最大限度地回避风险，自救和救助他人，从而成为一个伟大的幸存者。在本课程的教学过程中，遵循以下教学理念。

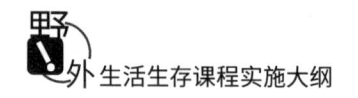

1.1 坚持立德树人根本任务,体现社会主义核心价值观

野外生活生存课程进入高校,是素质教育改革的结果,其意义重大,势必对高校体育专业人才培养产生深远的影响。教育部于2002年7月至2006年7月在全国部分高校进行实验,2007年7月开始在全国各高校正式推行野外生活生存课程。该课程的教育理念和价值,符合高校体育人才培养的改革需要和时代发展趋势。回归初心,坚持正确政治方向,大思政融入是课程的根本任务,认真贯彻习近平新时代中国特色社会主义思想,解决好培养什么人、怎样培养人、为谁培养人这个根本问题。促进野外生活生存专业知识与思想政治教育相结合,用知识体系教、价值体系育、创新体系做,倾心培养建设者和社会主义接班人。始终以科学社会主义教育为红线,坚定学生共产主义理想信念,培养学生科学社会主义和中国特色社会主义学术修养。回归梦想,帮助学生更好掌握马克思主义基本理论,培养坚定共产主义远大理想和中国特色社会主义共同理想的青年专业本科人才,实现教育报国、教育强国梦。努力培养担当民族复兴大任的时代新人,培养德智体美劳全面发展的社会主义建设者和接班人。

1.2 坚持"学生为中心,教师主导"

对于"教师主导,学生为中心"必须要明确地认识到"主导"是教师在教学过程中所起的作用,是就教师的职业功能而言。教师的主导作用是必然且必要的。教师为培养社会主义接班人而育人。教师"闻道"在

1. 教学理念

先,受过专业训练,并提前掌握了教学内容和教学方法,知识经验丰富,能帮助学生快速准确地掌握知识,是学生成长中的向导。教育以人为本,学生为中心,教师为主导,教师要调动与引导学生的积极性和主动性,激发学习兴趣和求知欲。之所以强调学生的中心地位,是由于传统教学模式是"注入式"教学,学生是知识的被动接收者,主动性不够,个性受到压抑,其知识范围也被压缩到狭窄而单一的方向上。学生对所学知识麻木地接收,靠死记硬背掌握,难以开发学生内在潜能及创新性思维,难以培养学生的特长和专长,必将限制学生的成长与进步。

本门课的教学活动中,将会围绕学生的学来展开,每次课程会充分考虑到学生的认知水平以及学习经验,帮助学生表现出作为主体所应具有的选择性、自主性、能动性和创造性。具体体现在:野外生活生存知识部分,采用教师讲授、课堂讨论与互动、翻转课堂等方式进行理论教学;实践部分,采用模块化导入学习、实操训练、分组练习的方式,学生进行野外生活生存装备品鉴、使用及保养、绳结攀爬等基础技能学习;课后,线上自主学习中国MOOC、荒野求生(美),完成课后作业、线上单元测试等;校外集中实习部分,将任务设定法、教师问题导向法、小组合作练习法、反思与引导等教学法综合运用,教师引导学生结合自身体验和本体感受,对实践过程进行评估和调整,以学生为中心,以应对不同环境下综合运用知识技能为导向,进行自我激励,综合性挑战。让学生通过真实体验与亲身感受,记录野外生活生存过程中的身心状况,观察不同海拔高度的生态环境变化,分析登山路线与野外生存计划制定的科学性及合理性,评估野外生存活动对自然环境的影响。

坚持教师主导,启发学生思维;坚持学生为中心,引导自主学习;坚持教学相长,重视师生互动;坚持师生平等,倡导民主和谐师生关系和师生教学共同体。热爱教学、倾心教学、研究教学、创新教学,以高尚的师德师风引领社会体育专业青年学子。始终以学生发展为本,自主学习常态化,学生,学"前置",教师,教"后移",使野外生活生存课堂成为师生思想交流平台。

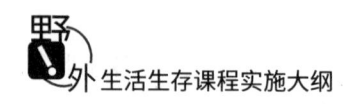

1.3　现代教学手段丰富课堂教学，提高教学效果

以 PowerPoint 为代表的现代多媒体教学技术的出现为课堂教学的开展提供了极大的便利，在教学中灵活使用现代教学技术，能够起到事半功倍的效果。近年来，MOOC（Massive Open Online Courses，大规模开放在线课程）、微课（Microlecture）、翻转课堂（Inverted Classroom），疫情开始的线上+线下联合教学模式在我国迅猛发展，掀起了一波波信息化教育改革的热潮，成为当前我国高等教育领域的关键词。随着教学实践的不断深入，基于 MOOC 的混合式教学模式，把传统课堂面授式教学的优势和数字化或网络化学习的优势结合起来，既发挥教师引导、启发、监控教学过程的主导作用，又充分体现学生作为学习过程主体的主动性、积极性与创造性。这也为新时期的高校教师提出了新的机遇和挑战。教师应该敢于打破以前的教学常规，具备与时俱进的创新观念，善于借助现代教学手段开展多种形式的课堂教学，改善课堂学习氛围，使获得知识与技能的过程成为学会学习和形成正确价值观的过程。例如，在野外生活生存理论和实践教学过程中充分利用 MOOC、微课、雨课堂、网络翻转课堂等资源拓宽课程知识面，扩大信息量，改进教学手段和方法，提高教学效果。

1.4　建设安全、科学、理性、环保课程体系

野外生活生存活动属于户外运动范畴是将跑、跳、投、攀爬、跨越等基本内容，扩展到社会和大自然中，不仅打破了体育课程长期以来的封

闭格局,丰富和完善了我国高校体育的课程体系,而且促进了学生的身体锻炼,以及人类与大自然和谐相处的行为方式养成等,培养大学生适应社会,适应大自然的身心素养。野外生活生存活动由于其运动特点,不仅能使大学生强身健体,更能激发大学生的创造灵感,培养他们的创造素质。能够在特殊的自然环境中锻炼学生的心理品质、塑造完美的个性、健全学生的人格,从而使学生的身心素质得以良好发展。野外生活生存活动能够使学生在参与的过程中体验集体生活、交流沟通的团队协作精神,让学生更加全面地认识和理解人与自我、人与社会、人与自然的相互关系,从而为他们步入社会打好良好的人际交往素质基础。因而应以安全、科学、理性、环保理念建设野外生活生存课程体系:

(1)安全观。野外生活生存课程教学首先需要确立安全第一的原则。规范教学操作的各项程序,每次课程必须列出详细的教学计划,包括野外实践活动路线(事先由教师探查好了的路线)、整理户外装备、课程进展、时间安排、师生安全工作责任安排、野外生存技术技能培训、身体健康检测、体能训练基础等。每次课程中责任教师必须进行风险评估,预测课程进展过程中可能会出现的意外事件,并且完备应急处理预案,购买户外意外保险等。

(2)科学观。在实施野外生活生存课程的过程中,要广泛运用多学科知识指导课程。广泛借鉴和参考气象、野生动植物、地质、地理、生态等学科知识,促进和发展学生的科学能力,培养学生热爱自然的品质。

(3)理性观。野外生活生存课程设置要合理,严格遵守循序渐进的原则,不过于追求高、难、险的项目。

(4)环保观。课程重视把环境教育有机融入野外生活生存教学中,以弥补我国高校环境教育的不足,培养学生热爱自然、保护自然的优良品质。

1.5 理论联系实际,强化课程实践、服务社会需求

本门课程注重理论联系实践,结合野外生活生存活动发展的最新

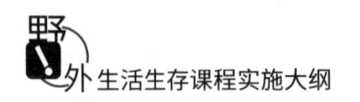

动态。在教学过程中,跟踪学科发展动态,把基于核心素养的野外生活生存课程改革相关知识内容基础化,把新理论、新技术成果以通俗易懂的方式融入教学。野外生存教育是开放的学科、发展的学科,教学内容中会适当增加和充实最新的研究成果、国家政策,开拓学生视野和知识面。教学过程中,教师会将理论联系实际,强化课程实践,把学科知识、技能进行模块化,同时分别在校内、校园周边、校外市内、市外省内等不同层级的《野外生活生存》课程实践基地进行实训、实习,将知识、技能与实践应用有机地结合起来,使学生感觉到学科知识具有重要的应用价值并使学生意识到学科知识不是抽象乏味的,而是与野外生活生存活动实际密切相关的。这也可以避免理论与实践的脱节,并且使学生对学科知识增加亲近感,激发学生学习兴趣,也调动了学生学习的积极性与主动性,产生良好的教学效果。同时还应将所学知识技能,积极运用于社会实践,服务社会需求。例如,四姑娘山基地集中实践期间,采用探究式学习法,分小组,在教师带领下各小组对四姑娘山管理局户外运动中心、四姑娘山高山协作公司等进行野外生存活动与当地经济发展、乡村振兴等相关主题的调查。普及碳足迹等高阶环保理念,对乡村居民、高山向导、户外爱好者进行环保宣传。记录调研情况,课后完成调研报告。前往达维镇,参观烈士陵园、访谈红军后代,学习和感受红军长征"达维会师"的丰功伟绩,继承红军精神,激发爱国情怀。

1.6 社会体育专业培养目标引领实践型、创新型社会体育指导员培养

四川师范大学社会体育专业本科人才的培养目标是:立足四川,面向全国,服务"健康中国"和"全民健身"战略,培养适应区域经济社会发展需要,具有坚定的职业理想和强烈的社会责任感,掌握社会体育指导与管理的基本理论、知识与技能,富有创新精神、创业意识和综合职业能力,能在社会体育活动领域中从事健身咨询、健身指导、组织管理等方面工作的应用型体育人才。根据此培养目标,体育学院社会体育专

1. 教学理念

业户外运动专业方向的学生不光要自身学会野外生活生存技能,还要具备传授野外生活生存技能,传播野外生活生存知识,开展和指导大众野外生活生存活动,组织野外生活生存类户外运动比赛,经营户外运动项目管理,野外救护及损伤处理等专业性要求,为成为实践型、创新型户外运动社会体育指导员起到奠基作用。

2. 课程介绍

2.1 课程的性质

本课程为社会体育专业（2012年版教育部《本科专业目录》更名为"社会体育指导与管理专业"，此课程实施大纲中仍简称"社会体育专业"）户外运动专业方向学生的专业必修课程和基础课程。课程采用理论与实践相结合，实践技能学习为主，理论及答疑嵌入实践教学过程中。由于野外生活生存活动的广泛性和特殊性，教学地点大多为非常规性体育场馆，常用的有校园自然环境、拓展基地、校园周边公共户外资源、校外基地等。

随着我国经济的不断发展，人民生活水平不断提高，在假期和闲暇时光，人们回归自然的需求越来越高。通过在自然中的身体运动缓解压力、享受快乐和自由、实现自我价值并带有一定探险意义的野外活动恰逢其时地满足了人们的需要，逐渐成为青年人的休闲时尚。人们不断被野外生活生存活动的魅力所吸引，自2000年以来，每年参与野外活动的人次成倍增长，目前，我国每年参与野外活动的人次已超8000万。在野外生活生存活动参与人群不断增长的同时，因缺乏专业领队教练指导而盲目参与野外活动导致的运动事故时有发生，凸显出当前我国户外运动专业人才数量匮乏，专业化程度有限，缺少户外运动专业人才的系统培养等现实问题。在我国野外生存等户外运动迅速发展的过程中，只有解决户外运动人才的培养途径问题，才能使我国的野外生存等户外运动健康持续地发展。

社会体育专业是在我国群众体育快速发展的背景下,以及国外大众体育发展历程的启示下,为应对我国社会体育人才的匮乏,在20世纪末产生的新专业。社会体育专业重点关注和着力于新兴体育项目,结合实际、把握大众运动休闲发展规律,转变和更新体育人才培养观念,凝练专业培养目标,培养符合社会需要的体育人才。当前,我国包含野外生活生存活动在内的户外运动已经成为最受欢迎的运动项目之一,并有从运动项目向生活方式转变的趋势,户外运动在我国的发展有着巨大的空间和资源。社会体育专业正以快速发展的户外运动产业为契机,积极将既懂得野外生活生存知识又掌握了基本技术、技能的户外运动专业人才纳入社会体育专业人才培养体系。

2.2 课程中的思想政治教育内容(元素)及思想政治教育的方法和手段

2.2.1 课程中的思想政治教育内容(元素)

思想是行动的纲领和指导,思想政治教育是以课程为载体,以立德树人为根本,充分挖掘蕴含在专业知识中的德育元素,运用德育的学科思维,实现专业课与德育的有机融合,将德育渗透、贯穿教育和教学的全过程,助力学生的全面发展。围绕"课程思政"目标,以马克思主义理论为指导,坚持知识传授与价值引领相结合,深入挖掘《野外生活生存》课程和教学方式中蕴含的思想政治教育资源,通过积极践行和弘扬社会主义核心价值观,引导学生正确做人和明白做事。经过努力,本课程共挖掘出中国梦,红色文化、民族自豪感、爱国主义教育、长征精神、集体主义精神、职业理想、职业道德,法治意识,可持续发展理念、珍爱生命,敬畏自然,勤俭节约等涵盖理想信念、精神追求、生命教育等多层次多种类的思想政治教育内容(元素),并主要体现在以下三个方面。

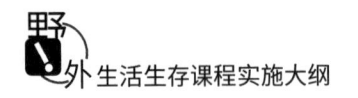

2.2.1.1 绿色环保理念教育

习近平生态文明思想当中最为突出的科学论断就是"绿水青山就是金山银山"。过去,许多人都认为环境与发展、生态化与现代化,二者是鱼与熊掌不可兼得的关系。而习近平总书记提出的"绿水青山就是金山银山"的论断创造性地回答了这个问题,认为二者是可以统一的。在党的十九大上,明确地把"绿水青山就是金山银山"写入了党的十九大报告,写入了党的十九大党章。在2018年全国生态环境保护大会上,习近平总书记进一步提出,绿水青山就是金山银山,贯彻创新、协调、绿色、开放、共享的新发展理念,加快形成节约资源和保护环境的空间格局、产业结构、生产方式、生活方式,给自然生态留下休养生息的时间和空间。

生态文明新理念秉承了中华优秀传统文化理念,开辟了人与自然关系的新境界,为中华民族伟大复兴和永续发展指引了道路。保护地球家园,维护人类可持续发展的核心问题是转变生活方式,实践低碳生活理念已成为全球共识,未来的所有科技和文化发展都将以符合低碳生活为标准。同样,体育的发展必然也应该融入清新洁净的绿色主流中。因此,转变体育运动方式,建设绿色低碳的生态体育将是体育进入生态文明时代的理想模式。

在自然环境中开展的各种休闲活动,大多需以参与性的身体活动为载体或手段。例如,在开展对自然关注程度较高的野外活动时,徒步行走将会代替动力性的交通工具,野外宿营也会代替度假宾馆。而在许多环境教育活动中,以徒步、登山、野炊等为活动内容的野外生活生存活动,是提高青少年综合能力的重要手段。

2.2.1.2 珍爱生命、敬畏自然、爱惜动植物资源教育

在野外艰苦环境下或不幸遇险时努力发掘自己的潜能,最大限度地回避风险,自救和救助他人,不轻言放弃和抛弃任何生命,即便身陷绝境,也要设法运用平时造就的坚强的意志和过硬的本领力争成为一个伟大的幸存者。解决野外生存活动对自然资源的滥用和破坏,从过去"以人为中心"的征服性野外生存观念转变为"敬畏自然"的野外生存观念。

2. 课程介绍

2.2.1.3 长征精神、红色文化教育

深入探寻野外生活生存课程实践教学基地、实践教学线路中的长征遗迹、红色历史，逐一挖掘其中蕴含着的丰富的长征精神和红色文化元素，作为思想政治教育内容，融入野外生活生存教学过程。

内容1：距离四姑娘山实践基地小金县日隆镇20分钟车程的达维镇，是红军长征的达维会师点，参观烈士陵园、访谈红军后代，学习和感受红军长征"达维会师"的丰功伟绩，有利于继承红军精神，激发爱国情怀。夹金山是中国工农红军二万五千里长征路的起点，学习和"弘扬红军翻越大雪山精神"是野外生活生存课程典型的思想政治教育内容（元素）。

内容2："重走长征路，徒步大渡河"实践教学，为致力打造"红色文化"思政课堂，让当代大学生身体力行感知长征精神，重温红色记忆，传承红色基因，坚定建设祖国的理想信念。从2021年5月起，在中国共产党100周年诞辰之际，增设以《野外生活生存》课程实践教学为载体，融入党史学习教育主题，组织户外运动专业方向师生沿着当年红军长征走过的真实路线，从石棉县什月坪出发，徒步120公里，到达"泸定桥"的实践教学活动。该活动采用形式丰富的教学手段，打造"户外运动技能教学＋红色文化思政教育"的优质实践课堂。

2.2.2 思想政治教育的方法和手段

为将挖掘出的思想政治教育（内容）元素更好、更自然地融入课程，本着以学生发展为中心，以学生学习成效为出发点，在课程教学实施过程中创新性地运用了：互动交流，线上线下调研，多媒体教学，校内外空间融合，启发式练习，体验式学习，沉浸式教育，案例剖析、情景教育，榜样教育，观点辩论，参加（思政）学科竞赛等多种教学方法和手段。其中最具代表性的有如下三类。

2.2.2.1 通过课堂教学活动加强思想政治教育

将挖掘出的思想政治元素渗透到课堂的教学内容中，将课程教学中的野外生活生存技能传授与思想政治教育目标有机结合，培养学生积

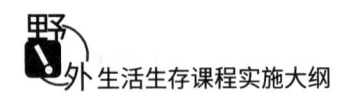

极、乐观、勇于面对困难以及团结协作的精神；激发学生热爱祖国、爱惜生命、珍惜动植物资源的情操；树立绿色环保的价值观及职业素养。

课前通过深入分析教材，根据学生的思想现状，充分挖掘教材内的思想性和道德教育因素。在教学设计和具体教学过程中充分考虑并运用这些因素。采用嵌入式、探究式教学方式，运用专题化、模块化学习、实践测评、深度访谈、小组学习等手段，在本课程的各项教学环节中融入生态文明与体育主题的思想政治教育内容。例如，把野外生活生存专业知识与绿色环保等思想政治教育元素相结合，用知识体系教、价值体系育、创新体系做，倾心培养建设者和社会主义接班人。始终以科学社会主义教育为红线，坚定学生共产主义理想信念，培养学生科学社会主义和中国特色社会主义学术修养。

2.2.2.2 实施榜样教学，强化学生思想

"德高为师，身正为范"。做一个受学生尊敬的教师，往往更容易在教学过程中得到学生的配合与信任。同时，一个具有良好思想政治素养的教师，将会对学生的思想素质产生潜移默化的影响。在体育教学中，教师不仅要充分注重自身的言行，发挥自己在思想政治方面的表率作用。同时，还可以在学生群体中树立榜样，发挥学生自身典型的"标杆效应"。比如在野外生活生存教学中，将具有较强团体意识，乐于助人、积极进取的学生作为全体学生"榜样""标兵"，发挥其榜样效应。

2.2.2.3 依托实践教学基地红色元素和实践教学活动深入思想教育

例1：在四姑娘山基地集中实践教学期间，采用探究式学习法，把学生分为多个小组，由教师带领各小组在对四姑娘山管理局户外运动中心、四姑娘山高山协作公司等进行野外生存活动与当地经济发展、乡村振兴等相关主题调查的同时，向他们普及碳足迹等高阶环保理念，对乡村居民、高山向导、户外爱好者进行环保宣传。在调查和宣传过程中让绿色环保理念与教育对象间教学相长。其次，由教师带领学生前往距离四姑娘山镇仅20分钟车程的达维镇，参观烈士陵园、访谈红军后代，学习和感受红军长征"达维会师"的丰功伟绩，继承红军精神，激发爱国情怀。最后，在课外拓展和课后延伸阶段，采取召开"弘扬红军翻越大雪

山精神"主题班会活动等形式来落实课程教学中的思想政治教育内容（元素）。

例2：在"重走长征路，徒步大渡河"体验式实践教学过程中，完全沿着1935年5月27日，红军行至雅安市石棉县什月坪附近，接到飞夺泸定桥的命令，要求在29日拿下泸定桥。红军从什月坪出发奔袭泸定桥，沿大渡河，翻越崇山峻岭，急行军120余公里，并经历数次敌军阻扰，仅用三天时间完成任务，创造了世界行军史奇迹的真实线路，途经什月坪→猛虎岗→菩萨岗→磨西镇→奎武村→泸定桥等革命遗迹，完成"重走长征路，徒步大渡河"实践教学目标。在走过丛林草地、跨过陡崖峭壁的过程中，考验同学们的毅力。通过最简单的身体运动——行走，让青年一代大学生们深刻领悟到长征精神力量的巨大价值。同学们在收获精神上的升华以及心灵上的洗礼的同时，学习更多的野外生存技巧，强化野外专业知识。在途经磨西古镇时怀着崇敬的心情，全体师生参观磨西红色长征纪念馆，眼望纪念馆中一件件红军遗物和一张张老照片，聆听讲解员声情并茂的介绍，了解当年红军在甘孜战斗、生活的情景，深入理解"磨西会议"的重大历史意义，感悟红军长征的艰苦岁月和英勇顽强的革命精神，激发同学们内心深处的家国情怀。

2.2.3 课程各章节具体思政教育元素、教育方式

表2-1 课程各章节思政元素及教学组织方式

课程内容	章节	主要内容	课程思政元素及资源	教学组织与实施
	第一章第一节	《社会体育专业》《野外生活生存课程》发展现状及展望——"四爱"意识培育与中国梦	讲解我国《社会体育专业》的诞生、发展与经济建设、社会发展、民族复兴中国梦的关系，使学生更深层次地了解专业发展历史，增强专业、民族自豪感；通过《课程》的建设历程、资源、内容、计划、评价方式以及与"户外运动""大众休闲"的关系介绍，培养学生"爱祖国、爱人民、爱家乡、爱学校"的"四爱"意识，以及为伟大复兴的中国梦而奋斗终身的决心。	课堂讨论： 1.社会体育专业的发展历史、社会体育与经济建设、社会发展、民族复兴的关系？ 2.小组调研和讨论社会体育指导员在新时期国家建设中的重要地位，领会体育在实现伟大复兴中国梦中的重要作用。

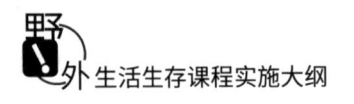

续表

课程内容	章节	主要内容	课程思政元素及资源	教学组织与实施
	第一章第二节	追溯野外生存史——民族自豪感和爱国主义教育	作为课程绪论部分,在讲解野外生存发展历史这部分内容时,围绕原始人类的"野外生活进化史"和"现代科技条件下的野外生存独特价值"来展开小组调研和课堂讨论。让学生通过课前阅读了解远古中华文明为适应恶劣自然环境而创造的先进生存技能如石器制造、火药发明、金属冶炼、陶瓷烧制等,使之更深层次地了解中华人类野外生存史,增强民族自豪感。同时,通过小组讨论、分享新中国成立以来我国野外勘探、野外探险、野外建设、抗击自然灾害所取得的重大成就,培养学生树立爱国主义情怀、增强家国意识,让学生真正领会专业学习的重要性和振兴中华的紧迫性。	线上调研+线下讨论: 1. 线上调研、预习远古中华文明的野外生存进化历史、了解中华民族在人类与野外(自然)抗争中所作的贡献。 2. 小组讨论中华人民共和国成立以来我国先进的野外生存技术和技能,领会科技带来的重要作用。
			相关数据显示,以野外生活生存为主的户外运动正逐步兴起,户外运动产业经济发展正酣。2006年全国户外用品销售额仅15亿元,2017年这个数字就已上升至153.8亿元。但与欧美发达国家如美国2015年度就创造了6460亿美元的经济收入相比,我国的野外装备制造业显得十分的稚嫩与落后,又特别是其	

2. 课程介绍

续表

课程内容	章节	主要内容	课程思政元素及资源	教学组织与实施
	第二章第一节	野外装备——民族工业振兴与可持续发展	高端装备和原材料几乎都依赖于进口，凸显了我国民族工业的短板。通过现状、数据对比激发学生振兴民族工业的意愿和决心，以及在当下人类命运共同体格局下，如何在振兴的同时实现可持续发展，并从原材料研发、制造工艺、销售、使用等多个环节思考如何实现节能、减排和绿色环保。同时，引申到我们的日常生活中，利用"能量守恒与转化"是一个具有普适性的定律，围绕生活中节能环保的方法和措施展开小组讨论。帮助同学们树立节能减排意识，为我国的民族工可持续发展和美好的明天献计献策。	多媒体教学+讨论：通过视频、图片(数据)展示目前世界顶级野外装备生产和使用现状，以及我国相对滞后的野外装备民族工业制造水平。依托能量守恒与转化这一个具有普适性的定律。组织同学们小组讨论，列举生活中节能环保的方法和措施。
	第二章第二节	野外给养——绿色、环保理念教育	2018年全国生态环境保护大会上，习近平总书记进一步提出"绿水青山就是金山银山，贯彻创新、协调、绿色、开放、共享的新发展理念，加快形成节约资源和保护环境的空间格局、产业结构、生产方式、生活方式，给自然生态留下休养生息的时间和空间"的理念。生态文明新理念开辟了人与自然关系的新境界，为中华民族伟大复兴和永续发展指引了道路。体育的发展必然也应该融入清新洁净的绿色主流中。	

15

续表

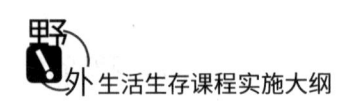

课程内容	章节	主要内容	课程思政元素及资源	教学组织与实施
			在野外植物、动物、水等给养采集和获取的教学实践过程中教育学生树立绿色环保理念，转变思维方式，把握获取原则底线，建设绿色低碳的生态体育，这是体育进入生态文明时代的理想模式。	校内、校外结合：校内，通过理论学习掌握野外给养的基础知识，同时讲授绿色环保理念的价值、意义及其养成的方式。校外，在动植物、水等给养获取和生存工具制作过程中融入和贯穿绿色环保理念，让学生养成生态文明习惯。
第二章第三节		野外宿营——珍爱生命、敬畏自然、爱惜动植物资源理念养成	野外营地建设、宿营过程中教育学生在野外艰苦环境下或不幸遇险时要努力发掘自己的潜能，最大限度地回避风险，自救和救助他人，即便身陷绝境，也要设法运用平时造就的坚强的意志和过硬的本领力争成为一个伟大的幸存者。在解决野外宿营等生存活动对自然资源的滥用和破坏过程中，从过去"以人为中心"的征服性野外生存观念转变为"敬畏自然"的野外生存观念。	声像教学：通过播放《攀登者》《北壁》《冰峰》《可可西里》等户外题材电影、视频，培养学生在野外宿营、生存过程中，养成珍爱生命、敬畏自然、爱惜动植物资源的理念和习惯。
			本章节在讲授白天（有太阳、无太阳）、黑夜（有星辰月亮、无星辰月亮）野外方向识别时，教育学生要尊重科学，切勿惊慌失措，冷静地寻找出路，并充分利用太阳、指针手表、星辰、月亮、简易指南针、地物特征等科学方法识别方向。在野外遇险时	小组讨论、分组练习：在本章节的学习过程中分小组练习和讨论，针对不同自然、气候、时间、物质条件下的野外，

2. 课程介绍

续表

课程内容	章节	主要内容	课程思政元素及资源	教学组织与实施
	第二章第四节	野外求救与方向识别——尊重科学、不抛弃不放弃教育	及时利用声响、反光镜、烟火、地面标志(SOS)、摩尔斯密码等求救,并在任何时候都要对自己的生命和对遇到危险的同伴不抛弃不放弃。	如何利用科学方法、冷静思考,对方向作出科学判断而不是鲁莽行事。模拟自己或同伴遇险后如何尊重医学科学,恰当施救并做到不抛弃不放弃。
	第三章第一节	拓展训练的意义及安全常识——正确的世界观	在进行拓展训练地面项目("信任背摔""电网""孤岛求生""毕业墙"),空中项目("巨人梯""彩虹桥""断桥""天街")等学习过程中,不仅要让学生充分理解每一个项目的深刻含义及其训练价值,更要利用项目学习树立和培养学生正确的人生观、世界观。	体验式学习:学生在教师(体验培训师)的带领下,通过亲身练习充分体验和感受每一个项目的意义和价值真谛,沉浸于项目的教育过程,从而不断校正、培育、树立自己正确的人生观、世界观。
	第三章第二节	团队拓展训练之团队建设——团结协作与集体主义精神教育	团队拓展训练,不仅是拓展训练的核心要义,也是每一次拓展训练的"破冰"之旅,它是凝聚一个团队人心和力量的方法与技巧。在进行团队拓展训练、团队建设的过程中不仅要让学生学到方法更要借此对学生进行团结协作与集体主义精神教育。	案例剖析、情景教育:在进行团队拓展训练学习过程中,让学生深入情景认真学习团队拓展训练的方式方法,领会团结协作与集体主义精神的要义。同时,将教育延伸到野外生存活动团队精神培育的典型案例"冰雪结组"——在皑皑雪山上,为了防止坠落,攀登者们用一条绳子链接在一起,大有生就同生,死便同死的气概。教育学生要学会与人合作,并懂得在合作中尽量做好自己的工作。从而进一步加强对学生的团结协作与集体主义精神教育。

续表

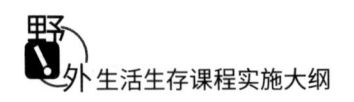

课程内容	章节	主要内容	课程思政元素及资源	教学组织与实施
	第四章第一节	定向运动与生存能力——宪法、法治意识教育	定向运动是一项集智慧和体能于一体的时尚体育运动,在欧美、日本等发达国家盛行。他主要是运用指北针和地图的相关知识在旷野、公园等户外环境下奔跑。其运动涉及到交通、野生植被、动物、农田、农作物、重要地理信息等因素,在对该运动技能进行学习和应用时,教育学生要时刻遵守国家的宪法、法律、法规和地方的相关管理办法,树立宪法、法治意识。	课前调研、课堂讨论: 1. 课前组织学生分组、分类对定向运动可能涉及到的相关宪法、法律、法规进行调研梳理。 2. 课中不同组别学生信息交换,分享不同类别法律、法规的相关规定,同时相互讨论,以便进一步提高和树立宪法、法治意识。
	第四章第二节	定向运动基本技术——职业理想、职业道德教育	定向运动技术中的GPS定位、指北针技术与军事科目中的无线电测向技术十分相近,其中定向地图又可能涉及到国家科技、军事地理坐标等信息。因此,定向运动基本技术教学过程,同时也是对学生进行职业理想、职业道德教育的最佳时机,培养学生树立正确的职业理想和职业目标,把定向运动技术正确运用到野外生存、体育竞赛、体育健身等事业领域,为祖国争光、为人民群众日益增长的体育健身需求谋福。最终养成良好的职业道德情操。	榜样教育: 利用定向运动基本技术实践教学间歇和理论学习课堂,以四川师范大学定向运动代表队主教练杨洪老师(国家级制图员、高级教练员)和已毕业正在部队服役和高校担任定向运动教练员、教师的前校定向运动队队员为榜样,对学生进行职业理想、职业道德教育。

2. 课程介绍

续表

课程内容	章节	主要内容	课程思政元素及资源	教学组织与实施
	第五章第一节	校园周边露营、炊事集中实践——勤俭节约教育与习惯养成	在利用校园周边场地（白鹭湾、龙泉湖、三岔湖）进行露营、野外炊事集中实践教学过程中，在学生零食采购、炊事食材、佐料选取、炊事加工、就餐、剩余食材存储等多个环节对学生（新时代的青年人）进行勤俭节约及其习惯养成教育。	计划与考核： 1. 行前以组为单位制定周密的采购计划，按人、按顿精打细算，佐料合组进行分配采购，避免浪费。 2. 提倡"光盘行动"每餐分组进行残羹考核，对超过10%的小组进行批评教育。让勤俭节约深入骨髓，植入每一个行动细节中，从而让当代大学生养成勤俭节约的习惯。
	第五章第二节	"重走长征路，徒步大渡河"——感知长征精神，重温红色记忆，传承红色基因教育	2021年5月，在中国共产党100周年诞辰前夕，新增"重走长征路，徒步大渡河"实践教学活动，师生沿着当年红军长征走过的真实路线，从石棉县什月坪出发，徒步120公里，到达"泸定桥"，身体力行感知长征精神，重温红色记忆，传承红色基因，从而培养学生积极、乐观、勇于面对困难以及团结协作的精神，激发学生热爱祖国、建设祖国的理想信念。打造"户外运动技能教学＋红色文化思政教育"的优质实践堂。（该活动被《人民日报》全文报道）	真实线路、全程徒步、真切感受： 历时5天全体师生沿着1935年5月27日，红军行至雅安市石棉县什月坪附近，接到飞夺泸定桥的命令，要求在29日拿下泸定桥！红军从什月坪出发达到泸定桥，沿大渡河，翻越崇山峻岭，急行军120余公里，并经历数次敌军阻扰，仅用三天时间完成任务，创造了世界行军史上奇迹的真实线路，将党史学习、徒步穿越、野外生存技术应用、长征遗址参观、红色文化教育相互交融。

续表

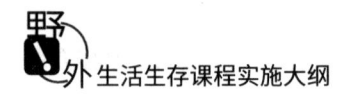

课程内容	章节	主要内容	课程思政元素及资源	教学组织与实施
	第六章第一节	户外活动的组织与管理——学以致用	野外生活生存课程作为户外运动专业方向的专业主干课,所学知识点均可应用于本章节户外活动的组织与管理这一综合实践科目。通过本章节的学习与应用,让同学们充分意识到专业学习的用处和对生产、生活的指导作用。在学生学习专业知识的同时,引导学生树立价值观、涵养品性、锻炼心志,实现育人效果的最大化,培养具有过硬专业、家国情怀和环保精神的高素质社会体育专业人才。	社会体育与民生:在户外活动的组织管理流程中,文案设计、风险系数评估、应急预案制定、活动筹备、活动落地等环节将所学的野外生活生存知识加以应用,让同学们充分意识到专业学习的用处及其重要性,进一步激发学生的学习兴趣。
	第六章第二节	野外避险与救援——矛盾的对立与统一	野外生存的新奇与刺激,野外环境的复杂、多变、险象环生是矛盾对立双方的关系。野外避险与救援,则体现了事物对立统一的法则,它们既对立,又统一,既是相反的,又是相互依存的,有救援就必然有危险出现,而野外并非学会了避险就不需要救援。因此,在教学中要引导学生建立不偏听,不轻信,坚持从实际出发、从事物根源出发的严谨科学态度;引导学生逐步树立辩证唯物主义的世界观,建立正确的思维方式。	辩论中成长:教师讲解野外避险与救援的基本方法与技巧后,将全班学生分成正反两个辩论组,正方观点:"掌握野外避险方法技巧后救援已显得无足轻重";反方观点:"救援在野外活动任何时候都是不可或缺的"。通过辩论让学生更深刻地认识到野外避险与救援的矛盾对立与统一,引导学生逐步树立辩证唯物主义的世界观。

2. 课程介绍

续表

课程内容	章节	主要内容	课程思政元素及资源	教学组织与实施
	第六章第三节	高原反应——"量变与质变"之适者生存教育	高原反应是个体在高原缺氧环境下的一种特有现象,适应是其最好的解决办法,用时间的量变来换取机体适应的质变,在高原"习复"教学过程中引出"量变与质变"这一普适性规律。并类比学习知识的过程也是量变与质变的过程。量变是质变的必要准备,质变是量变的必然结果。只有先有量变的积累,才有可能实现质变的飞跃,从而注重平时知识的积累,提高学习的成效。	高原习复: 1. 理论讲解高原反应的原理、表征、基本应对方法; 2. 到达高原环境后,在高原"习复"过程中,如何在身体不适的情况下坚持用时间的量变来换取身体机能适应的质变,学生通过多喝水、多休息、少运动、少说话、静坐、静卧快速应对高原环境,适应高原反应。
	第六章第四节	环境保护——可持续发展教育	《野外生活生存》课程中的"大学生环保登山"活动由四川师范大学首先发起,已持续15年,在大学生环保登山过程中,利用"山峰卫士"和"无痕山野"行动,捡拾、清理、驮运山峰上的垃圾,以及向游客宣传讲解环保知识的过程中,对学生进行低碳、绿色、可持续发展教育。 (2012年全国大学生高原野外生存、环保登山活动被《光明日报》报道)	分组讨论: 1. 环境保护与可持续发展的关系? 2. 小组调研和讨论制约山地户外运动可持续发展的其他因素还有哪些?

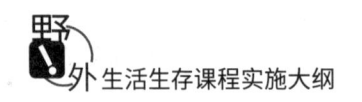

续表

课程内容	章节	主要内容	课程思政元素及资源	教学组织与实施
	第七章	野外综合实践能力培养及社会调查服务（含初级登山）——"弘扬红军翻越大雪山精神"培养不畏艰险勇攀高峰的意志品质	距离四姑娘山实践基地小金县日隆镇20分钟车程的达维镇，是红军长征的达维会师点，参观烈士陵园、访谈红军后代，学习和感受红军长征"达维会师"的丰功伟绩，<u>有利于学生继承红军精神，激发爱国情怀</u>。夹金山是中国工农红军二万五千里长征路的起点，学习和"弘扬红军翻越大雪山精神"是野外生活生存课程<u>典型的思想政治教育内容（元素）</u>。	组织学生积极参加各类学科竞赛：2021年以"夹金山""达维镇"长征精神，红色文化为背景组织学生参加第十七届全国"挑战杯"总决赛（红色专项）获一等奖，实现四川师范大学全国A级赛事"零"的突破！

2.3　课程在专业结构中的地位、作用

野外生活生存课程在社会体育专业户外运动方向教学中属于专业必修课，也是专业基础课，共计88学时：64+24（拓展学时）=88，3学分。

野外生活生存活动作为一项社会文化现象，它从生活方式、社会传统到经济发展、社会和谐、环境保护等等方面深刻地影响着社会发展，产生着无法估量的作用。比较凸显的主要有以下三个方面：1）维护国民的身心健康，维持社会和谐稳定；2）经济发展的全新动力，社会就业的重要渠道；3）乡村建设的有效途径，持续发展的重要手段。

改革开放以来，我国经济社会快速发展，人民生活水平不断提高，城镇化进程快速推进，中产阶层日益扩大，人民的精神文化生活需求日益增长。以野外生活生存活动为主的户外运动是一种投资少、耗能低、关

联性强、带动大的"绿色经济""循环经济"。它的发展不仅能够带动与之紧密相关的体育产业及旅游业的产品结构升级和完善、体育产业核心产业的增强和扩大,而且能够带动交通、餐饮、制造、通信等产业的增长和就业。最近10余年来,在经济社会快速发展的大背景下,我国的各类户外运动均以自发的形式在快速的成长。中国户外行业工作委员会,2011年2月23日在北京成立。据统计,目前我国拥有户外运动爱好者1个多亿,各种专业、半专业户外俱乐部1000余家。户外用品企业超过1万家,拥有独立品牌总数400多家,户外产品专营店1500余家,覆盖全国500个大中小城市,年零售总额近50亿元人民币。因此,应从经济社会发展的战略高度,把以野外生活生存活动为重要内容的户外运动纳入经济社会发展的宏观视野,积极引导、整体规划,制定并启动国民户外休闲计划。

目前我国的野外生活生存类户外运动尚属起步阶段,随着经济社会的进步和人们健身、娱乐等精神文化生活需求的不断增加,野外生活生存类户外运动一定会茁壮成长。政府正逐渐重视起来,积极引导大众的参与,规划相关配套建设,制定规范发展的法规标准,把其做大做强,使其成为一个富民富国、利民利国的伟大事业。

整体来看,野外生活生存课程的开设有助于提高社会体育专业学生的综合能力,增强学生的生存能力以及克服困难的能力,也培养了学生吃苦耐劳、团结奋进的精神,这些都为学生在学习其他课程中打下基础。当前我国户外运动蓬勃发展的背景下,社会体育专业的课程设置应充分考虑专业方向与社会、经济、环境发展相结合,整合现有交叉课程,设置符合人才培养需要的课程内容结构。积极探索以社会需求为导向的,高度重视学生实践能力的应用型户外人才培养的教学模式。

2.4　课程发展简况及前沿趋势

人类的发展历程就是一部野外生存发展史,人类最早就生活在野外,他们没有工具,没有衣服,没有固定的食物,更不会有住所,他们生活在原始的自然环境里，茹毛饮血、营木为巢、钻木取火，积累了丰富的野外生存手段和方法，我们今天从事的野外生活生存活动就是对祖先生活方式的重演，是人类原始生活技能的一种回归。并且这些技能当下仍然在军队、科考、石油、地质、气象、水利、生物、旅游、摄影、登山、探险等众多领域被广泛运用。国外，野外生活生存课程发展已有近百年历史，并随着经济社会发展而发展，是体育休闲娱乐教育的重要组成部分。以美国、加拿大为代表的北美地区，以澳大利亚、新西兰为代表的亚太地区，以德国为代表的欧洲地区凭借着先进的教育理念、专业的教学体系、灵活丰富的课程设置，以及国际化教育的优势，把优质的野外生活生存教育课程推向了世界。野外生活生存教育课程发展到今天，其学科体系已十分成熟，具有明显的多学科特征。

　　国外，野外生活生存专业课程作为户外运动类教育课程的基础，包括了野营、野炊、负重行军、攀岩、岩降、定向、漂流涉水、丛林穿越、搭绳过涧、野外自救、觅食（水）等众多内容，涵盖了户外探险、户外教育、户外研究、户外游憩、户外领队、环境教育等多个领域。学生就业面广，可以在公益性户外机构、营利性户外机构、私人公司、公园、森林服务、户外专业机构、自然学校等岗位就业。职业岗位为户外运动指导员、探险或生态旅游向导、滑雪/滑板指导员、环保工作者、户外教育师资等。美国、加拿大、澳大利亚、新西兰、德国等高校在教育专业开设野外生活生存课程较多，积累了丰富的户外教育先进理念和教学经验。新西兰是全球开设野外生活生存课程教育最早的国家之一，如：基督城理工学院（克赖斯特彻奇）学院是野外生活生存课程教育的领导者，其探险旅游及户外运动专业是该校体育学科中的核心专业，培养层次分为本科、硕士。美国科罗拉多州立大学是美国最优秀的私立大学，其户外探险专业开展至今已有57年的历史，已成为美国户外休闲运动的引领者。爱丁堡大学是澳大利亚国家教育机构公认的教学研究最出色的高校之一，其户外环保与教育专业处于澳大利亚领先地位，设有本科、硕士和博士培养层次。劳伦森大学的户外探险领队专业是加拿大户外教育领域内最具影响力的高校之一。德国科隆体育大学是德国唯一的一所体育大学，该校设有户外教育与环境科学研究专业，该校的教学与研究实力闻名全球体育院校。

　　户外运动类人才培养重视人与自然的相处过程，户外运动专业方向课程将野外生活生存等多学科的知识与技能进行融合，在国外既归属

2. 课程介绍

于高校体育课程范畴,又区别于传统体育课程。近些年一些欧美国家的户外教育课程、LNT 课程、体验式教学课程、户外领队课程的内容与理论源源不断地进入我国,对我国户外运动专业方向课程的内涵发展有较好的促进作用。新西兰基督城理工学院探险旅游及户外教育专业开设的核心课程主要包含六个模块,包括实用户外领导力、环境科学、健康和体育教育基础、探险疗法、户外和环境教育哲学与伦理、资源管理等理论课程;技能课程包括独木舟、攀岩、划艇、冲浪与沙滩运动等野外生活生存内容。加拿大劳伦森大学户外探险领队专业核心课程包含四个模块,分别是体育运动、户外教育、探险领导力与探险治疗课程,课程包括探险计划、风险管理、野外紧急管理、野外求生等内容。美国科罗拉多州立大学核心课程包括五个模块,分别是领导力挑战课程、户外领导力、领导力伦理学、户外教育、户外资源与管理理论课程,技能课程为急流划艇、定向越野、登山基本技术、峡谷定向、滑雪等野外生活生存内容。澳大利亚爱丁堡大学户外教育专业核心课程包括三个核心模块,即户外环境课程、个人与社会发展课程、体验式教学课程,技能课程是苏格兰式攀岩、冬季登山、皮划艇、探险活动等野外生活生存内容。德国科隆大学体育学院的课程为教学与领导力、户外教育安全、自然历史,技能课程为攀岩、划艇、野外紧急反应、阿尔卑斯式登山等。通过国外高校户外人才培养及核心课程的设置情况可以看出,国外人才培养体系比较系统,专业设置方向明确,特别是核心课程注重与其他学科的交叉与融合,基础学科多样性,而在技能课程中,各个学校根据地域特点,以及专业方向开展的课程也各有侧重。另外,国外高校在户外运动类人才培养中有一个显著的特点是格外重视实习实训等实践课程,上述高校在这一方面学时比重大,实习内容丰富,贯穿于人才培养的始终。国外户外运动类人才培养目标设置还特别注重与学校自身的优势学科紧密结合,定位比较清晰、明确。在户外运动类人才培养规格方面,一个普遍的理念是注重基础理论知识的培养与实践技能相结合,通过各具特色的技能培养,达到人才培养目标。

国外,野外生活生存课程的管理机制与国内相似,普遍在学校教学管理部门统一指导下,由相应的教学单位具体组织实施。从承担人才培养管理任务的教学单位所辖学科领域来看,国外高校户外运动类人才培养多以体育与健康教育、公园游憩教育、旅游、环境教育为依托。在教学管理制度方面,美国科罗拉多州大学实行学分制,另外辅以导师制及绩点制。澳大利亚爱丁堡大学采取学分制和学年制两种制度并行的教学管理模式。新西兰基督城理工学院、加拿大劳伦森大学和德国科隆体育大学三所大学实行学年学分制模式。从不同的教学管理机制可以看出,国外各个高校户外运动类人才培养的风格各异。科罗拉多大学在户外运动类人才培养上具有高度的自主性和灵活性,爱丁堡大学户外运动类人才培养体系完整、系统、兼收并蓄,基督城理工学院、劳伦森大学、德国科隆体育大学教学管理较为严格。

国外,高校野外生活生存课程在方法手段方面的一个最显著的特点是特别重视实习实训,几乎所有的高校都设置了实习实训等实践教育环节,并且在整个课程体系中所占的比重非常大。国外高校尤其重视学校与社会服务机构提供的教育和培训资源的结合,通过社会服务机构提供的实习实训平台,提升学生职业能力。另外,把权威职业认证培训引入到学校的人才培养课程中也是一大特点。学校根据学科范畴、专业目标,以及就业方向引入职业资质培训课程。学生通过基础课程、核心课程、技能课程,结合实习实训和职业资质培训课程,使学习到的基础理论知识建构与实践应用相连接,进一步与职业岗位相连接。

以爱丁堡大学、基督城理工学院为代表推行的 TAFE（Technical and Further Education）技术与继续教育,也是目前国外比较行之有效的教学模式之一。它是以技术培养为中心,以职业要求为基础,根据户外运动相关产业的发展趋势变化来调整培训的内容和户外类教育课程。其最大特点就是突破了传统的以分科教学为主的教育模式,突破了以学科体系为出发点进行人才培养,突破了偏理论知识的完整性、系统性和严密性,而是从围绕着职业发展所需要的知识、技能来设置课程,制定教育计划、教学管理,以及教学方法、内容及考核方式,从而保证学生在学习理论知识的基础上,提高"真实"的技术能力,使理论与实践紧密地融合在一起,紧密围绕户外各行各业的需求,加强与行业间的交流与合作,力争使学生达到"毕业即就业"的教育目标。

未来几年,"以社会需求为导向的应用型"户外运动专业人才培养课程理念将成为我国各个高校相关专业的基本共识。通过充分的社会需求调研,确立反映社会需求的专业人才培养目标体系,并根据人才培养目标,分析胜任户外运动行业各岗位所具备的能力体系,以此为核心优化野外生活生存等专业课程内容,制定科学合理、具有内在逻辑的户外运动人才培养教学计划,在教学计划的指导下,科学设计野外生活生

2. 课程介绍

存课程教学目标、教学环节、教学方式,方法,评价体系和考核标准等。由此,形成以社会需求为导向的,高度重视学生实践能力的应用型户外运动专业人才培养教学模式。

2.5 课程可能涉及到的道德和伦理问题

2.5.1 人与自然的关系、环境道德及生态伦理问题

生态文明理念下的野外生活生存活动是一种以自然资源为依托的可持续旅游活动形式,主要强调的是对自然的体验和学习,是一种低影响、非消费性和注重目的地(控制、利益和规模)效益的体育形式。它一般发生在自然区域,并能对这些区域的保护和维护作出贡献。它需要人们以一种比较软性的、温和的态度,进入偏远地区去体验的旅游形式。古德温指出,教育成分和可持续性成分是运动体验的自然伦理要素。最近召开的国际生态旅游年大会所提出的《魁北克宣言》(UNEP/WTO)指出:以自然为依托的产品、影响最小化管理、环境教育、为保护事业做贡献、为当地社会贡献五个标准是判断生态旅游的重要指标。野外生活生存活动应进入生态旅游的范畴,严格的可持续发展要求和环境道德要求使生态旅游具有高度的社会责任感和教育意义,成为促进传统旅游及户外体育改善消费性行为的有力措施。

在观念意识层面,生态野外生活生存活动是具备生态思想和环境道德的替代性活动,可改善较为广义的自然旅游和户外运动对环境的消极影响。深度融入自然的户外运动往往伴随着舍去现代交通工具和设施的利用,参与性的身体活动会自然增多。

教育是构建人与世界关系的中介,要想从根本上转变人们对自然的态度和行为,使人类文明向着生态化方向发展,首先要从教育入手。联合国教科文组织和环境规划署从1975年就开始制定和实施国际环境教育计划,致力通过环境教育提高全社会的生态素质和培养具有生态世界观的新人。环境教育也被称为"绿色教育",近年来受到各国政府、教育机构等社会各界的重视。青少年时期是形成世界观、人生观和价值观

的关键时期,在这个阶段接受到的教育对他们成年后的生活方式和行为习惯等具有十分重要的意义。在美国、日本等发达国家,青少年野外生活生存教育已具有较高的普及程度。露营、远足等为主要内容的野外营地活动是青少年假期生活的重要部分,几乎所有的青少年在成长阶段都参加过数次野营活动。在野营活动中,青少年通过以环境教育观为核心的户外教育,培养他们对自然的喜爱以及对自然的责任。在这样的教育活动中,野外生活生存活动成为帮助青少年树立生态文明观的载体,对他们来说,野外生活生存是认识自然、喜爱自然、保护自然的运动方式;是绿色消费的休闲行为;是简单环保的生活方式。这样的理念伴随着青少年直到成年,野外生活生存不仅成为他们最乐于参与的休闲娱乐方式,也规范了他们在野外生活生存过程中善待自然的行为,使野外生活生存活动真正成为绿色环保的生态体育。从目前来看,国外野外生活生存活动的大众普及度远远高于我国,但却很少出现野外生活生存活动的开展而导致自然环境受损的事例。从野外生活生存活动中形成的生态伦理观、生态审美意识和生态文明行为延伸至他们的日常生活,这就是生态化野外生活生存活动所具有的教育特性的重要表现。

  本课程特别注重野外生活生存活动的生态化发展问题,是贯穿教学整个过程的重要维度。野外生活生存活动及户外运动的兴起,源于我们对山野和田园的渴望。在大自然中开展的野外生活生存及休闲活动,不仅对我们的身体和心灵具有重要价值,同时也要做到对自然资源的占有和耗损力求"最小化"。这种深度体验可促进我们对自然和生命内在价值的认识,培养对自然环境及其文化的欣赏能力和保护行为,具有多重生态效益。

  从理念到行动,环境保护包括三个层次,如图:

2. 课程介绍

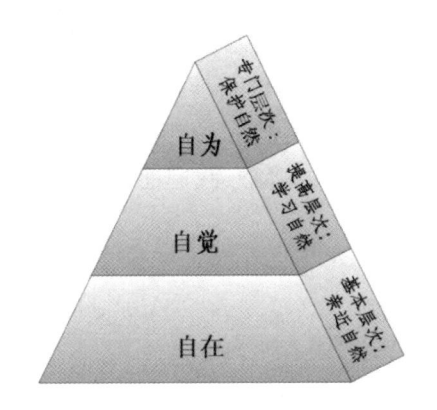

图 2-1 环境保护的三个层次

基本层次是——将人类活动对自然的破坏减少到最低程度。

提高层次是——对大自然美的欣赏和保护；如果皮剩菜虽然是可降解垃圾，但如果随意扔放，青山绿水的美随之遭到破坏。

专门层次是——自觉实施对自然的学习，做出对自然发展有利的行动。

当今社会，人类对自然的破坏日趋严重，明确人类与自然环境的共存关系，提高环境保护意识是今后社会教育及学校教育的重要课题。野外生活生存的一个突出的特征就是利用自然环境来开展户外活动。"通过直接体验运用感性学习的方法，学习自然环境的相关知识并且形成利于环境保护的个人行为习惯"，这是野外生活生存教育课程的重要出发点。国际上从1970年左右开始逐渐重视户外运动类课程中的环境教育要素。在课程内容中添加自然观察的教学内容，让参与者能够得到亲身体验学习自然环境知识的机会，通过在自然中的身体运动及在自然中的探索发现，理解人与自然一体化的概念含义。在自然环境进行的野外生活生存活动，更要重视我们自身对环境的影响，如野外生火、垃圾及排泄物处理等问题，必须要把对自然的破坏减少到最小程度。作为教育活动，这些都必须在教学环节中贯彻。总而言之，从环境保护的观点出发，实施野外生活生存课程学习，已经是国际上野外教育发展的主要趋势。由于认识水平的局限性，在我国目前的户外运动类教育课程中，我们对于自然的态度还只限于利用。无论是在新颁布的《教学指导纲要》中，还是在户外运动类课程教学大纲中，我们一直强调野外生活生存课程作为户外运动专业方向的主干课程，是充分利用课程资源的创新改革，江、河、湖、海、草原、森林等自然资源都是我们可以利用的课程资源。但是怎样保护这些自然资源,却往往被人们所忽略。我们作为自然资源的利用者,同时也必须是自然资源的保护者,在自然环境中我们开展野外生活生存活动的同时必须考虑,自身的行动有没有对自然环境产生影响和破坏?通过与自然的接触,我们能否提高环保意识?这些问题必须得到高度的重视。

2.5.2 伦理体育问题

现代体育已成为人的一种生活方式,随着社会文化程度提高,体育表现的形式和内容在不断的发生变化,体育在人们生活中的地位和作用就显得尤为重要。伦理体育不仅是人们日常生活的重要组成部分,也成为一个意义和价值的场域。伦理体育已发展成为以体育运动为基础的体育运动、体育科学、体育产业和体育文化四位一体的社会现象。体育运动是人类特殊的育化方式,体育竞技是其成熟的高级形态。但是随着市场经济的发展,促使体育迅速职业化、商业化。它在更大的空间创造着人与人、人与自然、人与自我身心和谐的时代风貌,在这样的时代背景下,加强对野外生活生存课程发展的伦理审视必然具有重大的现实意义。

在实施课程教学的过程中,根据伦理学、体育学的理念进行有效、合理的总结、归纳,制订完整的、准确的《野外生活生存》教学规划,细化《野外生活生存》教学中的方式方法,同时更要注意对《野外生活生存》教学的本质研究,其本质中道德规范的可操作性、实用性都是促进本课程教学稳定、健康发展的坚实基础。伦理学是关于道德的科学,而道德关系到人们的价值判断与行为选择。而《野外生活生存》教学的初衷是培养具有良好品德素质的户外运动优秀人才,而培养的目标都要按照符合伦理的方式才得以顺利达成。因此,在本课程教学的过程中,必须加强对伦理学的重视。《野外生活生存》教学的生命性、教育性和伦理学的人道主义、敬畏自然、公平正义相结合,从而形成蕴含浓厚精神文化韵味的教学理念,从而积极培养学生的道德品质、提高学生的素质修养,树立正确的世界观、人生观,拥有合作精神、竞争精神、奉献精神的高品质、高素养人才。

2. 课程介绍

2.5.3 道德与价值观问题

道德规范是《野外生活生存》教学的基本观念，因此，加强学生的道德意识，树立正确的价值观，是实现伦理体育教学核心理念的完美体现，是推进本课程教学最好的立足点或理论基础。在《野外生活生存》教学的实践过程中，应当对教学方法和教学材料进行规划和整理，使学生在吸收知识的同时，进一步加强对道德、价值观念的养成，如在野外生存过程中对野生动植物资源的合理利用问题。教师在授课的过程中应当作好树立正确道德观、人生价值观的示范或案例工作，对学生加以引导，使学生融入实际的野外情景中。通过长时间的伦理体育教学，对学生从根本上起到潜移默化的作用，使学生能健康、快乐地学习和成长，从而达到遵守道德规范、提高个人素养、发挥优良高尚的品质。

2.6 本课程与经济社会发展的关系

相关数据显示，在美国，2015年度，包括国家公园、城市及近郊开放空间在内的户外运动场所，创造了6460亿美元的经济收入。在中国，以野外生活生存为主的户外运动正逐步兴起，户外运动产业经济发展正酣。

据中国户外用品市场调查报告显示，2006年，全国户外用品销售额仅15亿元，而接下来的5年时间内，这个数字突破了100亿元。此外，中国纺织品商业协会户外用品分会近期发布的《中国户外用品市场调查报告》显示，2012年我国户外用品零售总额为153.8亿元，同比增长16.2%。业内人士判断，我国将会有越来越多的人加入到以野外生活生存为主的户外运动的行列，户外经济与很多行业交叉，会对国民经济有很大的拉动。随着经济水平的提高，人们对生活质量的要求也在提高，以亲近自然为主要目的的野外生活生存类户外运动产业会不断发展，将有越来越多的人参与此类户外运动，以引起各相关行业的高度重视。

天津财经大学户外休闲经济研究所所长梁强指出,随着户外运动参与者多元化需求的显现和升级,加之科技进步对户外行业的创新驱动,以野外生活生存为主的户外运动早已不是专业领域的小众群体活动。现已发展成为兼具极限运动与大众休闲的双重特征,参与人群愈发广泛。此外,国内很多城市也开始引入了郊野公园的建设,用来稳定城市生态格局,为都市人提供郊外游憩、休闲娱乐、健身运动的场所。北京市旅游发展委员会相关人员透露,依托《北京市促进汽车露营地的指导意见》,旅游委已经将服务于市民郊区自驾游作为重点工作来抓,并将汽车营地的建设作为重要的配套设施加以扶持。

近年来我国户外用品消费群体变化最大,以家庭为主的消费群体不断壮大。从全球视野看,美国的户外运动已成为美国第二大运动和一个成熟的产业。在当前经济大环境不景气的条件下,户外休闲产业已经成为拉动美国经济发展的主要驱动力和保持持续增长的产业之一。户外休闲产业在我国的发展时间则较短,户外用品在整个体育用品市场的占比不到千分之一,但随着居民生活水平的提高,以及亲近大自然休闲生活方式的兴起,以野外生活生存为主的户外运动休闲行业具备广阔的发展空间。户外运动休闲行业是隶属于休闲产业的一个分支,是在大众化户外休闲旅游活动基础上所形成的新型经济产业。根据美国户外产业协会(OIA)调查显示,目前在欧美国家,参与户外休闲活动的人数占参与娱乐休闲活动总人数的40%以上,在希腊等多山脉、户外运动历史悠久的国家,这一比例甚至高达80%,户外休闲用品和相关服务市场的发展亦相当成熟。而在我国,参与户外运动休闲活动的热潮才刚刚兴起,相应的户外用品生产商和活动运营商正不断增多。此外,随着如何实现O2O、构建全渠道营销及分销体系、实现线上线下的融合和对接,成为各行各业热议的话题,户外运动休闲行业自然也不例外,实现线上平台服务是户外运动休闲旅游发展必然要经历的阶段,如何利用好"互联网+"来发展户外运动休闲旅游将成为行业突破的重要课题。

2. 课程介绍

2.7　学习本课程的必要性

　　户外运动发展的国际经验探索。欧美等发达国家户外运动的蓬勃发展,与社会经济文化、国民的健身意识以及传统、城市化、工业化等深刻的社会背景关联,但其成功也绝非偶然,从社会发展历程来看,有着许多值得借鉴的共性经验。

　　第一是,注重户外运动与城市旅游的融合发展。经过多年的积淀,在户外运动相对发达的国家,其户外运动已不仅仅是一种简单的娱乐活动,更多的是其产业升级、城市品质提升的手段,与城市改造、旅游产业紧密融合。英国的伦敦、德国的杜伊斯堡都堪称这方面的典范。伦敦港早期主要是服务于工业和居民需求的港口,后来出于发展旅游的目的,逐渐在码头航运中心提供航海、驾帆板冲浪和划独木舟、潜水、垂钓、水上自行车和气划艇等户外运动求生项目,其结果不仅吸引了大量的游客,而且伦敦港也由此成了一个著名的旅游景点。德国杜伊斯堡原来是欧洲最大的钢铁中心,20世纪80年代开始发展攀岩等野外生活生存类户外活动,经过30余年的发展,成了今天欧洲最大的攀岩中心。

　　第二是,注重产品的创意、创新。在户外运动历史悠久而相对大众化的欧洲国家,人们对野外、户外消费的需求也相对更高,为满足消费者的需求,各国的户外运动产品供给均非常重视产品创新。如法国近年来为满足法国人日益多样化、个性化的户外需求,又特别是野外探险类项目,创新性推出急流独木舟和充气木筏、快艇,越野自行车、三角飞翼、高山跳伞、滑浪、滑雪浪、徒手登山等冒险性、刺激性更强的户外项目。阿尔卑斯众多国家为吸引更多的旅游者推出的雪地自行车、雪地机动车、雪上漫步、直升机到高处滑雪、极限雪橇等新兴创意、创新项目。

　　第三是,注重政府引导和行业推动。20世纪60年代,欧洲开始实行山区产业振兴计划。法国、瑞士、德国等国家纷纷制定与国民健康息息相关的户外产业规划、政策法规,重视对国民户外运动的引导和教育,鼓励社会、政府相关机构投资户外运动的场地建设,一些国家甚至把户外运动视为主导产业给与重视。同时鼓励、引导体育、森林、水利等部门的有关协会制定户外的标准、规划和促进资源对户外运动的参与开放。通过政府、协会的合力推动户外运动发展。美国户外运动的发展也是如此,从主导方式上看,美国户外运动的发展可分为两个阶段,一是从19世纪30年代的经济大萧条开始到80年代,这一阶段,主要是政府通过规划、立法、建立户外组织等方式,以公共产品供给的方式,大力引导的户外运动的场地、设施建设;第二个阶段是19世纪80年代后,户外运动走向私有化,开始由商业机构、社会进行投资。建立了户外运动基金会、户外运动产业协会等一批户外运动行业组织。特别是拥有大量社会、商业资源的户外运动基金会和户外运动产业协会,对美国户外运动的参与和产业形成起到了关键的推动作用。

第四是,注重凸显户外运动的公共产品性质。虽然今天欧美诸国的许多户外运动项目具有经营性质,但其发展的初衷始终没有偏离为社区提供健身、休闲的公共产品性质,带有明显的社区福利色彩。这一点,在欧洲诸多滑雪运动经营上尤为明显,欧洲滑雪的经营模式与美国的公司治理完全不同,属于"社区模式",即部分基础设施由社区共同建设、共同经营,而具体的宾馆、餐饮、设施、景区又各自独立,从而形成竞争与合作的良性关系。这种社区模式,对于当下我国体育部门发展全民健身,与国土、森林、海洋等多部门协同发展户外运动,争取政策支持具有参考价值。美国亦是如此,19世纪的城市公园运动与20世纪的开敞空间规划浪潮均是美国以公共产品性质,利用城市公园、滨水带、溪谷、山脊大力建设、发展户外运动的重大举措,而正是这两次浪潮储备了美国户外运动深入、持续发展必需的物质条件。

发达国家户外运动发展对我国的启示。据中国新闻文化促进会户外行业工作委员会(China Outdoor Industry Committee)统计,2015年,我国有户外运动俱乐部15000余个,会员数量300余万。网易财经显示,2014年,我国约有1.3亿人开展徒步旅行、休闲户外等泛户外运动,占总人口数的9.5%,从事登山、攀岩、徒步等野外生活生存类户外运动项目的人达到6000万人,占总人口数的4.38%。户外产业稳步提升,成为体育产业发展的支撑力量。COA(中国户外协会)发布数据显示:2014年中国户外核心市场的规模达到170.6亿元,比2000年增加了280多倍,而且仍以10%—15%的速度持续增长。中国户外产业的增

2. 课程介绍

强潜力和前景为国内外商家普遍看好。如何借鉴国外户外运动发展的有益经验，以"中国 方案"推动户外运动加速发展，对助力经济社会转型，体育发展方式转变，建设健康中国具有重要的时代价值。首先，对体育系统内的户外运动组织进行整合，建立全国性的户外运动政府组织，以组织整合带动系统内的资源优化、整合。其次，以体育系统为主导，推动户外运动与旅游系统进行组织融合、业态融合。借助旅游系统的宣传推广体系、市场监管体系、管理、人才培养培训体系推动户外运动加速发展。利用体育系统发展户外运动的人才优势、技术优势与部分传统旅游景区、景点进行业态融合，促进旅游消费服务升级。再次是升级户外运动宣传、文化、旅游、农业、体育"五位一体"的国际经验，探索建立类似美国的总统户外运动特别委员会，涵盖国土、森林、环保、保险、金融、财政、航空、海事、水利多部门的合作体制机制，推动户外运动发展跨界融合。利用荒山野岭、滩涂戈壁、森林河流、废弃建筑等做好户外运动特别是更亲近自然的野外生活生存活动规划。通过政府主导力量增强和扩大户外运动的发展动力、发展空间、传播渠道、活动内容，推动户外运动深入、可持续发展。把户外运动纳入体育公共服务的基本内容，协同《全民健身计划（2016-2020）》，以"泛户外"的理念，编制《国民户外运动休闲指南》和《户外运动场地设施专项规划》，充分利用江河湖海、森林梯田、沙漠戈壁、冰雪野草等天然自然资源和城市废旧工厂、商业街区、公共绿地、郊野公园、城市公园等布局，建设涵盖露营、徒步、登山、探险等野外生活生存项目以及骑行、垂钓、航空、自驾、越野、潜水、冰雪、马术等大众参与型户外活动项目的场地设施，特别是要注重不同区域的民族习俗、地缘环境，有重点、分类别地挖掘、培育具有中国特色的"民俗户外项目"。通过规划引领，打造户外运动活动供给体系和奠定户外运动的物质基础。

学习野外生活生存课程的专业必要性。预计到2025年，我国将建成10000个户外营地，至少需要30至50万从业人员，户外运动方向专业人才将是支撑户外运动产业发展的关键。而我国体育产业发展历来缺少操作型、管理型和经营型三类人才，因此，在国家8部委联合发布的《山地户外运动产业发展规划》里明确提出，要鼓励有条件的高等院校设立山地户外运动专业方向，建立教学、科研和培训基地。建立学校教育与社会培训相结合的户外运动人才教育培训体系，加快户外运动人才培养。而《野外生活生存》课程是户外运动专业方向的基础和专业主干课程。户外运动发达的英美国家,十分重视户外后备人才培养、储备。英国的外展训练学校是世界上创立最早的户外教育学校。二战以后至20世纪80年代,英国在地方教育机构中设置了大量的户外教育中心。2005年,在英国议会教育委员会的推动下,英国还出台了"户外教育宣言",进一步提升英国的学校户外教育。美国户外领导学习、野外教育协会、体验教育学会均是美国闻名遐迩的户外教育培训机构。户外运动也被作为生存和教育的主要手段在各界各类学校中普遍开设。目前我国户外运动的发展也必须高度重视人才的培养培训。一是适应社会对体育人才多样化的需求,在全国遴选部分户外运动开展基础好、资源丰沛的学校,开办专业,进行户外运动学历教育;二是参照英国户外教育中心的模式,引入社会资源,通过申报遴选的方式在全国分类分批设置一批户外运动的培训中心,以政府购买的方式进行户外运动人才培训;三是加强体育、教育部门的合作,在中小学教育中增设户外运动课程,以激发学生潜能、培养学生的户外素养。因此,作为高校社会体育专业户外运动专业方向基础课程、主干课程的野外生活生存课程的开设就显得十分必要。同时,科技进步与人类生存能力的下降也促进了该门课程的开展。人类在进化历史上的进步所带来的优裕生活条件和环境,也使人类的生活能力不断下降。科技的进步无可非议。然而,人类原始的逆境生存本领绝对没有到可有可无的程度。近年来,面对自然的或人为的各种"突发事件",许多人往往是束手无策。因此,发掘和发挥人类的生存能力,历练现代人的意志,挖掘现代人的潜能,提高现代人的环境意识,增强人们的体质,调节和净化人的心灵,是开展野外生存活动的真正价值所在。其次,野外活动有益于身心健康。野外生存活动不仅可以达到锻炼身体、增强体质的目的,更重要的还是一个磨炼意志、陶冶情操、放松心境、提高素养的过程。在非正常的野外恶劣环境中,你可以更清楚地认识自己、认识朋友、认识集体和团队的力量,尽最大的努力来发掘自己的潜能,同时学会懂得相互依赖、团结协作、增进友谊,完善自我。第三,野外是人生最好的课堂。人类除了本能之外的所有知识、技能都是从大自然中学到的。大自然让人们明白什么是"物竞天择",懂得怎样才能"适者生存",甚至教你怎样对待工作、怎样对待生活、怎样对待人生。野外生存活动可以激发你热爱祖国、爱惜生命、珍惜动物资源、保护环境的热情。第四,野外生存训练能实现自我拓展。野外生存训练中,人们不仅学会寻找食物、生火做饭、搭建帐篷以及定向、打绳结、自我救护和救护别人等野外基本技能,还要去拓展、开发人类的头脑和身体内部蕴藏着的巨大能量——潜能。做一些自己从来没做过也从不想做、从不敢做的事情。在野外的大自然环境中生活,能够使人们的胸怀宽阔、大度、包容,危险使你懂得生命的可贵、利益的渺小,恶劣的环境使你必须积极、乐观、勇敢地面对,使你逐步地具备乐观、大度、积极、勇敢的性格特征,培养相互协作、战胜困难、共渡难关的团队精神。第五,野外生活生存课程拓展了体育课程的空间和时间。目前,高校普遍反映体育场地、器材、设施不足,扩招使这一问题更加突出。体育课排课困难困扰着许多高校。野外生存生活训练的开展,把传统意义上的体育课堂搬到社会和大自然中,使体育课程的资源得到充分利用,最大限度地拓展了体育课程的空间和时间,也为今后体育课程内容与方法的改革开拓了思路。

2.8　学习本课程的注意事项

挑战性是野外生活生存课程的最大魅力,安全性是野外生活生存课程的必须保障,挑战魅力与安全保障这一对立的矛盾如何得以统一呢？既然户外运动兴起的价值正是因为其挑战性的存在,那么我们就要从安全保障体系的角度来构建一个互助的平台,使矛盾得以缓和与化解。着重强调：1）如何预防野外生活生存课程安全事故的发生；2）当事故发生时如何最快最有效的自救和营救；3）安全事故发生后如何处理法律责任问题。

高校野外生活生存课程课程以安全教育为着眼点,引用风险管理的相关知识,然后从系统功能的角度出发,构建了一个按照一定先后顺序的、动态的、全面的野外生活生存课程安全保障体系。该体系由野外生活生存安全教育、野外生活生存监督预警、野外生活生存应急救护和野外生活生存政策法规等多个子系统相互联系组成。

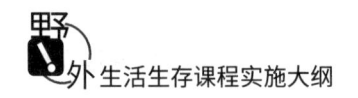

2.8.1 加强野外生活生存安全教育

野外生活生存课程的实践性非常强,要想安全运动,教育必须先行。无论教师还是学生,在走进野外生活生存课程时,就要在头脑中树立一个观念:安全第一。野外生活生存课程的安全教育按照课程参与主体可以分为专任教师培训和学生安全教育。由于野外生活生存活动属于新兴运动,要想提高高校野外生活生存课程的安全性,提高专任教师的专业水平和安全意识首当其冲。学生安全教育主要的目的是一方面提高他们在野外生活生存课程中的安全防范能力,另一方面提高他们在安全事故中的应急救护能力,使他们具备一定的危险预测、安全防范与应急救护能力。教师在野外生活生存课程中进行学生安全教育有两种主要的方式:一是专门安排课时讲述野外生活生存安全常识,以达到快速普及;二是在野外生活生存课程理论和实践教学中渗透安全教育,以达到潜移默化。要让学生认识到野外生活生存活动的危险因素有哪些(人的因素、组织管理、器材装备、自然环境),可以采用"头脑风暴"的模式让学生分组讨论各因素中更具体的危险因子,并引导学生制作"野外生活生存危险因子常规检查表",以便学生能够快速判断野外生活生存活动的安全状况和级别,尽可能地提高他们危险预测和安全防范的意识和能力,起到一个长效安全预防的作用。

2.8.2 建立科学、规范、严谨的安全监督和危险预警系统

安全事故只是一种极端状态,相对于大量的安全研究、安全管理工作,更多更长的时间使安全状态转化为更安全或孕育着事故的动态过程和趋势。因此,针对具有一定的技术含量和危险系数的野外生活生存课程,更需要的是科学、规范、严谨的安全监督和危险预警,保证运动和教学在安全状态下进行。野外生活生存课程的安全监督分为行为监督和技术监督。行为监督的内容包括组织管理、规章制度建设、师生安全培训、安全责任的实施等,其目的和作用在于提高安全意识,在课程教学工作中切实落实安全措施,及时纠正和处理不安全行为。技术监督是指对物质条件的监督,包括场地、器械设备、环境条件等。在实践教学中,要对野外生活生存课程所涉及的器械设备和环境条件进行安全检查,

2. 课程介绍

对课程内容和组织要精心设计,对技能和设备要规范操作。野外生活生存课程危险预警主要是对各类野外生活生存课程的安全信息进行搜集、分析和整理,然后向学生发布信息、提供对策并预警危险。野外生活生存课程危险预警主要有三种:1)自然灾害危险预警:对野外生活生存课程开展地点可能发生的各种自然灾害进行信息发布和危险预警,如洪水、台风、泥石流等;2)参与者危险行为预警:对野外生活生存课程可能造成户外安全事故的行为进行预警,如不遵守交通规则可能会引发交通事故、露营过程中的不当行为会导致火灾、擅自离队会导致迷路、未按规定使用户外设备容易发生事故等;3)综合信息危险预警:发布野外生活生存课程开展地区整体状况信息并对危险因素进行预警,如当地治安状况、卫生健康状况、政治稳定状况等。野外生活生存课程安全监督与危险预警的主要功能是起到一个即时安全防范作用,同时也是野外生活生存课程安全保障体系中非常直接有效的预防措施。

2.8.3 提升野外生活生存应急救护能力

俗话说"最好的治疗方法就是预防"。我们可以尽可能地提高野外生活生存课程安全事故发生的防范能力,但是有些因素是防不胜防的,一旦发生意外,必须展开最快、最有效的应急救护。高校野外生活生存课程要专门开设野外生活生存急救单元课程,传授一些基本的自救、求救与营救知识技能,如遇到危险,要快速分析自己所面临的困境,通过多种途径向外界求救,充分运用现场可供支配的人力、物力来协助急救,同时组织建立应急救护体系,制订救护预案,成立指挥中心。这些知识能够应对一般性的安全事故,如果发生较为严重的野外生活生存安全事故,就需要政府和社会其他部门帮助,如通讯、消防、交通、医疗、专业户外救护和户外志愿救援等组织机构。实际上,在具体的户外应急救护过程中,涉及了多个层面组织机构的分工协作。欧美一些户外运动强国已有的先进经验是值得学习借鉴的,政府为了正确地引导和规范户外运动的发展,制定了相当完善的救援体系。比如美国1950年成立的美国救援协会,是一种全国性组织,各州都有它的分会,各州的分会均设有多个救援中心,救援中心一般由两个部门组成,一个是事务部,主要任务是寻求社会资金的赞助;另一个是技术部,主要负责赶到事故地点进行救援。英国的户外救援体系由空中救援、山地救援、海岸救援等几部分组成。主要的山地救援组织有山地救援队、国家公园救援队、皇家空军山地救援队、皇家空军或海军搜索与救援直升机。另外,欧美国家除政府的救援组织外,同时也拥有大量民间救援组织和志愿团体,这些团体往往由户外运动爱好者和热心的社会人士自发组成。目前国内许多省市都组建了户外救援组织,另外还有一些户外志愿救援团队,这些组织机构的陆续建立增强了户外运动应急救援的能力。同时这些救援站也成为高校野外生活生存急救课程的技能实训基地,一方面加强大学生野外生活生存安全教育,一方面提高大学生野外生活生存安全事故的自救、求救与营救实践技能。

3. 教师简介

3.1 教师的职称、学历

李佩聪,男,籍贯:广元
学 历(学位):研究生(体育学硕士学位、教育管理哲学博士学位)
职 称:副教授
职 务:四川师范大学体育学院副院长、工会主席、教职代会主任,社会体育专业户外运动方向专任课教师

3.2 教育背景

成长经历:
1992.9-1996.7 成都体育学院体育教育系 本科 教育学学士
2016.7-2018.12 成都体育学院社会体育专业 研究生 体育学硕士
2020.8-2023.12 菲律宾圣卡洛斯大学 研究生 教育管理哲学博士
培训经历:
2014.5-2014.6 四川省委党校第37期高校哲学社会科学教学科研

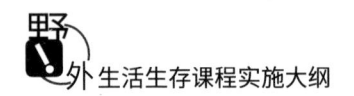

骨干研修班学习

2018.1 全国高校体育场馆联盟第一期体育场馆馆长培训班学习（黑龙江．哈尔滨）

2018.7 全国高校体育场馆联盟第二期体育场馆馆长培训班学习（甘肃．天水）

2019.5 全国高校体育场馆联盟第三期体育场馆馆长培训班学习（华中科技大学）

2021.4 全国马拉松比赛监督第二期培训班学习（上海体育学院）

2022.12 全国田径竞赛技术官员讲师培训班学习（江苏张家港）

2023.6 第31届世界大学生夏季运动会项目负责人（中心主任）培训学习（四川．成都）

主要社会兼职：

中国高等教育学会体育专业委员会全国学生野外生存协会理事

中国高等教育学会体育专业委员会休闲体育专业学组理事

全国高校体育场馆联盟副理事长

四川省体育场馆协会副理事长

中国体育场馆研究院特聘专家

四川省登山户外运动学会学术委员会委员

四川省冰雪运动协会委员

四川省田径协会裁判委员会委员

高山协作，中国红十字协会会员。

3.3 研究方向、兴趣以及个人教学特点、风格

公开发表论文：

1.《普通高校"户外运动"课程教学模式的研究》山东体育学院学报体育类核心 2011年2月

2.《体验经济时代的体育旅游营销战略探析》中国商贸 北大中文核心 2011年2月

3.《韩国休闲文化探析》大家 北大中文核心 2011年7月

4.《试论音乐与高校武术套路教学的融合》吉林师范大学学报 2010年12月

5."阳光体育"与户外运动休闲《休闲运动》(二)2012年11月

6.在四姑娘山建立大学生"高原野外生存生活训练"实验基地的可行性研究《休闲运动》(三)2013年9月

7.建立大学生"高原野外生存生活训练"实验基地的必要性与可行性研究——以"四姑娘山"为研究对象《山东体育学院学报》体育类核心 2014年7月

8.美国大学体育协会第一级别大学体育部门经济行为特征分析 山东体育学院学报 体育类核心 2016年4月

9.我国山地户外运动员竞技能力表现分析与发展对策研究——以近5年我国山地户外运动优胜代表队为例 中国体育科技 体育A类核心 2016年3月

10.休闲体育的特征与传统茶文化的关联 福建茶叶 北大中文核心 2016年9月

11.世界反兴奋剂规则的新发展：对2015年《世界反兴奋剂条例》的评述 首都体育学院学报 体育类核心 2018年5月

12.体验经济时代传媒对体育文化产业的影响 新闻战线 北大中文核心 2018年7月

13.Research on Robot Boxing Movement Simulation Based on Kinect Sensor EURASIP JOURNAL ON WIRELESS COMMUNICATIONS SCI(三区)2020年7月

著作：

1.《大学生实用拓展训练理论与实践》吉林大学出版社 2010年12月 第1副主编

2.《大学生户外休闲运动实践研究》中国时代经济出版社 2014年1月 主编

3.《现代休闲体育运动项目的科学训练指导与创新实践》中国商业出版社 2014年4月 专著

4.《校园冰雪运动文化建设与发展战略研究》吉林出版集团 2020年4月 专著

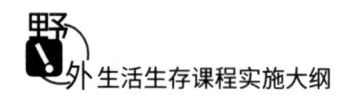

科研项目：

1.2009-2010《四川省高校大学生"户外运动"余暇参与需求现状调查及其社会影响力分析研究》四川省教育厅课题 1万 主研 结项

2.2011-2013《现代田园城市理念下运动休闲模式研究》四川省哲学社会科学"十二五"规划项目 1万 主研 结项

3.2013-2015《大学生高原野外生存生活实践教学基地的建设、开发和应用》四川省教育厅重点项目 1.5万 主持 结项

4.2014-2017《青少年体质健康政策的有效执行研究》教育部人文社科项目 3万 参研 结项

5.2015-2018《青少年校园足球发展政策执行偏差及矫正路径研究》四川省社会科学规划办公室项目 1.5万 参研 结项

6.2016-2019《青少年运动员发展风险模型建构与系统治理》四川省社会科学规划办公室项目 1.5万 参研 结项

7.2020-今《羌族传统体育项目文化溯源与传承创新研究》四川省哲学社会科学重点研究基地(四川省多元文化研究中心)项目 主持 结项

8.2022-2023《"互联网"视域下基于校企协作的体育赛事在线管理系统建设研究》教育部产学合作协同育人项目 主持 在研

9.2023-2024《数智背景下基于校企协作的应用型本科社会体育专业校内实践教学研究》教育部产学合作协同育人项目 主持 在研

4. 先修课程

本课程为社会体育专业户外运动专业方向本科二年级第二学期专业先修课程,《运动解剖学》《运动生理学》《运动心理学》等为其基础理论先修课程,田径、体操、游泳、户外运动基础、攀岩、拓展等为其术科先修课程。为此,可引导学生利用先修课程的知识、技术进行理论建构和实践引入,并利用《运动解剖学》《运动生理学》《运动心理学》进行相关问题微观分析,形成教学合力,共同促进课程学习。

5. 课程目标

根据学校定位和我校社会体育指导与管理专业培养目标、毕业要求及其实现矩阵，以及作为专业核心课程的地位，坚持"实践型、创新型"理念，紧贴社会需求，实现全面育人。课程具体目标如下。

5.1 知识、技能、能力和思政方面

课程目标1（总体目标）：具有坚定正确的政治方向，领悟并践行社会主义核心价值观，了解习近平新时代中国特色社会主义理论体系，具有高度的社会责任感和良好的职业道德，能扎根基层服务区域社会体育事业。

课程目标2（知识目标）：学习野外生活生存的概念、原理，野外装备、给养、宿营、拓展、登山等基础理论知识，具备较高的文化知识和心理素质，理解社会体育专业学科核心素养和内涵，能熟练运用野外生活生存知识、运动技能，应用现代社会体育人文社会科学基础知识、技术和方法，独立开展工作。

课程目标3（技能目标）：掌握野外定向、炊事、避险、救援以及户外活动的组织与管理技能，在科技进步与人类生存能力下降的现代社会中创新野外生活生存的技术和方法，接受社会体育工作的基本训练，有初步的社会体育实践经验，熟练掌握从事相关社会体育咨询、指导与管理技能。

课程目标4（能力目标）：使学生能运用野外生活生存的基本知识和方法，在野外艰苦环境下或不幸遇险时努力发掘自己的潜能，最大限

5. 课程目标

度地回避风险,自救和救助他人,提升在复杂环境下分析解决问题的综合运用实践能力;培养学生沟通、交流能力发掘个人领导才能。

课程目标5(思政目标):融入"绿水青山就是金山银山"的习近平生态文明思想,实施低碳、绿色、环保教育;摒弃"以人为中心"的征服性野外生存观念,树立珍爱生命、敬畏自然、爱惜动植物资源的理念;通过参观烈士陵园、访谈红军后代、重走长征路等实践过程,身体力行感知长征精神,重温红色历史,传承红色基因,培养学生积极、乐观、勇于面对困难以及团结协作、勇攀高峰的精神;通过"四爱"意识培育,提升民族自豪感和爱国主义情怀。

5.2 本课程重点支撑的毕业要求指标点(能力和创新方面)

表 5-1 本课程毕业要求的详细指标

一级指标	二级指标	三级指标
毕业要求1:知识要求	1.1 具备体育素养	1.1.1 掌握系统的社会体育专业基本理论、技能和方法
		1.1.2 理解社会体育专业学科核心素养和内涵
	1.2 掌握专业技能	1.2.1 社会体育指导与管理专业方向领域中的基本知识、基本技术、基本技能
		1.2.2 熟练掌握运动技能,至少有一项运动技能达到相当于国家二级运动员及以上水平
	1.3 具备专业知识	1.3.1 系统掌握体育学基础知识和各个分支学科的专门知识
		1.3.2 理解运动技能的有关原理,以及运动人体科学的相关知识
		1.3.3 能够撰写体育学术论文和研究报告
	1.4 了解学科动态	1.4.1 了解国内外社会体育方面的学术发展动态
		1.4.2 熟悉党和国家有关社会体育事业的方针、政策、法规
		1.4.3 了解体育改革与发展动态以及体育科研发展趋势
	1.5 具有人文知识	1.5.1 学习中国特色社会主义理论体系和习近平新时代中国特色社会主义思想,掌握人文知识和科学知识
		1.5.2 具备良好的沟通表达能力、自我管理能力和社会适应性

续表

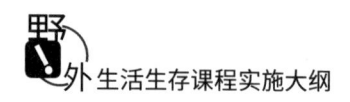

一级指标	二级指标	三级指标
毕业要求2：能力要求	2.1 专业实践能力	2.1.1 掌握从事社会体育活动咨询、技术指导、组织管理和开展社会调查的基本能力，能将专业知识与专业技能融会贯通
		2.1.2 具备相当于社会体育指导员二级及以上水平的实践指导能力
	2.2 批评反思能力	2.2.1 初步具备创新能力与批判性思维，具备一定的社会体育活动科学研究和创新思维能力
		2.2.2 具备运用英语、计算机基础知识和专业知识分析和解决本专业领域实际问题的能力
	2.3 沟通合作能力	2.3.1 具备良好的社会适应能力，具有团队协作的意识，具备和谐能力、合作精神和组织协调能力
		2.3.2 针对体育学科及相关领域问题与同行或社会公众进行有效沟通
	2.4 未来发展能力	2.4.1 具有强烈的责任心和好奇心以及不断学习的进取心，具有终身学习与专业发展意识
		2.4.2 具有发展的眼光和理论联系实践的能力
	2.5 自主学习能力	2.5.1 具备一定的专业英语交流能力和一定的计算机能力
		2.5.2 具有自主学习和自我发展能力
		2.5.3 具有适应未来工作所需的操作能力和管理能力
毕业要求3：素质要求	3.1 人文素质	3.1.1 了解习近平新时代中国特色社会主义理论体系，领悟并践行社会主义核心价值观
		3.1.2 具有强烈社会责任感、良好人文素养和科学精神，能正确应用法律赋予的民主权利，自觉履行法律规定的义务
		3.1.3 具有弘扬中华民族体育文化精神的自觉意识
	3.2 专业素质	3.2.1 热爱社会体育事业
		3.2.2 能够运用体育学的理论和技能分析解决本专业领域实际问题
		3.2.3 具有社会体育相关领域工作所需的专业能力和从业资格
	3.3 身心素质	3.3.1 具有强健的体魄
		3.3.2 积极的人生态度和良好的心理素质
		3.3.3 具备高尚的道德情操

5. 课程目标

续表

一级指标	二级指标	三级指标
	3.4 学习素质	3.4.1 具备自主学习的能力
		3.4.2 具备现代教育、健康理念
		3.4.3 具备一定的创业精神和创业能力
	3.5 育人素质	3.5.1 理解体育活动的育人价值
		3.5.2 具备人文、艺术、科学等综合素养
		3.5.3 综合运用学科知识进行体育指导

表 5-2 本课程毕业要求支撑培养目标的关系矩阵

培养目标 毕业要求		培养目标1	培养目标2	培养目标3	培养目标4	培养目标5
毕业要求1：知识要求	1.1	√			√	√
	1.2		√	√		
	1.3		√	√	√	
	1.4	√	√			√
	1.5	√	√			
毕业要求2：能力要求	2.1				√	√
	2.2		√			√
	2.3			√		√
	2.4		√	√	√	
	2.5		√	√		√
毕业要求3：素质要求	3.1	√			√	
	3.2	√	√			√
	3.3	√				√
	3.4				√	√
	3.5	√			√	

注：该表为毕业要求的一级指标与培养目标的实现矩阵

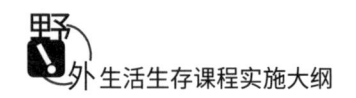

5.3 课程内容与课程目标的关系

表 5-3　课程内容与目标的关系

课程内容＼课程目标	课程模块一(野外生活生存概述)	课程模块二(野外生活生存技能1)	课程模块三(野外生活生存技能2)	课程模块四(野外生活生存技能3)	课程模块五(户外运动的组织与管理)
课程目标 1.2	野外生活生存概述	野外装备	野外定向方法		户外活动的组织与管理
课程目标 3		野外给养	野外求救与方向识别	野外避险与救援	
课程目标 4		野外宿营	拓展运动及团队建设		
课程目标 5	野外生活生存的价值功能		野外活动与环境保护		"重走长征路,徒步大渡河"综合实践

说明：课程内容描述为了实现目标模块所涉及的主要知识要点；具体课程内容在教学章节中体现。

5.4　过程与方法方面

该课程采取校内理论学习、技能训练与校外实践相结合的教学组织形式。技能训练为主要手段,实践课主要以实地操作为主,并以游戏、比赛、模块化任务设定、教师问题导向、小组合作练习、反思与引导等教学方法进行多样化教学，寓教于乐，增加学生的学习热情，使学生在了解和掌握理论知识和技能的前提下，进行相应的野外实践练习，这样既有利于学生的安全与管理，也有利于学生更加牢固地掌握所学知识。

5.5　情感、态度与价值观方面

野外生活生存课程的最大特点是体现现代学校体育的开放性原则，使得高校体育教学不再局限于校园，充分拓展了学校体育课程的时间和空间，打开了学校体育教学改革的思路。随着素质教育的全面推进，高校的体育教育改革也在不断深化。高校体育教育改革的重要特点是培养学生的综合素质和全面发展学生的个性。把野外生活生存课程作为体育教学的内容能全面反映时代的特征，全面地体现现代学校体育教学的理念。

该课程突破了习惯思维和传统模式，对于深化改革高校体育课程，进一步激发学生的体育学习兴趣，有效促进学生的健康发展，让每个学生都能掌握有关野外生活生存训练的基础知识和基本技能，促进学生身心健康和谐发展有重要意义。对青年学生的身体素质、心理素质、思想素质产生积极的影响，培养他们抵御挫折、超越自我、克服困难、知难而进、热爱自然、珍视生命的精神和意识，同时使他们更深刻地体会团结、友爱、互助的团队精神、合作意识，树立集体主义观念。

野外生活生存课程作为社会体育专业教学的内容，充分地体现了体育专业人才培养的时代性理念。野外生活生存活动不仅能强健体魄，更能培养学生不怕困难、不怕挫折和不怕失败的精神，培养学生敢于竞争、敢于拼搏、自强不息的精神，培养学生与他人合作、团结协作的精神。

野外生活生存课程充分地体现了体育的主体性和选择性原则，其开展是以尊重学生的人格，承认学生的个体差异，重视学生的个性发展为基础的，从学生的体育爱好、兴趣和特长出发，完全适应和服务于学生的身心全面发展的需要。

6. 课程内容

6.1 课程的内容概要

课程模块一
1. 野外生活生存概述
（1）野外生存的概念
（2）野外生存活动的起源与发展
2. 野外生活生存的价值功能
（1）开展野外生存活动的意义
（2）野外生存活动与法律、法规
课程模块二（野外生活生存技能1）
3. 野外装备
（1）野外宿营用品
（2）野外着装
（3）野外专用包
（4）野外生存的必要工具
（5）野外生存的必要物品
（6）野外常用的仪器设备
4. 野外给养
（1）如何利用植物性食物
（2）真菌类（蘑菇）食物

（3）海藻类食物
（4）动物性食物的利用方法与原则

5. 野外饮水

（1）水源的寻找
（2）取水、饮水的方法
（3）水的净化与消毒处理

6. 野外宿营

（1）怎样选择宿营地
（2）如何建立野外庇护所
（3）野外生火方法
（4）野外炊事
（5）帐篷的使用方法
（6）营地卫生

课程模块三（野外生活生存技能2）

7. 野外求救与方向识别

（1）野外方向识别
（2）野外求救方法

8. 拓展运动及团队建设

（1）团队破冰项目
（2）团队沟通项目
（3）拓展培训师的能力培养
（4）团队协作项目
（5）拓展运动策划与组织

9. 野外定向方法

（1）地图的识别与指北针
（2）定向的基本技能
（3）定向比赛

10. 野外活动与环境保护

（1）自然资源的保护
（2）人文保护
（3）对环境的最小冲击法则

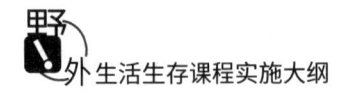

课程模块四（野外生活生存技能3）

11. 野外避险与救援

（1）自然伤害的预防救生与救援

（2）高原反应

（3）意外伤害中的求生与救援

（4）外伤及其救护

课程模块五（户外运动的组织与管理）

12. 户外活动的组织与管理

（1）合格的领队

（2）户外活动计划书

（3）户外运动的风险管理

13. "重走长征路，徒步大渡河"

（1）出行准备（线路勘测与标记、出行计划、物资储备、应急预案）

（2）登山、徒步、穿越技能学习

（3）参观红色遗迹、感悟长征精神、"课程思政"融入

14. 野外综合实践及考核

（1）登山、穿越复杂地形——定向越野

（2）团队建设、给养获取、救护实践、绳索使用

（3）溯溪——渡河

（4）野外宿营——营地选择、帐篷的搭建、野炊、篝火晚会

（组织学生到大自然之中身临其境进行授课体验，在实践过程中学会组织和管理）。

6. 课程内容

6.2 学时安排

表 6-1 本课程的学时安排

分类	教学内容	教学形式与学时分配	
		讲授	实践
校内学习	野外生活生存课程现状、发展趋势及意义	2	
	野外生存概述	2	
	野外装备	4	4
	野外给养	4	6
	野外宿营		2
	野外求救与方向识别		2
	拓展训练的意义及安全常识		2
	团队拓展训练之团队建设		2
	定向运动与生存能力	2	
	定向运动基本技术		2
校外实践	校园周边露营、炊事集中实践		4
	"重走长征路,徒步大渡河"		6(24拓展学时)
校内学习	户外活动的组织与管理	2	
	野外避险与救援		2
	高原反应		2(高原环境)
	环境保护		2
校外实践	野外综合实践能力培养及社会调查服务(含初级登山体验)		12
学时合计		16+48+24=88	

7. 课程实施

7.1 教学单元一 社会体育指导与管理专业、野外生活生存课程介绍

表 7-1 课程思政要点："四爱"意识培育与中国梦

	课程名称	野外生活生存
教案背景	授课内容	社会体育指导与管理专业、野外生活生存课程介绍
	授课对象	2022级社体专业户外运动专业方向
	授课时长	90分钟
教学目标		1.让学生了解社会体育专业的发展现状及未来趋势，树立专业自信心 2.让学生了解野外生活生存课程的建设历程、资源、内容、计划、评价方式 3.掌握"户外运动"与"大众休闲"的区别和联系 4.培养学生爱祖国、爱人民、爱家乡、爱学校的"四爱"意识，树立为祖国的社会体育事业而奋斗终身的理想和实现伟大复兴中国梦的决心
教学分析	教学重点	1.客观认识社会体育指导与管理专业的发展现状，区分与体育教育、休闲体育的异同 2.正确掌握社会体育指导与管理专业的发展方向及未来趋势
	教学难点	掌握野外生活生存课程及活动在"户外运动"及"大众休闲"领域的地位和作用

7. 课程实施

续表

教案背景	课程名称	野外生活生存
	授课内容	社会体育指导与管理专业、野外生活生存课程介绍
	授课对象	2022级社体专业户外运动专业方向
	授课时长	90分钟
课程思政		作为本课程的开篇单元，通过"导入"的方式，讲解我国《社会体育指导与管理专业》的诞生、发展历程与经济建设、社会发展、民族复兴中国梦的关系，使学生更深层次地了解专业发展历史，增强专业和民族自豪感；通过《课程》的建设历程、资源、内容、计划、评价方式以及与"户外运动""休闲体育"的关系介绍，培养学生"爱祖国、爱人民、爱家乡、爱学校"的"四爱"意识，以及为伟大复兴中国梦而奋斗终身的决心
教学方法	教学方式	√ 课堂讲授　　多媒体教学 √ 案例教学　　√ 课堂练习 √ 设计引导性问题，启发学生思维，增强师生双边互动，活跃课堂气氛
	教学资源	√ 文字教材　　√ 电子教案 √ PPT课件　　√ 相关案例（实物）

表7-2　课堂教学过程设计

教学环节	授课内容	教学方式	时间分配	备注
课前复习	【提问】： 1."社会体育指导与管理专业"名称演变及专业诞生历史？ 2.你知道目前国内有多少院校开办了社会体育专业？与体育教育在规模上有多大差距？ 3.野外生活生存课程为什么是户外运动专业方向的必修课？	提问思考	10分钟	
知识结构	分类→历史→地位→价值 专业、课程介绍 正确认识　专业介绍　课程展望　准确把握	课堂讲授 PPT演示	5分钟	通过深入浅出的例子，为学生构建相关课程知识的整体框架

57

续表

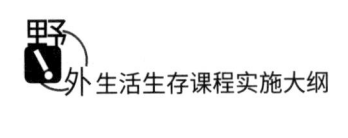

教学环节	授课内容	教学方式	时间分配	备注
	我国社会体育指导与管理专业(以下简称"社会体育专业")始建于1993年的天津体育学院,经过30年的发展在规模上已达293所高校,仅次于体育教育专业的368所(截至2023年底)。其主要分布在河南、湖南、湖北、四川、江西、山东6省,布点最少的是西藏、宁夏、甘肃、重庆、海南、上海、青海7省,其中青海布点数为零(见图1)。从区域分布来看,华中、华东、西南地区分布最多,共162所占比59.34%,华南、华北、东北、西北分布较少,其中西北地区仅12所占比5.86%(见图2)。省域分布和区域分布情况基本一致,专业布点多少与区域经济发展水平基本保持一致。从2011—2018的8年间,我国社会体育专业招生和在校生人数来看,呈逐年上升趋势(见图3),但与体育教育专业(35376/145461)相比约为其1/3,多数高校年招生人数均不足50人。其中137所开设社会体育专业的高校开办了户外运动专业方向(占比50.18%),教育部于2002年7月至2006年7月在全国部分高校进行《野外生活生存》课程实验,2007年7月开始在全国各高校正式推行《野外生活生存》课程,目前《野外生活生存》课程已成为了户外运动专业方向的专业必修课。 四川省1999年由成都体育学院率先兴办社会体育专业,经过近30年的发展,目前已有19所院校开设了社会体育专业:西南民族大学、成都体育学院、四川农业大学、四川师范大学、成都理工大学、西南科技大学、西昌学院、西南医科大学、成都中医药大学、西华师范大学、绵阳师范学院、内江师范学院、宜宾学院、四川文理学院、乐山师范学院、阿坝师范学院、成都学院、四川民族学院、四川工业科技学院,其中普通本科院校18所,民办院校1所,年招生人数约1300人,已为社会累计培养社会体育专业人才万余人。开设了户外运动专业方向的高校有10所(占比52.63%),野外生活生存课程均为该专业方向专业必修课。	1.提问思考 内容导入 2.课程讲授 启发思维	60分钟	通过激发学生共鸣的案例,导入本节课程的讲授内容

7. 课程实施

续表

教学环节	授课内容	教学方式	时间分配	备注
核心内容	图1 高校社会体育指导与管理专业省域布点情况示意图 图2 高校社会体育指导与管理专业区域分布示意图 图3 2011—2018年高校社会体育指导与管理专业本科招生和在校生人数统计	3.教师讲解思政教育融入 4.学生课堂讨论		课堂讨论：1.社会体育专业的发展历史、社会体育与经济建设、社会发展、民族复兴的关系？ 课堂讨论：2.小组调研和讨论社会体育指导员在新时期国家建设中的重要地位，领会体育在实现伟大复兴中国梦中的重要作用。

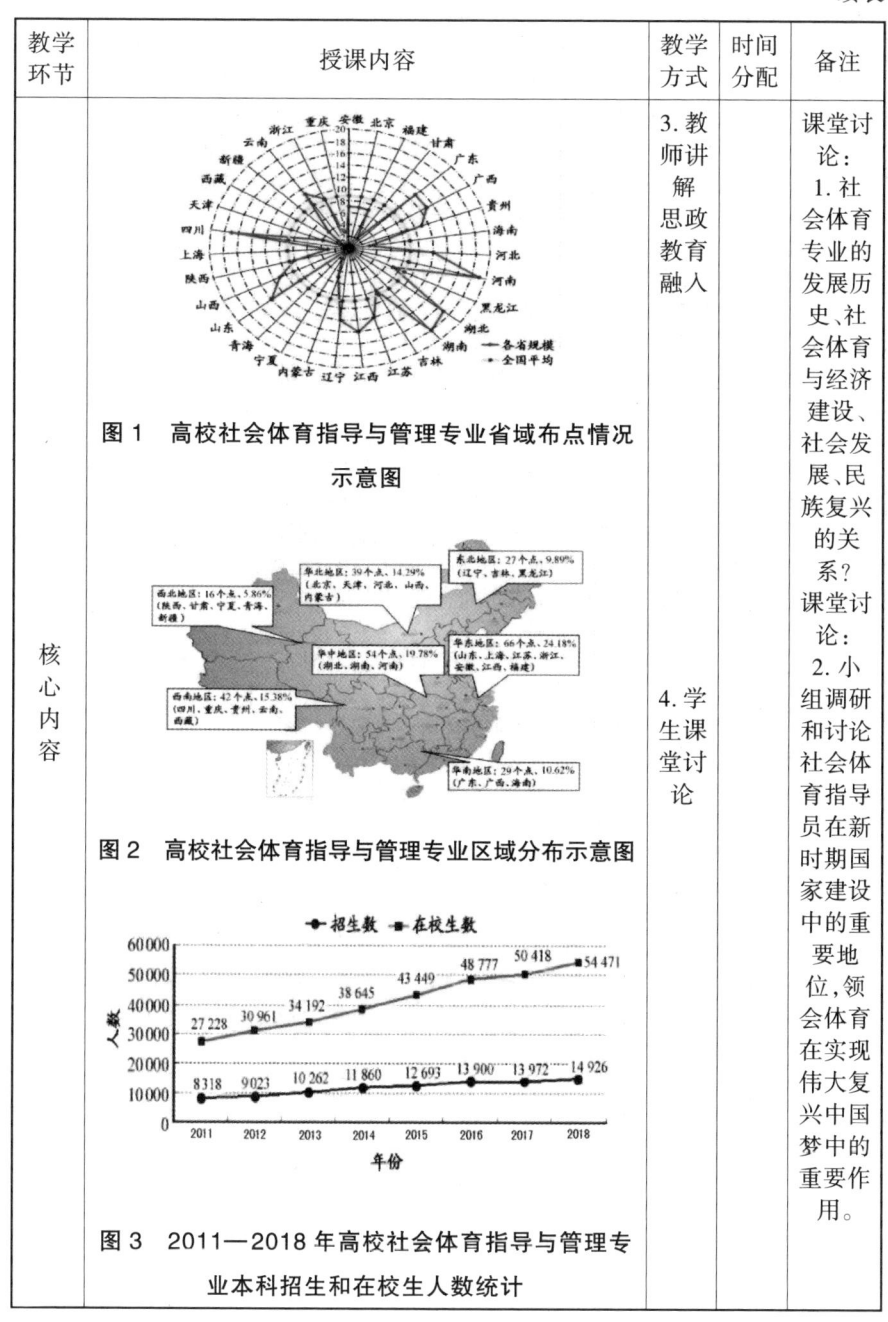

59

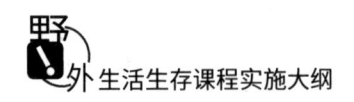

续表

教学环节	授课内容	教学方式	时间分配	备注
	野外生活生存课程的主要目的是让广大户外运动专业方向的大学生了解野外生活生存活动的知识、技能以及规避野外风险的常识,宣传和践行"科学、安全、环保、文明"的户外活动理念,普及野外急救常识、户外基础知识与基本技能,为大学生参与野外生活生存活动的健康持续发展提供有力保障。 当今,随着都市生活的高度现代化,人们更远离了大自然,生活中一切所接触到的都是人造物品,人们生活在混凝土丛林中而不是森林之中,到处充斥的是人造电波、电声、电光及人造物品的气味等,更为严重的是人类文明的副产物——工业及生活污染的严重化。人之躯,乃自然之物,而人却生活在非自然之物的环境之中,长久脱离与自然的接触对人体健康的影响是早已验证的事情,因而,回归自然成为近年来世界上广为兴起的思潮,到大自然中去,感受自然的磁场、自然的美妙声音、清新的空气、洁净的水、温暖的阳光、轻柔的月色等。我们只有常常到大自然中去,才能活得像一个自然之子,而不是一个机器人。 外出旅行必然要离开自己熟悉的环境,自愿不自愿地都要接触新的事物及环境,这就丰富了我们的生活阅历、增长了见识。有些见识可能是从书中、电影电视上见过,但不亲自行动你将永远只是粗浅认识。古人云:"读万卷书、行万里路","绝知此事要躬行"就是这个道理。而且有不少知识及经历是不可能从书本中得到、学到的。我们在旅行之中增长了见识、丰富了人生的经历不是件极好的事吗,有丰富的人生才没有虚度一生,才有可以向后辈们吹嘘的"材料"。不能到了白头尚不知木耳从腐木上所生。户外行业覆盖面较广。户外运动包括各种走向自然、从事具有挑战性和休闲性的运动,如徒步、路跑、骑行、滑雪等,是注重体验和感受的旅游与运动休闲的集合。其中野外生活生存活动带有探险性,属于极限和亚极限项目,有较大的挑战性和刺激性。我国庞大的人口基数为野外生活生存活动的发展带来了无限可能。根据体育总局统计,在我国经常参与运动(一周三次以上,每次30分钟以上,强度为中等以上)的人群占总人口的比例为33.9%,即约3.64亿人。我国人口数量庞大,且其中20—39岁的中青年占比30%,是户外运动消费的主体,也是野外生活生存活动开展的中坚力量。	5.学生提问师生互动教学相长		

7. 课程实施

续表

教学环节	授课内容	教学方式	时间分配	备注
	户外人口·项目偏好 我国户外人口参与度最高的两个项目依次是徒步和登山 (柱状图：登山90.66%、徒步91.50%、山地自行车29.88%、骑行21.14%、滑雪60.31%、滑水30.75%、潜水9.54%、攀岩41.22%、山地越野跑22.05%、漂流11.90%、极限人士17.86%、8.99%、冲浪3.33%、1.80%、2.34%、2.12%、滑翔8.65%、跳伞32.91%、蹦极5.10%、3.23%、5.79%) 数据来源：博视户外人口调查，过去参加过户外运动的人数=4717，过去一年参加过户外运动的人数-户外人口=4059 **青少年、青年参加户外活动的原因** | | 6-12岁 | 13-17岁 | 18-24岁 | |---|---|---|---| | 与家人朋友一起 | 67% | 59% | 53% | | 锻炼 | 56% | 58% | 67% | | 追求冒险刺激 | 41% | 36% | 40% | | 与志同道合的人一起 | 36% | 46% | 22% | | 很酷 | 35% | 22% | 18% | | 提高技能 | 29% | 35% | 29% | | 保持身体健康 | 28% | 51% | 58% | | 感受大自然的气息 | 28% | 29% | 42% | | 与大自然亲密接触 | 28% | 34% | 48% | | 欣赏美景 | 24% | 33% | 47% | | 摆脱日常生活 | 15% | 29% | 46% | | 获得自信 | 15% | 20% | 24% | | 感受成功感 | 15% | 21% | 30% | | 与能体现我价值的人在一起 | 14% | 25% | 17% | | 结实不同的人 | 7% | 11% | 11% | | 体验孤独 | 5% | 13% | 32% | | 其他 | 5% | 3% | 6% | （一）我校《野外生活生存》课程的建设发展历程 《野外生活生存》是社会体育专业户外运动专业方向的重要基础课，随着户外运动产业飞速发展，本课程的教学内容紧跟社会需求持续改革和演进。 1.2003年—2005年，课程构思阶段，围绕四川省得天独厚的野外生活生存资源，教学团队赴日本、加拿大、意大利进行学习，广泛收集国外相关课程资料，结合国内人才需求实情，进行课程设计。 2.2005年—2010年，课程起步与发展阶段，课程名称《野外生存与生活》。由于受场地（狮子山校区）、器材、装备限制，在尚未建立校外实践基地的情况下，课程内容以理论知识和校内实践技能为主。真实野生环境下的实践教学内容较少，无法有效完成教学目标。2008年汶川大地震抗震救灾过程中发现学生实践操作技能欠缺。			

续表

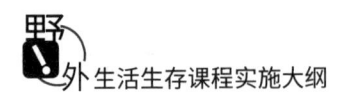

教学环节	授课内容	教学方式	时间分配	备注
	3.2011年—2015年,课程改革与创新阶段,课程名称《野外生活生存》。在成龙校区1700亩校内实践基地的基础上,逐步建立起校园周边、校外市内、市外省内(四姑娘山、九顶山、田海子山)4级教学实践基地,教学器材装备迭代升级,教学内容由重"生存"向重"生活"转移。但此阶段尚存在侧重技能教学,缺乏专业教育与社会服务的紧密结合。 4.2016年—2020年,课程精品建设阶段,融入绿色环保的国际先进理念,加强了认识社会、服务社会的课程思政内容。课时比例调整为校内25%+实践基地75%,考核和评价方式从单一的期末考试改革为多维度过程性考核和多元评价方式。课程2019年成为校级"金课",2020年成为校级一流课程。 5.2021年—今,课程思政融入阶段,2021年5月起,在中国共产党100周年诞辰之际,增设以《野外生活生存》课程实践教学为载体,融入党史学习教育主题,户外运动专业方向师生沿着当年红军长征走过的真实路线,从雅安石棉县什月坪出发,徒步120公里,到达甘孜泸定县"泸定桥"的体验式徒步穿越教学活动。活动采用形式多样的教学手段,打造"户外运动技能教学+红色文化思政教育"的优质实践课堂。 (二)课程内容与资源建设及应用情况 1.引入国际一流的教材资源与先进理念 引入美军陆军生存手册、英国陆军生存手册、WMAI国家野外医疗培训、意大利登山救援培训、日本营地教育及露营手册等国际教材资源,整合国内教材资源。 国外教材:《 U.S, Army Survival Manual》《British Army Survival Manual》《Alpinismo Su Ghiaccio E Misto》《Arrampicata su Ghiaccio Verticale》等。 国内教材:在《野外生存教程》的基础上不断整合《定向运动与野外生存(第三版)》《定向运动与野外生存训练教程》《户外运动(第二版)》等高等教育出版社教材内容。 参考丛书:《野外生存必备技能(户外生存系列)》(美)艾米·罗斯特、《中国徒步穿越·西南卷》《中国徒步圣经》《徒步中国:用脚步丈量魅力中国》。			

7. 课程实施

续表

教学环节	授课内容	教学方式	时间分配	备注
	课外读物：《户外探险》《山野》。 网络资源：MOOC，雨课堂，中国户外资料网（www.8264.com）、荒野求生（美）（https：//so.360kan.com/index.php？kw）中国定向协会（www.oacn.org/）、中国登山协会（http：//cmasports.sport.org.cn/xhck/）。 2. 科研成果与教学改革深度融入 依托课程建设，教学团队孵化了教育部、四川省哲学社会科学、四川省教育厅等科研项目6项，完成校级教改项目2项，发表研究论文20余篇，出版著作教材5部。教育部项目成果之一《生态体育评价指标体系》得到四姑娘山风景名胜区管理局、成都市体育局等单位的采用。形成了教学实践→教学研究→科研成果→教学改革→课程建设，螺旋式上升的改革建设路径。 3. 建立了国内一流大学生野外生活生存实践实训基地 在户外天堂•东方阿尔卑斯山——"四姑娘山"建立了大学生登山实践基地；在石棉县什月坪、猛虎岗、菩萨岗至泸定县磨西镇、奎武村、泸定桥一线，沿红军当年急行军120余公里，创造了世界行军史上奇迹的真实线路，建立了大学生"重走长征路 徒步大渡河"体验式徒步穿越线路。与国内多个省市的行业协会、知名企业建立实践实训合作。共同建立了多个职业认证培训基地，打造了"专业+职业"的实践教学创新模式，为学生专业能力向职业能力转化提供了平台。 4. 建立了国内一流的《野外生活生存》课程师资队伍 建立了一支专业技能过硬，行业影响力大的"双师双能"型师资队伍。目前校内专业教师7名，校外外聘教师16名。其中具有代表性的有：Jon Otto•美国(中文名：曾山)成都领攀登山培训学校校长，亚洲登山界最高荣誉"金冰镐"奖获得者。作为教学团队成员，曾山全程参与了本课程的教学设计、内容构建、实践教学等全过程。Steven Van Sickle，美国AMGA认证国际高山向导、大岩壁攀登者。多次来我校为学生开展攀岩专题讲座及技术交流活动。			

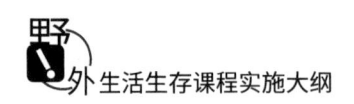

续表

教学环节	授课内容	教学方式	时间分配	备注
	5.建立了国内一流野外生存情景模拟高海拔高山症实验研团队2017年购入高海拔高山症预防实验设备,并组建高海拔情景模拟高山症研究团队,尚属国内第一。旨在对高海拔高山症、低压环境下不同程度的生理反应进行系统研究,为高海拔区域课程实施提供模拟实践环境。 6.特色资源 (1)2010年,建成西南地区高校首个校内野外生活生存实践基地,占地1700亩。随后建成:校园周边(白鹭湾湿地)、校外市内(龙泉湖、黑龙潭、三岔湖),市外省内("四姑娘山""田海子山""九鼎山""什月坪→泸定桥")4层级实践基地,为情景模拟教学及学生课外练习、职业资格培训等提供保障。 (2)2008年起,学校每年设"户外运动专业方向实践教学"专项经费8—12万元,为购买野外生活生存器材装备,以及师生实践教学提供经费保障。 7.应用情况 课程理论、实践资源均得到了充分的应用,实践基地得到了四姑娘山风景名胜区管委会,成都恩威集团(九顶山滑雪场投资方),甘孜州体育局的大力支持和多年的持续帮扶。			

(三)课程教学内容及组织实施计划

课程教学内容:

分类	教学内容	教学形式与学时分配	
		讲授	实践
校内学习	野外生活生存课程现状、发展趋势及意义	2	
	野外生存概述	2	
	野外装备	4	4
	野外给养	4	6
	野外宿营		2
	野外求救与方向识别		2
	拓展训练的意义及安全常识		2

7. 课程实施

续表

教学环节	授课内容		教学方式	时间分配	备注
	团队拓展训练之团队建设	2			
	定向运动与生存能力	2			
	定向运动基本技术	2			
校外实践	校园周边露营、炊事集中实践	4			
	"重走长征路,徒步大渡河"	6(24拓展学时)			
校内学习	户外活动的组织与管理	2			
	野外避险与救援	2			
	高原反应	2			
	环境保护	2			
校外实践	野外综合实践能力培养及社会调查服务(含初级登山体验)	12			
学时合计		16+48+24=88			
组织实施计划: 课程总学时88学时,分为理论学习+校内外实践教学+社会调查与服务三大板块。 1. 理论学习(16学时,占比18%) 课前:邀请校外专家及基地教师,举办野外生活生存相关主题讲座、座谈会,野外生活生存典型视频导入。					

续表

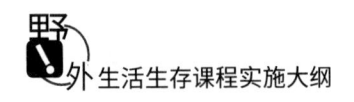

教学环节	授课内容	教学方式	时间分配	备注
	课中:采用教师讲授、课堂讨论与互动、翻转课堂等方式进行理论教学;采用模块化导入学习、实操训练、分组练习的方式,学生进行野外生活生存装备品鉴、使用及保养、绳结技术等基础技能学习。 课后:线上自主学习:中国MOOC:荒野求生(美·贝尔)、课后作业、线上单元测试。 2.校内外实践教学(48+24学时,含社会调查6学时,占比82%) (1)重视课前准备:始终坚持"心中有数才出发"的课前准备原则,包括学生对身体状况的记录与调适;根据计划书,各小组对装备物资整理、打包。教师引导与监督,防患于未然。 (2)模块化任务设定法:校内及校园周边基地实践时,将理论学习与实践操作交替进行,将"弓箭、鱼叉(鱼篓)制作,庇护所搭建,动植物给养获取,徒手抓鱼,钻木取火,过滤器制作,水源寻找,陷阱铺设"等实操科目模块化,独立设定任务和考核标准。教师引导学生结合自身体验和本体感受,对实践过程进行评估和调整,制订优化策略、方案。 (3)教师问题导向法:在校外市内基地露营及野外炊事实践时,学生分组开展(野外生活生存与自我成长、野外生活生存团队精神、野外生活生存与环境保护)相关内容的辩论赛,教师分析点评。 (4)小组合作练习法:在市外省内基地(四姑娘山)集中实践时,采用小组合作练习法,进行高山营地建设、高原息服、山地救援等综合技能训练,以及登顶海拔5038m的四姑娘山大峰,完成挑战人生中第一座雪山的目标时,以学生为中心,以应对不同环境下综合运用知识技能为导向,进行自我激励,综合性挑战。让学生通过真实体验与亲身感受,记录高原野外生存过程中的身心状况,观察不同海拔高度的生态环境,分析登山路线与野外生存计划制定的科学性及合理性,评估野外生存活动对自然环境的影响。 (5)反思与引导教学法:在完成野外集中实践物资回收整理、营地垃圾分类及处理,营地拆除与生态恢复,回收游客遗留垃圾,向游客宣传环保理念与行为准则时,反思野外生活生存过程对植被、水源的影响,运用绿色环保碳足迹评价表进行自评和他评。			

7. 课程实施

续表

教学环节	授课内容	教学方式	时间分配	备注
	（6）体验式思政融入法：通过"重走长征路 徒步大渡河"体验式徒步穿越教学活动，让当代大学生身体力行感知长征精神，重温红色记忆，传承红色基因，坚定建设祖国的理想信念。打造"户外运动技能教学+红色文化思政教育"的优质实践课堂。激发起学生内心深处的家国情怀。 3. 社会调查与服务（6学时） 四姑娘山基地集中实践期间，采用探究式学习法，分为4-6个小组，教师带领各小组对四姑娘山管理局户外运动中心、四姑娘山高山协作公司等进行野外生存活动与当地经济发展、乡村振兴等相关主题的调查。普及碳足迹等高阶环保理念，对乡村居民、高山向导、户外爱好者进行环保宣传。记录调研情况课后完成调研报告。前往距离四姑娘山镇20分钟车程的达维镇，参观烈士陵园、访谈红军后代，学习和感受红军长征"达维会师"的丰功伟绩，继承红军精神，激发爱国情怀。 4. 课外拓展和课后延伸 "弘扬红军翻越大雪山精神"主题班会、考取社会体育指导员职业资格认证、参与户外活动方案设计与项目规划、参加户外运动赛事工作等。 （四）课程成绩评定方式 成绩构成： 改革原有的多维度形成性课程评价考核方式，强化能力性、过程性考核，新增课程思政内容考核，具体考核内容由：校内理论+校内及校园周边模块化实践+校外基地综合实践+"重走长征路、徒步大渡河"（新增思政考核内容）+社会调查与服务（新增思政考核内容）构成。 评分规则说明： 1. 基础理论：20% 课内：考勤5%；课堂问答5% 课外：作业（含线上）5%；从业资格证书考取5% 评价：随堂教师随机点名提问、学生回答问题、学生提问；学习心得体会（新增思政考核点）；线上线下单元测试（单元试卷）、从业资格证书认证及评分。 2. 校内及校园周边模块化实践：30% 模块：分"弓箭制作、鱼叉制作、鱼篓制作、庇护所搭建、动植物给养获取、徒手抓鱼、钻木取火、过滤器制作、水源寻找、陷阱铺设"10个模块，各模块占10%，合计30%。 评价：模块评分标准，含珍爱生命、敬畏自然、爱惜动植物资源意识考核（新增思政考核点）（详见附件"评价实施细则"）。			

续表

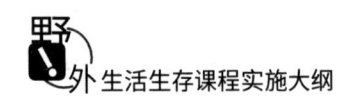

教学环节	授课内容	教学方式	时间分配	备注

	3. 校外综合实践：30%
	校外市内：露营及野外炊事5%；方向识别及野外救护5%
	四姑娘山集中实践：组织与策划5%；风险评估与管理，环保意识、勤俭节约习惯养成（新增思政考核点）5%综合技能实操5%；课程总结书5%
	评价：小组为单位的活动计划书/策划书及PPT展示、小组为单位的风险评估与管理、户外环保等内容设计及表格设计展示word/ecxl表格，设计实施效果及可行性评价（详见附件"评价实施细则"）；以小组、个人为单位的专业综合技能实操（详见附件"评价实施细则"）；课程总结书（含文字总结、照片、视频）由教师进行综合考量打分。
	4. 四姑娘山集中实践社会调查与服务（新增课程思政考核评价内容）：10%
	"夹金山""达维会师"红色资源社会调查：5%；环保登山宣传：5%
	评价：小组为单位的调查报告及PPT展示、小组为单位的环保公益宣传总结书（含文字总结、照片、视频）、向游客发放绿色环保碳足迹评价表（统计与分析的PPT展示）。由师生共同投票打分。
	5. "重走长征路、徒步大渡河"体验式课程思政教学（新增课程思政考核评价内容）：10%
	学生徒步日记：5%；长征精神主题辩论：5%
	评价：学生每日撰写徒步日记（含身体感受、思想顿悟、沿途影像资料、自媒体宣传成效等内容）以小组为单位展示并上传教师邮箱参评；以小组为单位在徒步第四天晚上参加以长征精神为主题的辩论会，教师现场点评及评分；活动结束后，召开"重温红色记忆,传承红色基因"主题班会对教学活动进行总结,同学互评、教师点评活动的总体表现,进一步升华课程思政教育成果。
	课堂教学整体思路：
	  小组调研　→　讲授　→　讨论
	   ↑　　　　　　↑　　　　↑
	（课前落实）（教室集中授课）（课中组织实施）			

7. 课程实施

续表

教学环节	授课内容	教学方式	时间分配	备注
课堂总结	总结本节课所讲的知识点,着重强调重点、难点和思政要点,便于学生课后复习和掌握。社会体育指导与管理专业虽然起步较晚,但发展十分迅速,在全民健身和健康中国纲要推进下,社会体育指导员在国家体育事业发展中的地位和作用更加凸显。《野外生活生存》课程作为专业必修课价值和作用突出,在培养学生"四爱"意识与构建伟大复兴中国梦的教育过程中意义重大。	学生代表发言,教师总结	3分钟	课程总结,并强调思政内容
课后作业与思考	课后阅读: 期刊《山野》《户外探险》 课后作业: 你对户外运动专业方向发展前景的认识(不少于500字)	作业布置	2分钟	布置课后思考与作业,巩固授课内容和构筑伟大复兴中国梦
参考书目	[1] 梁传成,梁传声.野外生存教程[M].高等教育出版社,2003. [2] 张惠红,陶于.定向运动与野外生存(第二版)[M].高等教育出版社,2006. [3] 冉孟刚,史伟.定向运动与野外生存训练教程[M].北京师范大学出版社,2014. [4] 张瑞林.户外运动(第二版)[M].高等教育出版社,2011. [5] (美)艾米·罗斯特.野外生存必备技能(户外生存系列)[M].现代出版社,2016. [6] (英)罗布·利尔沃.徒步中国:用脚步丈量魅力中国[M].中国人民大学出版社,2017.			

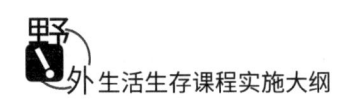

7.2 教学单元二 野外生存概述

表 7-3　课程思政要点：追溯野外生存史——民族自豪感和爱国主义教育

教案背景	课程名称	野外生活生存
	授课内容	野外生存概述
	授课对象	2022 级社体专业户外运动专业方向
	授课时长	90 分钟
教学目标		1. 学习野外生活、野外生存的概念 2. 掌握野外生存的起源与发展史，了解华夏人类野外生存史增强民族自豪感 3. 认识野外生活生存的价值与意义 4. 提高现代文明社会居安思危的意识，培养爱国主义情怀
教学分析	教学重点	1. 野外生活、生存的概念及其演进过程 2. 野外生存在现代生活中的应用
	教学难点	1. 野外生存的体育价值与意义 2. 野外生活生存的现代社会价值与意义
	课程思政	作为课程绪论部分，在讲解野外生存发展历史这部分内容时，围绕原始人类的"野外生活进化史"和"现代科技条件下的野外生存独特价值"来展开小组调研和课堂讨论。让学生通过课前阅读了解远古中华文明为适应恶劣自然环境而创造的先进生存技能，如石器制造、火药发明、金属冶炼、陶瓷烧制等，使之更深层次地了解中华人类野外生存史，增强民族自豪感。同时，通过小组讨论，分享新中国成立以来我国野外勘探、野外探险、野外建设、抗击自然灾害所取得的重大成就，培养学生树立爱国主义情怀、增强家国意识，让学生真正领会专业学习的重要性和振兴中华的紧迫性。

7. 课程实施

续表

教案背景	课程名称	野外生活生存
	授课内容	野外生存概述
	授课对象	2022级社体专业户外运动专业方向
	授课时长	90分钟
教学方法	教学方式	√ 课堂讲授　　√ 多媒体教学 √ 案例教学　　√ 课堂练习 √ 设计引导性问题，启发学生思维，增强师生双边互动，活跃课堂气氛
	教学资源	√ 文字教材　　√ 电子教案 √ PPT课件　　√ 相关案例（实物）

表 7-4　课堂教学过程设计

教学环节	授课内容	教学方式	时间分配	备注
课前复习	【提问】： 1. 通过阅读《山野》《户外探险》等杂志有什么收获？ 2. 你对户外运动专业方向发展前景的认识如何？ 3. 你有没有过野外生活生存经历？	提问思考	10分钟	复习并引入本节课程内容
知识结构	概念→历史→地位→功用 野外生存概述 正确认识　生存历史　生存价值　合理应用	课堂讲授 PPT演示	5分钟	通过深入浅出的例子，为学生构建相关课程知识的整体框架

71

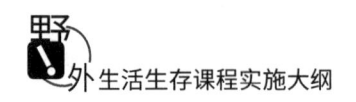

续表

教学环节	授课内容	教学方式	时间分配	备注
核心内容	一、野外生存的概念 生存是维持生命的所有行为组合。在不同的环境状态下,生存有着不同的含义。生存可以分为社会生存和自然生存两种类型。社会生存是指人类在进化过程中创造一定的文明,在享受社会文明时使各个体生命能够存活和人类种族能够得以延续。 在和平环境中,生存对个体而言是如何提高生活质量,活得安全舒适或更好一些;对群体乃至一个民族、整个人类而言是如何与环境和谐相处以求进一步发展的过程。从达尔文论述物种的"适者生存"到现在市场经济条件下的生存理论,都是对小到一个生命个体,大到一个企业,乃至一个国家如何维持下去的诠释。 在人类文明遭受破坏,或意外情况使人类远离文明,不得不处于极端恶劣的生态环境下,生存往往可以简单地理解为"活下去"。这就是自然生存,也就是我们这里所讲的"野外生存"。野外是与居住环境相对应的地域,强调环境的原始性和自然性,更着重的还是指那些人迹较少的自然生态环境。因此,我们可以把野外生存理解为:人类在非正常生活的自然环境下,最大限度地维持生命存活力的行为。 二、野外生存生活训练的概念 在远离居民点的山区、丛林、荒漠、高原、孤岛等野外环境下,在不完全依靠外部提供生存、生活的物质情况下,依靠个人、集体的努力保存生命、维持健康生活能力的训练。 三、国外野外生存训练概况 野外生存训练在一些发达国家中已非常普及,而且形式多样、内容丰富,根据活动的目的和难度,有休闲类、尝试类、挑战类等。娱乐类:周末野营、野炊、爬山、游泳。尝试类:对实验对象进行培训后进行野外生存生活实验。挑战类:如美国的百万美元大比拼"古堡探险"。 四、国内野外生存训练概况 国内开展野外生存的时间较短。现在国内已有许多专业从事野外活动的俱乐部,都采用会员制形式。国内目前开展的野外生存活动基本以休闲和尝试类活动为主。 五、野外生存活动的特点 形式的多样性和广泛的群众性高强度的体能和技巧性激烈的对抗和严密的集体性轻松的娱乐和休闲性	1.提问思考 内容导入 2.课程讲授 启发思维 3.教师讲解	71分钟	通过激发学生共鸣的案例,导入本节课程的讲授内容

7. 课程实施

续表

教学环节	授课内容	教学方式	时间分配	备注
	六、野外生存与人类探险精神 每个人都可以是自己的探险家。人类的血液里天生就蕴含着探险的因子,婴儿在睁开眼的那一刻,就在好奇地打量这个世界。你是否可以一直遵循内心的渴望,去探索地球上的每一个角落。不论是攀登至地球的制高点,还是探寻地表之下的未知,每一种探险都源自本真,每一种探险都值得被尊重。 探险家和运动爱好者们喜欢追求身体和精神上的"高度"和"深度",往往去探索全球的高山、海洋和深洞,探索每一处未知的所在。 现代科学研究表明,部分人身上有一种叫做DRD4-7R的基因变体,这种变体有助于控制人脑多巴胺,令他们更爱冒险、更爱去新的地方探索。而正是拥有如此探险基因的人,带领着大家不断探索未知,推动着人类进化的车轮。选择探险,就选择了一条极致之路,只需追随本心,履险如夷。一切都源自内心的渴望,来自生命的本源,在每次探险中,心灵经历的是热忱与勇气、坚持与隐忍、探索与希望……如同漆黑夜空中的灵魂之光,照亮心灵通往自由的救赎之路。 我们赞赏那种理性的态度,对当前我国的探险活动进行一番认真的反省,使它今后能够以一种规范的方式发展。和世界上许多国家相比,我国的探险活动无论在参加的人数上还是在开展的项目上都仍处于较低水平,我们绝不希望因为几次事故而把它的水平降得更低。在任何名副其实的探险活动中,都不可能完全排除不可预测的危险因素,绝不存在万无一失的安全,否则还叫什么探险呢。中国的文化传统是不鼓励探险的,皮肤毛发因为受之父母,不允许损伤,更不用说冒生命的危险了,这个传统至今仍很有力量。 我们不反对讲究安全,但认为过分讲究安全不是一个好传统。我们把探险的意义概括为:它是用身体实现的精神事业。意思是说,探险主要是为了获得精神上的收获,包括对未知的探索,与大自然的交流,生命力的激发,意志的磨炼,对日常平庸生活的超越,精神视野的拓宽等等。	4.学生线上调研+线下讨论 5.思政教育融		线上调研+线下讨论: 1.线上调研、预习远古中华文明的野外生存进化历史、了解中华民族在人类与野外(自然)抗争中所作的贡献

73

续表

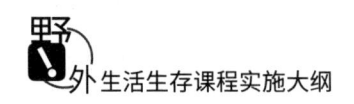

教学环节	授课内容	教学方式	时间分配	备注
	没有冒险精神就没有人类文明 当有人问英国一个登山运动员为什么要登山时,他的回答是"因为山在那里"。对于登山家来说,山是一种无法抗拒的召唤,把登山运动作为自己的崇高事业,全力以赴。 人类不断探险的精神是永恒的。正是由于人类的探险精神,才有今天的文明。许多人在探索自然的过程中献出了宝贵的生命,但对后来者,他是一笔宝贵的财富。 培育探险精神对于一个人、一个民族都有积极意义。一个具备探险精神的人,会不断寻求新的征服目标,不断追求人生的境界和高度;相反,一个人、一个民族如果没有探险精神,就不会有什么前途。登山是一种探险,但不是盲目冒险。 在攀登高峰的过程中,经历了许多生与死的考验,名利与奉献的选择,因而对生活中的名利看得很淡泊。生死都能置之度外,名利还算什么?这么艰难的条件我都挺过来了,人生中还有什么困难不能克服呢? 七、人类的发展历程就是一部野外生存发展史 究竟什么时候有了人类,是考古学家和人类学家研究的课题。但是,有一点是可以肯定的:人类最开始一定是生活在野外的。他们没有工具,没有衣服,没有固定的食物,更不会有住宅…… 我们的祖先就是靠不断强化的野外生存本领,繁衍生息的,也因此才使人类有了今天的文明。毫无疑问,人类的野外生存活动从有人类开始就一直没有停止过。因此,从这种角度出发,我们根本不用讨论野外生存活动的起源问题。我们祖先的原始生活方式就是一种标准的野外生存。他们生活在原始的自然环境里,茹毛饮血、营木为巢、钻木取火。我们现在所开展的野外生存训练课程中,就有许多训练科目是我们祖先早已用过的生存手段和求生方法。例如,从野生的动植物中选择食物;野外生火中的钻木取火;野外保暖使用的草蓑、兽皮衣;野外宿营中利用的山洞、雪屋、草帐等。这一切全都是我们祖先用过的方法。从某种意义上讲,我们现在的一些野外生存活动训练科目是对祖先生活方式的重演、是人类原始技能的一种回归。只是我们在许多方面利用了现代技术和现代工具而已。例如:在太阳下用凸透镜取火;利用信号向飞机求救等。			线上调研+线下讨论: 2. 小组讨论中华人民共和国成立以来我国先进的野外生存技术和技能,领会科技带来的重要作用

7. 课程实施

续表

教学环节	授课内容	教学方式	时间分配	备注
	八、各种自然灾害锻炼了人类的野外生存能力 自然灾害可以把人类推向任何生存环境。火山、地震、泥石流、暴风雪、干旱、洪水等任何一种灾难都是考验人类野外生存能力的自然力量。我们无法选择回避，只能学会应对。在我国，50岁以上的人基本上都有挨过饿的经历。20世纪60年代，我国遭遇了百年不遇的自然灾害，粮食大幅度减产，甚至绝收。为了让更多的人不至于饿死，政府在千方百计的同时，采取了平均定量供应的供给方法。当时，城里的粮食供应被严格控制，每天每人的供应量只有2—3两。在副食品供应同样严重不足的情况下，2—3两的粮食基本无法满足生理需要，而有的地区甚至连这样的供应量也达不到。在这种情况下，活下来的唯一办法就是在野外找到食物。人类的潜能是可以被激发的，而且人类的适应能力也有很大弹性。在自然灾害面前，人们找到了许多可以食用的植物，并发明了许多"烹饪"方法。 九、当代的科学考察需要野外生存技能 从事野外工作的科学家（如生物、地质、气象、考古等）经常遇到意外情况，有时甚至为科学献出了宝贵的生命。为了在发生意外时能够尽量减少伤害，他们需要掌握一定的野外生存技巧。 十、科技进步与人类生存能力的下降 科学技术突飞猛进的今天，人类的生活每时每刻都在发生着巨大的变化。传统的手工劳动不断被现代机械所替代，许多以前十分复杂、繁重的工作或体力劳动，往往变成了只需要按一下按钮。而这些进步的另一个"副产品"是：生活在大城市里的白领阶层，离开了先进的现代科技几乎无法生存；年轻一代更是成了脆弱的"都市宝贝"，经不起任何的"风吹草动"；本来应该处于"七八岁，淘狗闲"的小学生，成了一个个步履蹒跚的小胖子。 十一、户外活动有益于身心健康 自古以来，人们都知道把休养所、疗养院设置在远离城市的郊区，其目的就是为了最大限度地接近大自然。而大自然的"疗效"也的确非常显著，甚至发生奇迹。一个人如果能放弃杂念，与大自然融为一体，他的身体和精神一定会处于最佳的状态。			

续表

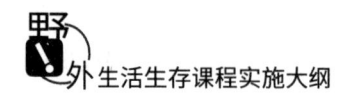

教学环节	授课内容	教学方式	时间分配	备注
	置身于野外,或安步当车,或爬山涉水,都会使你放松精神、缓解压力、增强体质。简单的饮食,简陋的"家居",加上原始的生活方式,更会使你体会到人类的另一种原始本性。在条件恶劣的环境里你可以更清楚地认识自己,尽最大的努力来发掘自己潜能,同时学会懂得相互依赖、团结协作,并增进彼此友情。 十二、大自然是人生最好的课堂 大自然本身就是一本最好的教科书,人类除了本能之外的所有知识、技能都是从大自然中学到的。她能教会你什么叫物竞天择,什么叫适者生存,甚至可以教你怎样对待工作,怎样对待人生。 十三、野外生存体验还可以激发你热爱祖国、爱惜生命,保护环境的热情 我们从小就经常受到各种形式的爱国主义教育,决心书也写了不少,口号也喊了许多。但是,我的爱国情怀真正被激发出来的还是在野外,就是我第一次登上长城的时候。至今,我还能清楚地记得登上长城时的那种不一样的感觉。 人类有一种普遍的心理,就是入乡随俗。当你身处在一个卫生条件十分恶劣的环境时,兴许你也不愿意遵守通识的卫生准则。但是,如果你到了一个卫生模范区域,你将会自觉不自觉地注意起来。原始状态的自然环境里,几乎没有任何人类的"痕迹",在那里,不用标语,也没有老太太监督谁乱扔烟蒂,但是,你忍心在那样的环境里留下垃圾吗?经常去野外的人,尤其是经常到过原始环境里的"野外人",绝大部分都是或者逐渐变成环保主义者。			
课堂总结	总结本节课所讲的知识点,着重强调重点和难点和思政要点,便于学生课后复习和掌握。通过推荐美国探索频道《荒野求生》作者贝尔·格里尔斯,系列作品(特别是中国区域内拍摄的相关作品)进一步揭示野外生活生存的重要价值和意义,展示中国野外生存资源的壮美。继续培养学生的民族自豪感和进行爱国主义教育。	学生代表发言,教师总结	3分钟	课程总结,并强调思政内容

7. 课程实施

续表

教学环节	授课内容	教学方式	时间分配	备注
课后作业与思考	课后作业与思考 1. 什么叫野外生存？ 2. 探险家有什么社会价值？ 3. 你认为应该如何对待行业规范？ 4. 人类为什么要登山？ 5. 自己生活的城市，在什么的情况下会使用野外生存技能？	作业布置	1分钟	布置课后思考与作业，巩固授课内容
参考书目	[1] 梁传成,梁传声.野外生存教程[M].高等教育出版社,2003. [2] 张惠红,陶于.定向运动与野外生存(第二版)[M].高等教育出版社,2006. [3] 冉孟刚,史伟.定向运动与野外生存训练教程[M].北京师范大学出版社,2014. [4] 张瑞林.户外运动(第二版)[M].高等教育出版社,2011. [5] (美)艾米·罗斯特.野外生存必备技能(户外生存系列)[M].现代出版社,2016. [6] (英)罗布·利尔沃.徒步中国：用脚步丈量魅力中国[M].中国人民大学出版社,2017.			

7.3 教学单元三 野外装备

表 7-5 课程思政要点：民族工业振兴与可持续发展（一）

教案背景	课程名称	野外生活生存
	授课内容	野外装备
	授课对象	2022级社体专业户外运动专业方向
	授课时长	90分钟
教学目标		1. 学习野外装备的相关知识(包括分类、材质、功能、属性) 2. 掌握野外装备的各种性能以及使用、穿戴、维护、保养方法、技巧 3. 了解我国乃至全世界野外装备的发展现状及趋势 4. 培养学生振兴民族工业的意愿,树立节能减排、可持续发展意识

续表

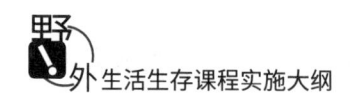

教案背景	课程名称	野外生活生存
	授课内容	野外装备
	授课对象	2022 级社体专业户外运动专业方向
	授课时长	90 分钟
教学分析	教学重点	1. 野外装备的分类体系与方法 2. 宿营装备的分类及使用技巧 3. 背包的填装方式和技巧 4. 救生包的内容和携带方式
	教学难点	1. 野外着装的技巧和方法 2. 如何做到舒适的露营生活
	课程思政	相关数据显示,以野外生活生存为主的户外运动正逐步兴起,户外运动产业经济发展正酣。2006 年全国户外用品销售额仅 15 亿元,2017 年这个数字就已上升至 153.8 亿元。但与欧美发达国家如:美国 2015 年度就创造了 6460 亿美元的经济收入相比,我国的野外装备制造业显得十分的稚嫩与落后,又特别是其高端装备和原材料几乎都依赖于进口,凸显了我国民族工业的短板。通过现状、数据对比激发学生振兴民族工业的意愿和决心,以及在当下人类命运共同体格局下,如何在振兴的同时实现可持续发展,并从原材料研发、制造工艺、销售、使用等多个环节思考如何实现节能、减排和绿色环保。同时,引申到我们的日常生活中,利用"能量守恒与转化"是一个具有普适性的定律,围绕生活中节能环保的方法和措施展开小组讨论。帮助同学们树立节能减排意识,为我国的民族工可持续发展和美好的明天献计献策。
教学方法	教学方式	√ 课堂讲授　　√ 多媒体教学 √ 案例教学　　√ 课堂练习 √ 设计引导性问题,启发学生思维,增强师生双边互动,活跃课堂气氛
	教学资源	√ 文字教材　　√ 电子教案 √ PPT 课件　　√ 相关案例(实物)

7. 课程实施

表 7-6 课堂教学过程设计

教学环节	授课内容	教学方式	时间分配	备注
课前复习	【提问】: 1. 野外生存技能与现代城市生活有哪些密切联系? 2. 你对野外装备了解多少? 3. 你购买和使用过哪些?	提问思考	10分钟	复习并引入本节课程内容
知识结构	分类 → 现状 → 方法 → 功用 野外装备 正确认识　装备分类　装备价值　合理应用	课堂讲授 PPT演示	5分钟	通过深入浅出的例子,为学生构建相关课程知识的整体框架
	出行注意事项: 如果你是有计划地外出探险、远足,或者是参加野外生存训练,列举的这些装备对你会有很大的参考价值。 在出行前,选择物品时,建议你考虑以下几个方面: 1. 活动性质:是郊游还是探险;是登山还是穿越;是业余的还是专业的? 2. 出行方式:有交通工具,还是徒步,需要徒步的地段大约多少公里? 3. 起止时间:计划是几天的行程,如果有意外,可能会延宕几天,大约几天返回? 4. 人员组合:是随团出行还是自助,同行者共多少人,如果是大队人马出行,组织者会提供怎样的后勤保障? 5. 身体状况:我目前的身体状况如何?在野外期间,我的身体可能会出现怎样的状况,应该带上什么药品和卫生用品? 6. 气象情况:目的地的气象情况如何?那里是怎样的生态环境?	1. 提问思考 内容导入		

79

续表

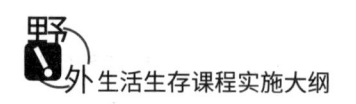

教学环节	授课内容	教学方式	时间分配	备注
核心内容	7. 特殊要求：我这次去野外还有什么特殊目的,还应该配备什么特殊装备？ 8. 根据以上的思考,将所有的备品放在一起,确定用多大的背包。最后问自己：救生包带了吗？钱和证件呢？ 第一节 野外宿营用品 一、帐篷 （一）根据帐篷的用途、性能分类 1. 车载帐篷(屋形帐篷)：这种帐篷空间较大,相对也比较笨重,适合驾车探险和露营地点相对固定的野外露营使用,也可以作为登山队的大本营。优点是：空间大适合多人宿营；稳定性好,抗风暴能力强。缺点是：流动性差,安装和拆卸比较费力；重量大,超出人体负荷,不适合徒步穿越者使用。	2.课程讲授 启发思维	70分钟	通过激发学生共鸣的案例,导入本节课程的讲授内容

7. 课程实施

续表

教学环节	授课内容	教学方式	时间分配	备注
	2.登山帐：专门为登山者设计的帐篷,性能指标注重于轻便、抗风、保暖、高强度等,选材考究,工艺精湛。优点是防护性能好,不易破损。缺点是透气性差,价格昂贵。 3.休闲帐：为一般郊游、野营而设计,选材上注重经济、适用性,可满足一般环境下的露营使用。 休闲帐的优点很多,首先是价格便宜,一般的野外活动爱好者都可以承受。其次,休闲帐篷款式较多,用途广,被垂钓者、旅游者和露营爱好者广泛接受。缺点是：抗损性差,防水和保暖性不强,不适合比较恶劣的天气。 (二)根据帐篷的容量分类 可分为单人帐篷、双人帐篷和多人帐篷。 (三)根据帐篷的形状和款式分类 1.三角形帐篷：支架为两个"人"字形管,中间架一个连接横杆。有单层的有双层的。单层帐篷可直接撑起,双层帐篷在撑起内帐后,还要装好外帐。 2.圆顶形帐篷(蒙古式帐篷)：由两根交叉的支架下弯,并向上隆起支撑圆顶形帐篷一般有外帐(称"双层帐篷"),撑起内帐后,再盖上外帐。外帐上有弹性脚环,钩在四个支架下端,并有拉绳固定。 拉绳固定： 3.六角形帐篷(网格式帐篷)：是圆顶形帐篷(蒙古式帐篷)的加强形,由三支交叉的支架支撑,即比圆顶形帐篷多了一根门前的支架。这样的结构应该比圆顶形帐篷更加稳定。	3.教师多媒体教学 4.学生分组讨论		多媒体教学+讨论：通过视频、图片(数据)展示目前世界顶级野外装备生产和使用现状,以及我国相对滞后的野外装备民族工业制造水平。

续表

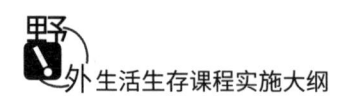

教学环节	授课内容	教学方式	时间分配	备注
	4. 船形帐篷：一般由三支平行的弓形支架支撑，看上去像一只反扣过来的目的拉绳固定，空间利用合理，但稳定性一般。	5.思政教育融入 6.教师讲解		依托能量守恒与转化这一个具有普适性的定律。组织同学们小组讨论，列举生活中节能环保的方法和措施。

7. 课程实施

续表

教学环节	授课内容	教学方式	时间分配	备注
	帐篷的种类和款式都很多,如何选择,需要考虑下面几个问题: 1. 野外地区属于哪种气候类型？如果是多雨的地区你所要配备的帐篷首先要有良好的防水性。防水性好的帐篷应该有较好的防水涂层,在缝合线处要有压胶处理；外帐下裙应该是稍微长一点的,底部的材料应该同样是防水的材料。 2. 你选择的帐篷是用来探险、登山,还是偶尔去野外露营？如果是前者,它必须非常结实,把选中的帐篷支起来,从不同的方向推推看,确定它不会轻易倒塌或折弯。在售货员允许的情况下,试试帐篷面料的拉力,再把它拆装一遍,看它是否容易搭建,因为在探险时的恶劣气候下,有时你不得不在瞬间就完成搭建工作。 3. 想想自己经常的外出方式：如果你一个人徒步旅行,你选择的帐篷必须是你能够负担的重量范围,不用太大,能够容纳一个人足矣。在售货员允许的情况下,钻进帐篷内,躺下去,打量一下内部,心里想着又湿又冷的野外。 4. 颜色：绿色和土黄色帐篷适合隐蔽；红、橙色帐篷适合登山(方便你返回时找到宿营地)；白色和浅色系列帐篷有反光作用,适合炎热的地区。如果你的经济条件允许,最好选择双层帐篷,适合探险的那种。			

83

续表

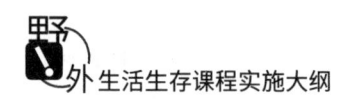

教学环节	授课内容	教学方式	时间分配	备注
	二、睡袋 按照季节来分,睡袋可分为夏季睡袋,三季节睡袋和冬季睡袋; 按照款式来分,睡袋可分为收缩式和拉链式; 按照容量分,分为单人睡袋和双人睡袋; 按照填充物可分为羽绒睡袋、人造棉睡袋;羽绒睡袋按照羽绒重量可分为 1000g、1500g、2000g 等。 无论款式有多少,选择睡袋的原则都应该是轻便、保暖、易于维护。			

7. 课程实施

续表

教学环节	授课内容	教学方式	时间分配	备注
	三、宿营袋 既像个小帐篷，又像个大睡袋。宿营袋多为单人使用，上面的面料既致密又透气，有一定的防水效果，但防水性能不如帐篷，下面是防水的尼龙布。宿营袋通常没有复杂的支撑结构，只在肩头附近有一个弓形的支柱。开口在这个支柱边上和靠近头部的底边。有的宿营袋还设计有纱窗，拉链的位置与上述相同。 宿营袋体积小，重量轻，方便携带，并兼顾帐篷和睡袋的两种功能，但其防水性能不及帐篷，保暖性能不如睡袋。在夏天，一个宿营袋就可以在野外过夜，在寒冷地区，宿营袋里可以再加个睡袋。 四、防潮垫 凡是能在野外宿营时起到防潮隔凉作用的天然或人造制品，都可以用作防潮垫的材料。但是，轻便和便于携带应该是同样重要的指标。 目前市场上出售的防潮垫大体上有化工材料（聚乙烯）和充气式两种，重量都不是太重。以少量的体积和重量换来一个舒适的睡眠环境，还是值得的。 五、炉具 对于参加野外生存训练的人来说，最奢侈的炊具就是一只有折叠把手的饭盒了。 由于你的饭盒要在野外做饭时使用，所以，无论是钢制的还是铝制的，都应该有提梁或者把手，方便吊起来或伸进火里。			

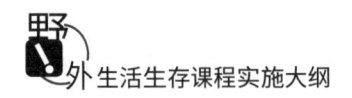

续表

教学环节	授课内容	教学方式	时间分配	备注
	第二节 野外着装 一、鞋袜 (一)野外穿越忌新鞋 鞋子的磨合期一般是100km。通常,经过300km磨合的鞋子最适合野外远足。 野外使用的鞋子最好要比你平时穿的尺码大半码或者一码,因为长途徒步,双脚多少会有些肿胀。 鞋子的适脚程度也可以通过袜子和鞋垫来调节。 (二)野外鞋、靴的种类 选择鞋子的时候,尽量选择有系带的,因为鞋带可以调节鞋子的松紧度,达到最适合的状态。有松紧带的鞋子达不到以上的效果,而且弹力太大又会影响血液循环。鞋底的防滑纹也是选择鞋子时不可忽视的项目。细小的纹理会在草地和潮湿的石头上打滑,粗大的纹理会增加摩擦力影响行进速度。一般情况下,鞋底脚掌处的纹理设计应该是16~18个岛,脚跟处8~10个岛。 1.山地鞋:适合一般的山地环境,普通登山。鞋帮硬朗,有固定的内板,不易扭伤脚踝;鞋底有16~18个防滑岛,在山坡尤其是岩石上轻易不会打滑;面料防水(只要水不没上鞋帮,一般不会进水)却可以透气,轻微的出汗能及时排除,保持鞋内干爽。 2.远足靴:重量适中,穿着舒适;采用高腰设计,在脚踝处增加衬垫起支撑保护作用,不易扭伤;鞋底有12个防滑岛,加前4个组合岛,可有效防滑;面料防水(高腰设计的鞋帮,一般不会进水)却可以透气,轻微的出汗能及时排除,保持鞋内干爽;高腰也在一定程度上起到防止毒蛇咬伤的作用。			

7. 课程实施

续表

教学环节	授课内容	教学方式	时间分配	备注
	3. 涉水鞋：涉水鞋采用低帮设计，方便水的排除；布面挂胶，容易晾干；鞋底有防滑岛 12～14 个，并有无数个小型橡胶齿，防止在光滑的卵石上打滑。 4. 沙漠靴：硬底设计，防止脚部在软沙上疲劳；羊皮软帮有很好的透气性；靴舌头与靴帮连体设计，防止沙砾进入。			

续表

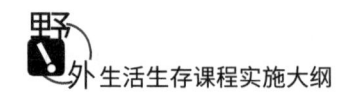

教学环节	授课内容	教学方式	时间分配	备注
	5.雪地靴(登山靴、鞋):适合雪地行进和攀登雪山;通常分外靴和内靴,内靴主要是保暖,在进入帐篷时,可以只穿暖和的内靴;外靴为塑胶制品,主要用来固定冰爪和踏雪板,攀登冰雪山坡时,可以扣上冰爪,雪地行走时可以戴上踏雪板;靴底有两种设计,有带防滑齿的,通常称这种鞋(靴)为登山、健行两用鞋(靴);有基本是平底,需要安装冰爪才能使用的。 (三)腿套(雪套)与鞋罩 腿套又称"雪套"。在雪地行进时,为了防止积雪进入鞋、靴和裤筒内,可戴上腿套(雪套),防雪又保暖。在有露水的草地行进时,也可以戴上腿套。有的腿套具有弹性,可以直接套在腿上;有的可以打开呈片状,围在腿上后扣好。无论哪种,一般都要蹬在鞋上、防止带子上蹿。 (四)袜子的选择 10%的化纤制品不会对皮肤造成不良的影响,却可提高一倍的排汗速度。建议选用天然织物含量90%左右的袜子。 袜子的大小要合适,太小会影响血液循环,使双脚易于疲劳;太大易在脚掌处堆积、易形成水泡。 袜腰的松紧也是选择袜子的一项参考指标,最佳的选择应该是不向下滑落的最松限度。			

7. 课程实施

续表

教学环节	授课内容	教学方式	时间分配	备注
	袜腰高度至少要距离脚底 20cm,必要时,可以把裤脚塞进袜腰里,以防虫咬。 二、服装 去野外时,一定要做到分层着装。 一般情况下的野外活动中,炎热的夏天和驾层衣服,由内向外依次为:内层、中层、外层、防雨层,即内衣、保暖衣、外衣和雨衣。 (一)内衣 要选择合成纤维织物为内衣,而不要像平时那样选择纯棉、毛的。 (二)保暖衣 由于中层的主要任务是保暖,羊绒、毛织物应该是首选。为了增加排汗效果,添加 10% 化学纤维的羊绒、毛织物最为理想。 (三)外衣 外衣应该具备以下的特点: 一是拉力强不容易被尖石头或树枝刮坏; 二是要具备初步的防风雨能力,材料应该稍微致密些,风天可以挡住低温气流进入,小雨时也不会湿到里面的衣服; 三是要设计出合理安排的口袋,方便安置随时需要使用的东西,口袋口要有防止内容物失落的(拉链等)保护措施。 外层衣服应该是双层的,内衬的作用是防止中层和外层的衣服贴在一起。 内层的主要作用虽然不是排汗,却间接地起到了保暖的作用。 另外,选择外衣时,不要只为了强调抗风、防雨效果而忽视了透气功能。真正合格的外衣应该是既抗风、防雨,又有很好的透气性。 (四)雨衣 冲锋衣冉好也不可能抵御中到大雨,在背包里准备一件塑胶雨衣还是必要的。 雨衣分单件式和两件式。			

续表

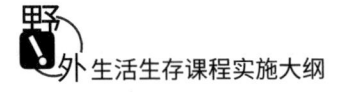

教学环节	授课内容	教学方式	时间分配	备注
	（五）塑料袋 塑料袋指一种长2m,宽1m左右的大型聚乙烯（而不是聚氯乙烯）塑料袋。 有人甚至称之为"救生袋"。这种袋子可以通过底角对折做成一个防御风雨的斗篷；可以临时充气渡过短距离的水域；可以拆开搭建帐篷；可以用来收集雨水和地表蒸发水。必要时，人可以直接钻进去避风、雨并保温。 三、头、颈部用品 1. 遮阳帽 2. 头套大体上分有沿式和无沿式两种。 3. 脖套 4. 护目镜包括防风沙镜、防电弧镜、防偏振光镜、防紫外线镜等。 穿越沙漠时，一定戴上防风沙镜；雪地（山）活动时，一定要戴上防紫外线镜。 5. 安全帽头盔 四、手套 手套分连指型和分指型的：连指型的保暖效果好，但不够灵活，适合寒冷地区和攀登雪山时使用；分指型的比较灵活，但不容易做成保暖性太强的加厚款式。一般的极地探险和攀登雪山人员，都选择在分指型手套上再戴上连指型手套。			

7. 课程实施

续表

教学环节	授课内容	教学方式	时间分配	备注
	第三节 野外专用包 在野外活动,最好配备三种包,即大型的背包、小型的腰带包和袖珍型的救生包。 这三个包里装的都是野外生存的基本物品,但它们的性质和作用各不相同。有背包在身边时,你可以按原计划进行野外活动;只有腰带包时,你就要想到准备返回了;当只有救生包在身边时,你就应该想怎样活命了。 一、背包 背包是用来装纳衣服、睡袋、食品等野外备品的,在你穿越大自然时,它就躺在你的背上。 (一)背包的种类 背包一般分为内支撑型和外支撑型两大类。体积从45 l 到85 l不等。按照侧包和主包的关系,又可分为联体式和分体式两种。 内支撑型背包比较常见,是目前国内野外活动爱好者普遍接受的流行款式。 它的优点是轻便、美观、易收藏,缺点是调节性差、装载能力相对较差。这种背包比较适合野外穿越和徒步旅行。 外支撑型背包属于比较古老的款式,比较适合专业人士使用,使其更牢固,可以装载或者外挂笨重的物品,在专业登山和沙漠探险时更有优势。 外支撑型背包的框架在必要时可以拆下来做特殊的用途。在比较复杂的环境下,外支撑型背包可以调节以适合不同的搬运方式。这种背包看上去比较散乱,而且容易被树枝等障碍物绊住,不适合森林环境。 (二)背包的填装 背包的填装本着上重下轻的原则,一般的背包会在最下面专门开辟一个放置睡袋的地方,这个地方只能放睡袋。 衣服可以放在最下面,当然,雨衣要放在最上面。宿营用品应该放在下面因为这些东西只有在宿营时才用得上。如果东西不多,帐篷可以放在背包内,尽量往下面放;如果东西多,帐篷也可以挂在外面。食品尽量往上放,因为不一定什么时候要吃。侧包里放上休息时要用的东西,你可以不用打开主包就能拿到它们。			

续表

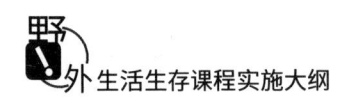

教学环节	授课内容	教学方式	时间分配	备注
	二、腰带包 腰带包是可以系在腰间或者是挂在腰带上携带的小型包,只有一个饭盒大小的容量。			

7. 课程实施

续表

教学环节	授课内容	教学方式	时间分配	备注
	三、救生包 救生包是比腰带包更小的袖珍容器,与腰带包一宝囊。平时基本用不到它。但尽管如此,只要我们去野外活动都必须戴上它,且要贴身保管,24小时不能离开你。救生包材料上没有固定的模式,只要是坚固、防水、严密、易于密封就好。 救生包里应该装上下面这些小东西: 1. 火柴 2. 打火机 3. 凸 透镜(聚焦引火) 4. 蜡烛(点燃不易燃烧的湿材、照明) 5. 钢丝锯(一种可以卷起来的,上面有无数小齿的钢丝) 6. 鱼钩和鱼线(钓鱼、制作尼龙套索) 7. 细金属丝(捆绑、制套索捕捉动物) 8. 蛇药 9. 药品(根据自己的身体情况选择) 10. 盐 11. 针线(缝补衣服、必要时缝合伤口) 12. 消毒药品(处理伤口、消毒) 13. 塑料布 14. 别针 15. 创可贴 16. 医用绷带、胶布 17. 手术刀片 18. 其他(自己最适合用的小体积物品)			

续表

教学环节	授课内容	教学方式	时间分配	备注
课堂总结	总结本节课所讲的知识点,着重强调重点和难点和思政要点,便于学生课后复习和掌握。通过回顾野外宿营、着装、包等装备的分类,功能,使用方法,国内外同类装备质量性能差异等内容,进一步揭示我国民族装备工业的现状,激发学生振兴民族工业的意愿。	学生代表发言,教师总结	3分钟	课程总结,并强调思政内容
课后作业与思考	思考(作业)题: 1. 帐篷的种类有哪些,如何根据活动性质选择帐篷? 2. 睡袋的作用是什么？填充物的种类有哪些? 3. 新买的鞋子为什么不能马上用于野外穿着,应该怎样处理? 4. 野外鞋靴的种类有哪些？各有什么特点和用途? 5. 如何选择袜子? 6. 野外活动对内衣有什么要求? 7. 冲锋衣的特点及用途? 8. 野外活动怎样保护眼睛? 9. 简要说明野外专用包的种类,各有什么用途? 10. 怎样填充背包? 11. 救生包里一般包括哪些物品?	作业布置	2分钟	布置课后思考与作业,巩固授课内容
参考书目	[1] 梁传成,梁传声. 野外生存教程[M]. 高等教育出版社,2003. [2] 张惠红,陶于. 定向运动与野外生存(第二版)[M]. 高等教育出版社,2006. [3] 冉孟刚,史伟. 定向运动与野外生存训练教程[M]. 北京师范大学出版社,2014. [4] 张瑞林. 户外运动(第二版)[M]. 高等教育出版社,2011. [5] (美)艾米·罗斯特. 野外生存必备技能(户外生存系列)[M]. 现代出版社,2016. [6] (英)罗布·利尔沃. 徒步中国:用脚步丈量魅力中国[M]. 中国人民大学出版社,2017.			

7. 课程实施

7.4　教学单元四　野外装备（实践课）

表 7-7　课程思政要点：勤俭节约、爱惜个人和公共财物教育，养成不攀比、不浪费的优良传统

教案背景	课程名称	野外生活生存
	授课内容	野外装备（实践课）
	授课对象	2022 级社体专业户外运动专业方向
	授课时长	90 分钟
教学目标		1. 野外宿营用品、专用包等的实物接触与认识 2. 学会野外宿营用品的拆装与使用 3. 野外着装的准备与穿着，重点在登山鞋的穿着与适应性行走 4. 练习野外专用包的填装、调试与上肩行走
教学分析	教学重点	1. 宿营装备（帐篷）的拆装技巧及方法 2. 野外专用包的填装、调试技巧及其注意事项
	教学难点	1. 野外着装的科学选取和个人着装的穿着技巧 2. 野外装备实践教学过程中对学生实时进行勤俭节约、爱惜个人和公共财物教育，养成不攀比、不浪费的优良传统
	课程思政	利用野外装备实践教学环节实时地向学生讲授要像爱惜自己的身体一样爱惜每一件野外装备，无论它是学校公共的还是自己私有的物品，在野外环境下每一件装备都维系着我们的生命。在个人装备的选择、采购过程中要坚持适用最好的原则，养成不相互攀比，更不铺张浪费的优良传统。
教学方法	教学方式	√ 课堂讲授　　多媒体教学 √ 案例教学　　√ 课堂练习 √ 设计引导性问题，启发学生思维，增强师生双边互动，活跃课堂气氛
	教学资源	√ 文字教材　　√ 电子教案 √ PPT 课件　　√ 相关案例（实物）

表7-8　课堂教学过程设计

教学环节	授课内容	教学方式	时间分配	备注
课前复习	【提问】： 1.帐篷的种类有哪些,如何根据活动性质选择帐篷？ 2.野外专用包的种类有哪些,各有什么用途？ 3.你还记得救生包里一般包括哪些物品吗？	提问思考	10分钟	复习并引入本节课程内容
知识结构	区分 → 拆卸 → 填装 → 使用 装备实践 正确使用　露营装备　野外背包　正确填装	课堂讲授 PPT演示	5分钟	通过讲授让学生尽快进入实践环节
	教学内容及方法 教学地点：成龙校区拓展训练场地 实践课+随堂技能测试 分值：10分 实践教学内容： (一)野外宿营用品(拆装与使用) 1.帐篷　帐篷可以为你在野外建立一个临时的家,尤其是在风雪天气里,帐篷的作用更是不可替代的。对露营者来说,正确选择和使用帐篷,是野外活动最基本的技能之一。(含行军帐、宿营帐) 2.宿营袋 3.防潮垫 4.睡袋 5.炉头 (二)野外着装(准备与穿着,重点在登山鞋的穿着与适应性行走) 1.鞋袜　选择鞋子的时候,尽量要选择有系带的,因为鞋带可以调节鞋子的松紧度,达到最合适的状态,鞋底的防滑纹也是不可忽视的。袜子建议要选天然织物含量90%左右,大小、松紧要合适。			

7. 课程实施

续表

教学环节	授课内容	教学方式	时间分配	备注
核心内容	2.服装 去野外时,一定要做到分层着装。一般情况下的野外活动中(炎热的夏天和攀登雪山除外),至少应该准备四层衣服,由内向外依次为:内层、中层、外层、防雨层,即内衣、保暖衣、外衣和雨衣。 3.头、颈部用品 遮阳帽、头套、脖套、护目镜、安全帽 4.手套 (三)野外专用包(重点实习背包的填装、调试、上肩行走) 在野外活动,最好配备三种包,即大型的背包、小型的腰带包和袖珍型的救生包。 课堂教学整体思路: 1.授课思路: 主要从实践操作出发给学生展示各种野外生存装备;教会学生如何拆装与使用帐篷、如何穿着登山鞋(包括鞋带的穿系方法) 2.教师讲解示范——学生实践操作——随堂实践考试	1.教师讲解示范 2.学生练习实践 3.课程思政融入	70分钟	通过实践教学过程实时进行勤俭节约、爱惜个人和公共财物教育,养成不攀比、不浪费、适用最好的优良传统

续表

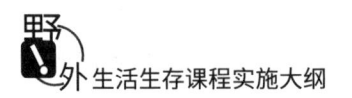

教学环节	授课内容	教学方式	时间分配	备注

7. 课程实施

续表

教学环节	授课内容	教学方式	时间分配	备注
课堂总结	总结本节课的知识要点,着重强调重点、难点和思政要点,便于学生课后复习和掌握。着重培养学生勤俭节约、爱惜个人和公共财物的品行,养成不攀比、不浪费的优良传统。	学生代表发言,教师总结	3分钟	课程总结,并强调思政内容

99

续表

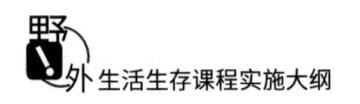

教学环节	授课内容	教学方式	时间分配	备注
课后作业与思考	思考(作业)题： 1. 如何选择野外宿营地？ 2. 个人野外着装采购如何做到量力而行？ 3. 简要说明野外专用包的种类，各有什么用途？ 4. 野外活动、日常生活中救生包如何携带？	作业布置	2分钟	布置课后思考与作业，巩固授课内容。
参考书目	[1] 梁传成,梁传声.野外生存教程[M].高等教育出版社,2003. [2] 张惠红,陶于.定向运动与野外生存(第二版)[M].高等教育出版社,2006. [3] 冉孟刚,史伟.定向运动与野外生存训练教程[M].北京师范大学出版社,2014. [4] 张瑞林.户外运动(第二版)[M].高等教育出版社,2011. [5] (美)艾米·罗斯特.野外生存必备技能(户外生存系列)[M].现代出版社,2016. [6] (英)罗布·利尔沃.徒步中国：用脚步丈量魅力中国[M].中国人民大学出版社,2017.			

7. 课程实施

7.5 教学单元五 野外装备 野外生存的必要工具

表7-9 课程思政要点：民族工业振兴与可持续发展（二）

教案背景	课程名称	野外生活生存
	授课内容	野外生存的必要工具
	授课对象	2022级社体专业户外运动专业方向
	授课时长	90分钟
教学目标		1. 了解野外生存必要工具在野外生活生存活动中的基础和中心作用 2. 理解刀作为生存之宝对野外求生的实践价值和指导意义 3. 掌握刀的分类、功用及其使用、保养方法 4. 掌握刀等野外生存必要工具的使用、储存原则，进行法治意识、观念等思政教育 5. 综合运用刀等工具的各种功能提升野外可持续生存的能力，了解我国民族工业的短板树立振兴民族工业的志向
教学分析	教学重点	1. 刀在野外装备中的核心地位 2. 野外生活生存活动中必要工具的重要价值 3. 必要工具的种类及独特功能
	教学难点	1. 对刀在野外装备中的价值和地位的正确认识和理解 2. 民族工业振兴与可持续发展课程思政融入教育 3. 国家对刀具管理的相关法律法规及安全使用方法
	课程思政	相关数据显示，以野外生活生存为主的户外运动正逐步兴起，户外运动产业经济发展正酣。2006年全国户外用品销售额仅15亿元，2017年这个数字就已上升至153.8亿元。但与欧美发达国家如：美国2015年度就创造了6460亿美元的经济收入相比，我国的野外装备制造业显得十分的稚嫩与落后，又特别是其高端装备和原材料几乎都依赖于进口，凸显了我国民族工业的短板。通过现状、数据对比激发学生振兴民族工业的意愿和决心，以及在当下人类命运共同体格局下，如何在振兴的同时实现可持续发展，并从原材料研发、制造工艺、销售、使用等多个环节思考如何实现节能、减排和绿色环保。同时，引申到我们的日常生活中，利用"能量守恒与转化"是一个具有普适性的定律，围绕生活中节能环保的方法和措施展开小组讨论。帮助同学们树立节能减排意识，为我国的民族工业可持续发展和美好的明天献计献策。

101

续表

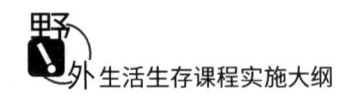

教案背景	课程名称	野外生活生存
	授课内容	野外生存的必要工具
	授课对象	2022级社体专业户外运动专业方向
	授课时长	90分钟
教学方法	教学方式	√ 课堂讲授　　　√ 多媒体教学 √ 案例教学　　　√ 课堂练习 √ 设计引导性问题,启发学生思维,增强师生双边互动,活跃课堂气氛
	教学资源	√ 文字教材　　　√ 电子教案 √ PPT课件　　　√ 相关案例(视频)

表 7-10　课堂教学过程设计

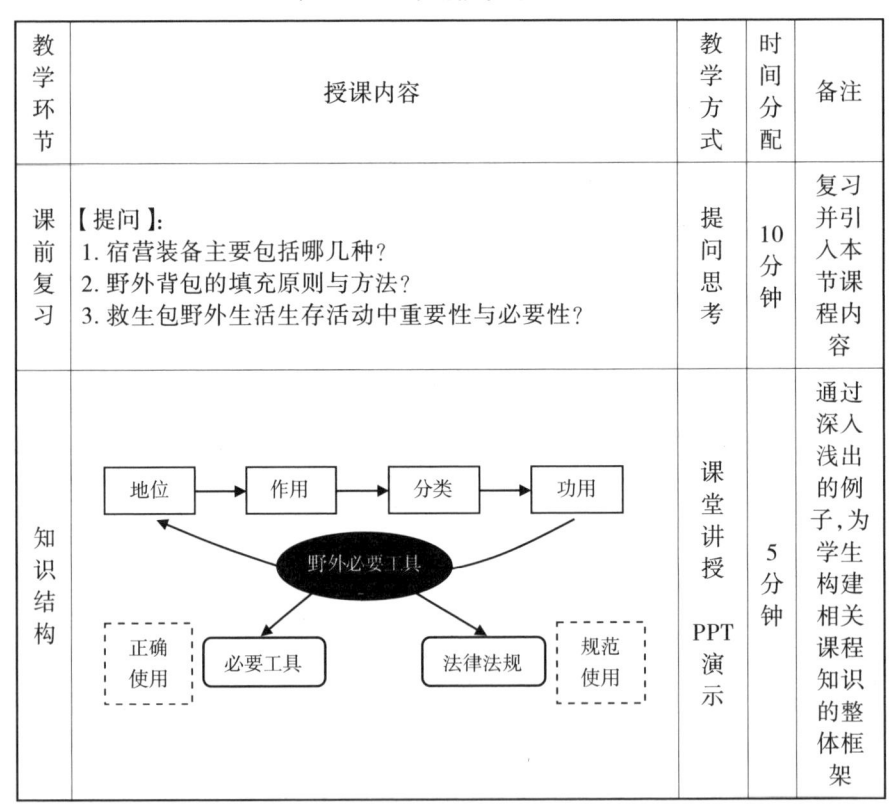

教学环节	授课内容	教学方式	时间分配	备注
课前复习	【提问】： 1. 宿营装备主要包括哪几种？ 2. 野外背包的填充原则与方法？ 3. 救生包野外生活生存活动中重要性与必要性？	提问思考	10分钟	复习并引入本节课程内容
知识结构	地位 → 作用 → 分类 → 功用 野外必要工具 正确使用　必要工具　法律法规　规范使用	课堂讲授 PPT演示	5分钟	通过深入浅出的例子,为学生构建相关课程知识的整体框架

7. 课程实施

续表

核心内容	一、视频导入 （一）徒手野外庇护所搭建视频【提问】【引导】 （野外徒手搭建庇护所视频）2932242514d7cb5749422dc698f875d2.mp4 false 利用刀具野外庇护所搭建视频【提问】【引导】 （野外徒手搭建庇护所视频2）119e18d9bcad96d025d79740ddbc4009.mp4 false 提问思考 （一）两个视频的共同点和区别在哪里？ （二）说明了一个什么问题？ 生存之宝——刀 （一）刀的重要地位和作用 夸张地讲，刀在野外生存中，几乎是万能的。 1. 在紧急求生时是无价之宝； 2. 丛林中，刀可以用来开路； 3. 宿营时，刀可以用作斧、锯、锤子来搭建帐篷或者临时庇护所； 4. 登山时，刀可以用来挖脚窝； 5. 给养时，刀可以用来挖野菜、狩猎； 6. 遇到野兽时，刀可以用来防御…… （二）刀的分类及功能 1. 独立刀具 定义：指只有单个刀体和刀柄，没有其他附属工具的刀具。 （1）折叠刀。 （2）反曲刀(砍刀)：大型刀具，由尼泊尔士兵发明。 （3）野战刀：大型刀具，特种部队用刀(兰博刀、中国的军刺)。 ①刀背有锋利的锯齿状刀刃，可切割绳索、树木等。刀刃锋利，适合砍、剁、削、切。 ②刀柄与刀体为连体设计，适合挖、别。关键时刻可当作匕首，也可作飞刀。	1. 提问思考 内容导入 2. 课程讲授 启发思维 3. 多媒体教学+讨论	70分钟	通过案例分析讨论，引出刀——生存之宝的法则

103

续表

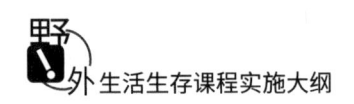

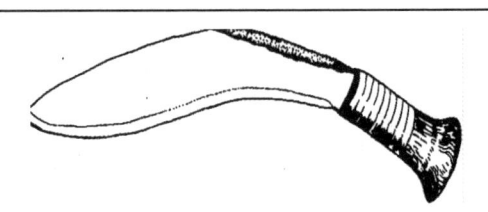

2. 多功能组合刀具
（1）瑞士军刀：由瑞士士兵发明。
①功能较多，一般由 12～16 个工具组合而成其中有大刀、小刀各一把。
②其他的工具包括螺丝起子、锯、铿、瓶起子、罐头开启起器、剪子、锥子、凿子、钩子、软木塞起子、放大镜等。

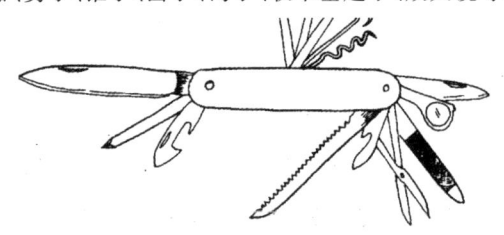

（2）野外生存刀：其实是一种有刀的多功能组合工具，由于搞野外生存活动的人都喜欢配备这种工具，所以又把它称为野外生存刀。
①这种刀折叠起来非常小，只有 10cm 长，3～4cm 宽，不到 2cm 厚，装在套里，拴在腰带上，非常方便携带。刀就隐藏在钳子把手上的凹槽里。
②这种刀具目前是许多野外爱好者的"宠物"，但售价在 1000～2000 元之间。
（3）登山组合刀具：除了刀具、螺丝起子外，重点突出了锉子，以用于打磨冰爪。
提问讨论：
1. 这些刀能否随身携带？
2. 这些刀能否带回寝室？
3. 有谁知道我国刀具管制的相关规定？
4. 那么我们该如何安全使用和存储用于野外生活生存的刀具？

7. 课程实施

续表

四、登山工具 (一)冰斧 冰斧(冰镐)是用途最大、最重要的攀登雪山工具。冰斧被称为登山之宝一点也不过分,因为攀登坡度较大的冰雪坡面没有冰斧是非常困难的,尤其是几乎垂直的冰壁,没有冰斧(冰镐)几乎是无法攀登的。 冰斧的用途十分广泛,除了打确保点和铲冰以外,长柄的冰斧在雪线以下,可以用作手杖;滑坠时可以用来制动。 冰斧由斧头(尖端为鹤嘴,扁平端为冰铲)、斧柄和腕绳组成。 冰斧的种类很多,攀登雪山的冰斧柄比较长,可达1m,而攀登冰山的冰斧柄相对比较短一般在45~55cm之间。 有些攀冰用的冰镐在冰铲的位置设计成榔头状的平头,适合钉钉子,又称为"冰锤"。		通过视频、图片(数据)展示目前世界顶级野外装备生产和使用现状,以及我国相对滞后的野外装备民族工业制造水平。依托能量守恒与转化这一个具有普适性的定律

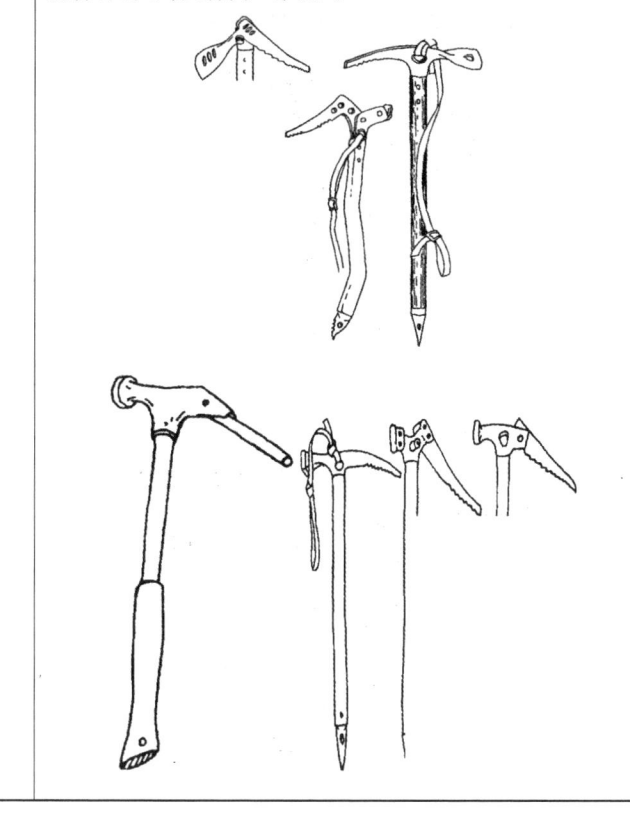

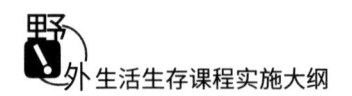

续表

(二)冰爪
冰爪基本上分为捆绑式和卡式两种：捆绑式比较不容易固定,但能够适用更多的鞋子,常用于冰上行走或者缓坡前进；卡式冰爪必须要配合专门的登山鞋(靴),但容易固定,并且固定得比较结实,适合陡坡和垂直冰壁。

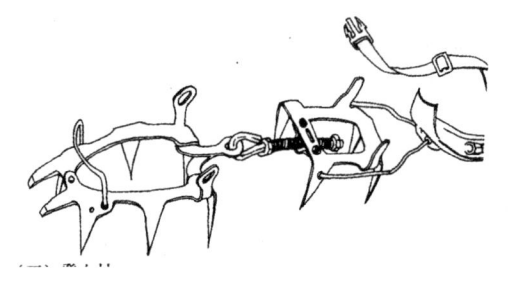

(三)登山杖
登山杖又称"滑雪杖",最早以前,人们发现滑雪杖并不只是在滑雪的时候有用,像雪地行走、过河、普通登山等都能用上它。滑雪杖下面的阻雪环可以防止雪杖深陷到疏松的软雪里,在冰川地带行走时,又可以探测雪洞,所以,滑雪杖已被广泛应用于各种各样的登山活动中。登山杖由手柄、腕带、杖杆、伸缩结、阻雪环、丈尖组成。登山杖通常是二节或三节,多节的方便携带,少节的相对稳定、结实。丈尖附近的阻雪环由塑胶制成、可以防止在松软的地面或软雪里插得太深,不便拔出。

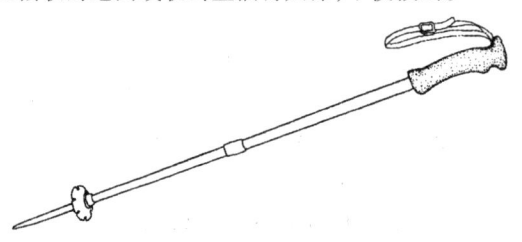

五、宿营工具
(一)行军锹
可以用来防御动物攻击、挖庇护所、排水沟,在收集地表水时,可以用来挖坑。
(二)钳子
(三)锯
搭建庇护所、生篝火、制作木筏时经常使用锯。

组织同学们小组讨论,列举生活中节能环保的方法和措施。

7. 课程实施

续表

	六、渔具 （一）钓鱼工具 （二）刺网 七、照明与信号工具 （一）照明工具 1. 头灯 2. 手电 （二）信号工具 1. 哨子 2. 信号枪 3. 气球 4. 反光镜			
课堂总结	总结本节课所讲的知识点，着重强调重点和难点内容，便于学生课后复习和掌握。通过《荒野求生》，美国探索频道，作者贝尔·格里尔斯在各种环境条件下仅凭一把刀就能成功生活生存的案例，进一步揭示刀对于大学生野外生活生存的重要价值和意义。	教师总结	3分钟	课程总结，并强调重点内容
课后思考	【课后思考案例】 1. 重温史泰龙经典电影《第一滴血》，了解"兰博刀"的来历和兰博在电影中对兰博刀的多次使用。反思刀在野外环境中还有哪些我们没有想到的用途？ 2. 查阅中华人民共和国关于管制刀具的相关法律法规文件，思考在被动野外生存环境下如何生存？	作业布置	2分钟	布置课后案例，巩固授课内容

续表

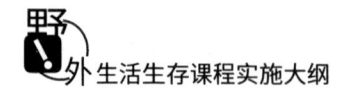

| 参考书目 | [1] 梁传成,梁传声.野外生存教程[M].高等教育出版社,2003.
[2] 张惠红,陶于.定向运动与野外生存(第二版)[M].高等教育出版社,2006.
[3] 冉孟刚,史伟.定向运动与野外生存训练教程[M].北京师范大学出版社,2014.
[4] 张瑞林.户外运动(第二版)[M].高等教育出版社,2011.
[5] (美)艾米·罗斯特.野外生存必备技能(户外生存系列)[M].现代出版社,2016.
[6] (英)罗布·利尔沃.徒步中国:用脚步丈量魅力中国[M].中国人民大学出版社,2017. | | |

7.6 教学单元六 野外生存的必要工具（实践课、刀的使用）

表 7-11 课程思政要点：爱护自然资源和遵纪守法教育

授课题目 野外装备　实践课(刀的使用)	授课对象：2022级社体专业户外运动专业方向 授课时间：90分钟
教学目的、要求： 实践课(刀的使用) 教学重点：刀的正确使用和在野外的重要作用 教学难点：刀的采购和保管	
课程思政： 在刀的使用实践教学过程中,特别是在筷子、弓箭、担架等制作的取材过程中,教育学生要爱惜野生自然资源,不得乱砍滥伐。在刀的采购、使用、运输、保管过程中,严格遵守国家相关法律法规,做到合法采购,统一保管,集中使用的原则。	
教学内容及方法 教学地点：成龙校区校内户外实践基地 实践课+随堂技能测试 分值：10分	

7. 课程实施

续表

授 课 题 目 野外装备　实践课(刀的使用)	授课对象:2022级社体专业户外运动专业方向 授课时间:90分钟

实践教学内容:
(一)刀的准备与检测
(二)刀的正确使用方法
(三)刀的野外利用
1. 制作就餐筷子
2. 利用野外材料制作弓箭
3. 制作担架
4. 野外救护

实践教学的整体思路:
1. 授课思路:主要从实践操作出发教会学生如何在野外使用刀
2. 教师讲授方法——学生实践制作——随堂作品考试

弓箭制作:

担架制作:

续表

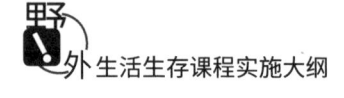

授课题目 野外装备　实践课（刀的使用）	授课对象：2022级社体专业户外运动专业方向 授课时间：90分钟

野外救护：

思考（作业）题：
1. 国家对管制刀具的相关规定？
2. 简要说明确保用品的种类，选择上应该注意什么问题？
3. CE 和 UIAA 各代表什么意思？
4. 列举8种除刀之外的野外常用的小型次要物品。
5. 刀的保养方法和技巧？

7.7　教学单元七　野外给养植物性食物

表 7-12　课程思政要点：绿色、环保理念教育

教案背景	课程名称	野外生活生存
	授课内容	野外给养—植物性食物
	授课对象	2022级社体专业户外运动专业方向
	授课时长	90分钟
教学目标		1. 了解野生植物的种类及其食用方法 2. 学习可食用植物的鉴别方法 3. 学习真菌类（蘑菇）食物的鉴别和食用方法 4. 海藻类食物的食用方法和原则 5. 教育学生树立绿色环保理念，养成绿色、环保、低碳行为习惯

7. 课程实施

续表

<table>
<tr><td rowspan="4">教案背景</td><td>课程名称</td><td>野外生活生存</td></tr>
<tr><td>授课内容</td><td>野外给养—植物性食物</td></tr>
<tr><td>授课对象</td><td>2022级社体专业户外运动专业方向</td></tr>
<tr><td>授课时长</td><td>90分钟</td></tr>
<tr><td rowspan="3">教学分析</td><td>教学重点</td><td>1. 可食用植物的鉴别方法
2. 植物性食物的分类及其食用方法
3. 海藻类植物的食用方法和原则</td></tr>
<tr><td>教学难点</td><td>1. 真菌类（蘑菇）食物的鉴别、食用方法及中毒预案
2. 绿色环保理念教育的实时植入，及其行为习惯的养成
3. 在野生植物获取过程中如何把握"度"和"底线"原则</td></tr>
<tr><td>课程思政</td><td>2018年全国生态环境保护大会上，习近平总书记进一步提出"绿水青山就是金山银山，贯彻创新、协调、绿色、开放、共享的发展理念，加快形成节约资源和保护环境的空间格局、产业结构、生产方式、生活方式，给自然生态留下休养生息的时间和空间"的理念。生态文明新理念开辟了人与自然关系的新境界，为中华民族伟大复兴和永续发展指引了道路。体育的发展必然也应该融入清新洁净的绿色主流中。在野外植物性给养采集和获取的教学实践过程中教育学生<u>树立绿色环保理念，转变思维方式，把握获取原则底线，建设绿色、低碳、环保的生态体育观，这是体育进入生态文明时代的理想模式</u>。</td></tr>
<tr><td rowspan="2">教学方法</td><td>教学方式</td><td>√ 课堂讲授　　　√ 多媒体教学
√ 案例教学　　　√ 课堂练习
√ 设计引导性问题，启发学生思维，增强师生双边互动，活跃课堂气氛</td></tr>
<tr><td>教学资源</td><td>√ 文字教材　　　√ 电子教案
√ PPT课件　　　√ 相关案例（实物）</td></tr>
</table>

表7-13　课堂教学过程设计

教学环节	授课内容	教学方式	时间分配	备注
课前复习	【提问】： 1. 你有没有生吃过野菜的经历？ 2. 你知道哪些植物的果实可以食用？ 3. 你采摘过蘑菇吗？	提问思考	10分钟	提问并引入本节课程内容

111

续表

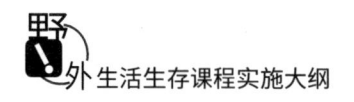

教学环节	授课内容	教学方式	时间分配	备注
知识结构	地位 → 作用 → 分类 → 功用 植物性食物 合理利用　采摘步骤　鉴别方法　尊重科学	课堂讲授 PPT演示	5分钟	通过介绍，为学生构建相关课程知识的整体框架
	主要教学内容： 第一节 如何利用植物性食物 一、野菜类食物的鉴别和食用方法 （一）苣荬菜 （二）蒲公英 （三）苋 （四）藜（灰菜） （五）荠	1.教师讲解 2.学生提问		课内、课外结合：课内，通过理论学习掌握野外给养的基础知识，同时讲授绿色环保理念的价值、意义及其养成的方式。课外，在

7. 课程实施

续表

教学环节	授课内容	教学方式	时间分配	备注
核心内容		3.课程思政融入 4.启发思维 举一反三		植物性养取生工具制作过程中融入和贯穿绿色环保理念，让学生养成生态文明习惯

113

续表

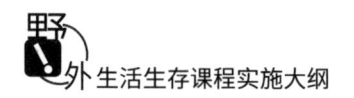

教学环节	授课内容	教学方式	时间分配	备注
	（六）播娘蒿 （七）山芹 （八）马齿苋 （九）小根蒜 二、蕨菜的鉴别和食用方法 三、可食用的根、茎、叶、花 （一）山药 （二）竹笋 （三）香椿 （四）山野豌豆 （五）槐花			

7. 课程实施

续表

教学环节	授课内容	教学方式	时间分配	备注

115

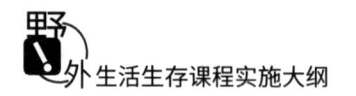

续表

教学环节	授课内容	教学方式	时间分配	备注

7. 课程实施

续表

教学环节	授课内容	教学方式	时间分配	备注

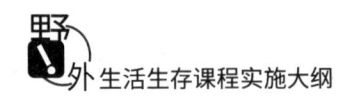

续表

教学环节	授课内容	教学方式	时间分配	备注
	四、果实类食物 （一）榆树钱 （二）野山梨（山梨、酸梨、秋梨） （三）野生猕猴桃（软枣子、狗枣子） （四）山楂 （五）山杏（野杏） （六）芡 （七）菱（菱角）			

7. 课程实施

续表

教学环节	授课内容	教学方式	时间分配	备注

119

续表

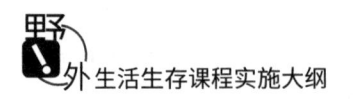

教学环节	授课内容	教学方式	时间分配	备注
	(九)山葡萄(野葡萄) (十)龙葵(黑天天) (十一)桑椹(桑椹、山樱儿) (十二)悬钩子(野莓、刺莓、覆盆子)			

7. 课程实施

续表

教学环节	授课内容	教学方式	时间分配	备注
	五、可食用的种子 (一)栎子(橡子) (二)山胡桃(胡桃楸、楸子、野胡桃) (三)板栗(栗子) (四)松子 红松和朝鲜松的统称 (五)元宝树 (六)野小豆 (七)野大豆 (八)皂角(皂荚) (九)荞麦			

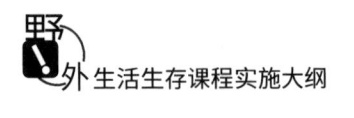

续表

教学环节	授课内容	教学方式	时间分配	备注

7. 课程实施

续表

教学环节	授课内容	教学方式	时间分配	备注

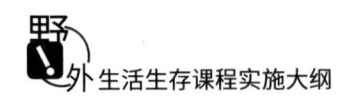

续表

教学环节	授课内容	教学方式	时间分配	备注

7. 课程实施

续表

教学环节	授课内容	教学方式	时间分配	备注
	六、其他可食植物及可食部位 (一)野燕麦(种子) (二)稗(水稗草)(种子) (三)荸荠(球茎) (四)野百合(地下鳞茎) (五)野葱(全株) (六)椰(椰子)(果汁、果肉) (七)黄花菜(花蕾) (八)菊芋(鬼子姜、洋姜)(块茎) (九)车前(全株) (十)枸杞(嫩叶、果实) (十一)薄荷(嫩茎) (十二)睡莲(种子、地下茎) (十三)银杏(白果、公孙树)(果仁) (十四)榛子(果仁) (十五)芦苇(芽、嫩茎) (十六)棕榈(嫩茎、叶) (十七)木瓜(浆果、嫩茎、叶) (十八)樱桃(嫩叶、果实) 第二节 真菌类(蘑菇)食物 一、鉴定蘑菇的基本方法 二、可以安全食用的野生蘑菇 在蘑菇家族中,有剧毒的(极少),有微毒的(少数),有不明毒性的(少数),无毒也无多大食用价值的(多数),有美味且营养丰富的(少数)。			

续表

教学环节	授课内容	教学方式	时间分配	备注
	（一）侧耳科 （二）白蘑科 （三）牛肝菌科 （四）猴头菌 （五）鬼笔科 （六）马勃科 （七）齿菌科 （八）羊肚菌科 （九）珊瑚菌科 （十）鸡油菌科 （十一）多孔菌科 三、我国剧毒蘑菇概述 在分类学上，毒蘑菇不是单独的一个类群，之所以称为毒蘑菇，是因为它们都有一个共同的特征——有毒。其实，许多科中都有有毒的种类，尤其以鹅膏菌科、鬼伞科、网褶菌科、丝膜菌科有毒的种类最多。 在许多介绍毒蘑菇的资料中有这样概括有毒蘑菇的： 1. 颜色鲜艳、美丽； 2. 不生蛆虫； 3. 有腥、臭味道； 4. 擦伤面容易变色； 5. 使米饭、银器变黑等。如果按这样的标准去判断一个陌生的蘑菇是否有毒，是非常危险的。 因为以上的特征仅仅是概率意义上的正确（从概率上讲，他们说的也有道理，有上面特征的，有毒的概率是比较大）。例如，白毒伞、毒伞不仅颜色不鲜艳，样子也很丑陋，擦伤也不会变色，也不会使米饭、银器变黑。然而，它们却有致命的毒素；豹斑伞经常是生蛆虫的，却有剧毒；裂丝盖伞既不腥也不臭，却能毒死人。 一般情况下，在野外采食蘑菇还是比较安全的，因为毒蘑菇相对无毒蘑菇来说，数量并不是很大，尤其是有剧毒的蘑菇更是少见，在我国分布的有剧毒的蘑菇大约有10种左右。为了避免大家误食这些剧毒蘑菇，我们特在此详细介绍。			

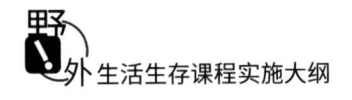

7. 课程实施

续表

教学环节	授课内容	教学方式	时间分配	备注
	(一)肉褐鳞小伞 蘑菇科,子实体(菌体)小,白色中透粉红;菌盖上密生红褐色小鳞片;有白色菌环,容易脱落;无菌托;菌柄白色中略带粉,中空;菌体有香味。 极毒,1976年以来,在河北、江苏、上海、黑龙江等地区发生大批中毒。发病初期为胃肠炎症状,然后是肝、肾受损,患者出现烦躁、抽搐、昏迷等症状,致死率高。多生于草地、林地、路边,单生或者群生,群生时数量大,常被误食(曾经有许多人死于此蘑菇)。主要分布于黑龙江、河北、宁夏、安徽、上海、浙江、江苏、四川、云南、青海、西藏等地。 (二)白毒伞白毒鹅膏菌 俗名:白帽子、白罗;鹅膏菌科,子实体白色,较细高;菌柄长,白而光滑,基部膨大;菌托肥大向上包起(苞状);菌环上位。 生于林地,散生。有记录的地区为:吉林、河北、河南、江西、江苏、安徽、广西、四川等地,目前发现该种分布极广。毒性极强,以肝损害为主,死亡率极高。			

续表

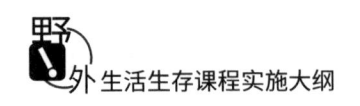

教学环节	授课内容	教学方式	时间分配	备注
	(三) 鳞柄白毒伞 鹅膏菌科,子实体白色,菌盖中央略黄,凸起,老时反而凹陷;菌柄上具鳞片,基部膨大呈球形;菌环膜质,生于上部,接近菌裙。 分布于河北、四川、江苏、安徽、福建、广东、广西等地。毒性很强,致死率很高。 (四) 条纹毒鹅膏菌 鹅膏菌科,子实体幼时为卵形;菌盖厚,表面灰绿色,边缘灰白色,有丝光,有条纹;菌柄白色,脆,空心,基部膨大;菌托苞状白色;菌环膜质,白色,生于菌柄上部,接近菌褶。 夏季生于林下、草地,散生或者单生。主要分布于河北、江苏、安徽、福建、广东、广西、香港等地。毒性很强。			

7. 课程实施

续表

教学环节	授课内容	教学方式	时间分配	备注
	(五)残托斑鹅膏菌 鹅膏菌科,子实体大型,菌盖直径为 8～10cm,浅褐色,上具白色颗粒;菌肉白色;菌柄近白色,光滑,从上向下逐渐变粗;菌环膜质,易破裂;菌托易破碎成残片。 林地群生,毒性较高。分布不详。			

续表

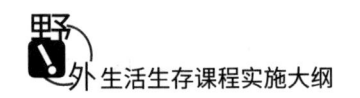

教学环节	授课内容	教学方式	时间分配	备注
	（六）毒粉褶菌 粉褶菌科,子实体中到大型(5~20cm);菌盖污白色,盖缘波浪形,常开裂,表面有丝光;菌褶粉红色,波浪状;菌柄白色;无菌环;无菌托。夏秋季发生于林地,群生。 分布于东北、河北、江苏、浙江、安徽、河南、甘肃、广东、台湾等地。 中毒后约半小时出现恶心、呕吐、腹泻等胃肠炎症状,以后出现呼吸困难,心律不齐,心跳减慢,血尿等症状,严重者可死亡。 （七）秋生盔孢伞 丝膜菌科,子实体小型3~4cm;菌盖黄色,中间褐色;菌柄上有条纹,上部分黄色,下部为黑褐色,空心;菌环膜质,生于菌柄上部。 木生,秋天后生于腐朽的木头上,群生。主要分布于四川、山西、陕西、新疆、甘肃、贵州、西藏等地。极毒。			

7. 课程实施

续表

教学环节	授课内容	教学方式	时间分配	备注
	(八)包脚黑褶伞 子实体先为白色,老后变为淡黄色;菌盖半球形,菌肉厚;菌褶粉红色,老后变为黑褐色;菌柄短,基部膨大;菌托肥大,具锯齿。 地生菌类,夏秋季发生于林地、灌木丛、草地,单生或散生。 中毒后,潜伏期较长,为10~40小时,开始出现恶心、呕吐、腹泻等胃肠炎症状,以后出现便血、体温升高、瞳孔放大等症状,严重者可死亡。			

续表

教学环节	授课内容	教学方式	时间分配	备注
	（九）花褶伞 鬼伞科，菌盖钟形，烟灰色，顶部蛋壳色，有皱纹或裂纹；菌柄细长，有白色粉末，下部发暗，空心。 春夏季节生于粪便上或者肥沃的土地上，常群生。分布极其广泛，我国各地均有分布。 中毒后发病较快，一般无肠道反应而是出现精神症状，常无故大笑、狂舞，因此，又有"笑菌"之称。 四、识别毒蘑菇的方法 常见的毒蘑菇鉴别谣言： 谣言一：看生长地带。可食用的无毒蘑菇多生长在清洁的草地或松树、栎树上，有毒蘑菇往往生长在阴暗、潮湿的肮脏地带。 谣言二：看形状。无毒的菌盖较平，表面平滑，菌面上无菌环，下部无菌托，有毒的菌盖中央呈凸状，形状怪异，菌面厚实板硬，菌柄上有菌环，菌柄细长或粗长，易折断，下部有菌托。 谣言三：看分泌物。将采摘的新鲜野蘑菇撕断菌株，无毒的分泌物清亮如水（个别为白色），菌面撕断不变色；有毒的分泌物稠浓，呈赤褐色，撕断后在空气中易变色。 谣言四：闻气味。无毒蘑菇有特殊香味，有毒蘑菇有怪异味，如辛辣、酸涩、恶腥等味。			

7. 课程实施

续表

教学环节	授课内容	教学方式	时间分配	备注
	谣言五：在采摘野蘑菇时，可用葱在蘑菇盖上擦一下，如果葱变成青褐色，证明有毒，反之不变色则无毒。 谣言六：是煮试。在煮野蘑菇时，放几根灯芯草，些许大蒜、大米或银器同煮，蘑菇煮熟，灯芯草变成青绿色或紫绿色则有毒，变黄者无毒；大蒜、大米或银器变色有毒，没变色仍保持本色则无毒。 谣言七：是化学鉴别。取采集或买回的可疑蘑菇，将其汁液取出，用纸浸湿后，立即在上面加一滴稀盐酸或白醋，若纸变成红色或蓝色的则有毒。 谣言八：毒蘑菇虫蚁不食，有虫子取食痕迹的蘑菇是无毒的。 真相： 请记住，辨别野生蘑菇是否可食需要分类学的专业知识，民间传说一概不靠谱。没有专业人士在场时，如果凭自己或自己信任的人的经验不能百分之百确定某种野生蘑菇可食（此处经验指吃过并能凭外形判断），那么唯一正确的方法是：绝对不要吃！ 毒蘑菇类 白毒伞（白褶菌） 毒伞（绿褶菌） 白毒蝇鹅膏菌 秋生盔孢伞 包脚黑褶伞 毒粉褶菌 鹿花菌 马鞍菌			

133

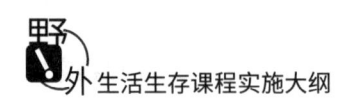

续表

教学环节	授课内容	教学方式	时间分配	备注
	第三节 海藻类食物 到目前为止,还没有食用海藻而中毒身亡的报道。如果不考虑适口性的问题,海藻应该是相对安全的野外给养食物,尤其对海岛生存的人,海藻更是重要的食物来源。 在野外,海藻可以直接食用,如果能水煮或者用其他方法弄熟了再食用,效果更好。 一、可食用的绿藻类 (一)礁膜藻 (二)浒苔 (三)石莼			

7. 课程实施

续表

教学环节	授课内容	教学方式	时间分配	备注
	B 二、可食用的红藻类 (一)鸡毛菜 (二)江篱 (三)海罗 (四)角叉菜 (五)紫菜 (六)海膜 (七)海索面			

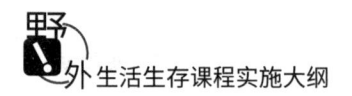

续表

教学环节	授课内容	教学方式	时间分配	备注
	A			

7. 课程实施

续表

教学环节	授课内容	教学方式	时间分配	备注
	三、可食用的褐藻类 （一）宣藻（俗名：海麻绳） （二）鹿角菜 （三）裙带菜 （四）海带			

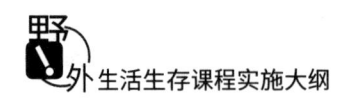

续表

教学环节	授课内容	教学方式	时间分配	备注

7. 课程实施

续表

教学环节	授课内容	教学方式	时间分配	备注
	野菜类食物的鉴别和食用方法 1. 如何识别有毒野菜 有许多有毒的野菜混杂在可食野菜中，给采食者带来了极大危险。下面，就把其中一些毒性强且分布广的有毒野菜介绍给大家，供大家采食时鉴别参考。 老公银又名叫"蛇床子""野胡萝卜"。根在幼苗时为灰色，长大后为浅黄色，像胡萝卜。叶柄黄色。老公银的臭味很大，叶和根都有剧毒。吃后会造成死亡。 苍耳子又名"耳棵"。生长在田间、路旁和洼地。三四月份长出小苗，幼苗像黄豆芽，向阳的地方又像向日葵苗；成年后粗大，叶像心脏形，周围有锯齿，秋后结带硬刺的种子。全棵有毒，幼芽及种子的毒性最大，吃后可造成死亡。 曲菜娘子冬季根不死，春天出芽，长出小苗。叶狭长较厚而硬，边有锯齿，大部分叶子贴着地面生长，秋后抽茎，高 0.5 至 1 尺多。籽很小，上有白毛。幼苗容易和曲菜苗相混，但曲菜叶较宽而软，锯齿也不明显。吃了曲菜娘子脸部会变肿。 毒芹又名"野芹菜""白头翁""毒人参"。生长在潮湿地方。叶像芹菜叶，夏天开花，全棵有恶臭。全棵有毒，花的毒性最大，吃后恶心、呕吐、手脚发冷、四肢麻痹，严重的可造成死亡。 野生地又名"猪妈妈""老头喝酒"。春天开紫红色花，有的带黄色，花的形状像唇形的芝麻花。根黄色，叶上有毛，有苦味。吃后吐、泻、头晕和昏迷。 2. 认识和食用形形色色的健康野菜 随着经济和工业的发展，农业污染越来越严重，我们很难吃到以前那种完全无公害的蔬菜了。但是，在野外，有很多野菜是可以食用的，而且它采摘方便，用手或者一把刀或铁器就能采摘。它们对人体健康十分有利。那么，有哪些野菜是可以食用的呢？我们又该怎么食用呢？下面就一一向大家作个详细的介绍。			

续表

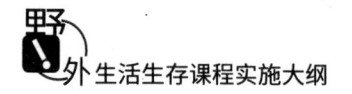

教学环节	授课内容	教学方式	时间分配	备注
	寻找身边可食用野菜			
课堂总结	总结本节课所讲的知识点，着重强调重点和难点和思政要点，便于学生课后复习和掌握。通过列举毒蘑菇事件和毁灭性采伐带来的恶果，进一步揭示"敬畏自然、珍爱植物资源"的重要价值和意义。	学生代表发言，教师总结	3分钟	课程总结，并强调思政内容
课后作业与思考	【课后思考作业】 1. 进一步熟悉毒蘑菇的鉴别和急救方法 2. 熟练掌握可食用植物的鉴别方法	作业布置	2分钟	布置课后思考与作业，巩固授课内容

7. 课程实施

续表

教学环节	授课内容	教学方式	时间分配	备注
参考书目	[1] 梁传成,梁传声.野外生存教程[M].高等教育出版社,2003. [2] 张惠红,陶于.定向运动与野外生存(第二版)[M].高等教育出版社,2006. [3] 冉孟刚,史伟.定向运动与野外生存训练教程[M].北京师范大学出版社,2014. [4] 张瑞林.户外运动(第二版)[M].高等教育出版社,2011. [5] (美)艾米·罗斯特.野外生存必备技能(户外生存系列)[M].现代出版社,2016. [6] (英)罗布·利尔沃.徒步中国:用脚步丈量魅力中国[M].中国人民大学出版社,2017.			

7.8 教学单元八 野外给养 实践课（植物性食物的鉴别与获取）

表 7-14 课程思政要点：敬畏自然、珍爱野生植物资源教育

授课题目 野外给养 实践课(植物性食物的鉴别与获取)	授课对象：2022级社体专业户外运动专业方向
	授课时间：90分钟

教学重难点：
实践课(野外给养——植物性食物)
教学重点：野外可食用植物性食物的鉴别方法
教学难点：校内实践基地，采集可食用的野生植物样本，并进行适口性、营养价值鉴别

课程思政：
在植物性食物采集过程中，实时教育学生充分认识、区分野生植物与农作物，采集过程中不得践踏和破坏"秋实农场"的作物和场地。对已确认的野生植物，也只能适度采集，不得彻底破坏其生态系统，要养成敬畏自然、珍爱野生植物资源的习惯。

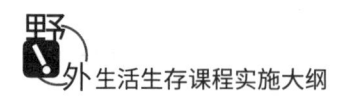

续表

授 课 题 目 野外给养 实践课(植物性食物的鉴别与获取)	授课对象:2022级社体专业户外运动专业方向 授课时间:90分钟

教学内容及方法
教学地点:成龙校区校内野外实践基地
实践课+随堂技能测评
分值:10分
实践教学内容:
(一)可食用植物性食物的鉴别方法学习及实践练习
(二)根据适口性和营养价值选择、获取可食用的野生植物
(三)每人在本次实践课程结束前,提交5种不同种类的植物性食物,教师根据适口性和营养价值进行比对评分
要求:1.不得采摘农作物
2.独立完成植物性食物采集
课程教学的主要思路:
1.授课思路:主要从实践操作出发,教会学生如何在野外获取植物性食物
2.教学方法与手段:教师讲授方法——学生实践制作——作业提交并评分

7. 课程实施

续表

授课题目 野外给养 实践课（植物性食物的鉴别与获取）	授课对象：2022级社体专业户外运动专业方向
	授课时间：90分钟

143

续表

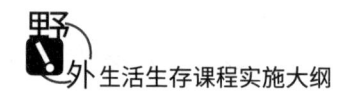

授课题目 野外给养 实践课（植物性食物的鉴别与获取）	授课对象：2022级社体专业户外运动专业方向
	授课时间：90分钟
课后作业： 熟悉可食用植物的鉴别方法	

7.9 教学单元九 野外给养 动物性食物

表7-15 课程思政要点：保护野生动物，"合理捕捞、合理狩猎"教育

教案背景	课程名称	野外生活生存
	授课内容	野外给养—动物性食物
	授课对象	2022级社体专业户外运动专业方向
	授课时长	90分钟
教学目标	\multicolumn{2}{l|}{1. 学习动物性食物的利用方法与原则 2. 了解可食用的昆虫种类及其食用方法 3. 了解两栖类动物的种类及其食用禁忌 4. 掌握鱼的习性及其常用捕鱼方法技巧 5. 养成爱护野生动物，合理捕捞，合理狩猎的行为习惯}
教学分析	教学重点	1. 可食用昆虫及其食用方法 2. 两栖动物的种类及其食用禁忌 3. 捕鱼的方法和技巧
	教学难点	1. 动物性食物的利用方法与原则 2. 鱼的习性及其普适规律 3. 国际国内动物保护法及其捕捞、狩猎原则

7. 课程实施

续表

教案背景	课程名称	野外生活生存
	授课内容	野外给养—动物性食物
	授课对象	2022级社体专业户外运动专业方向
	授课时长	90分钟
	课程思政	在野外给养时，动物性食物可以为生产者提供更多的能量，因为动物性食物比植物性食物含有更多的蛋白质和脂肪。对于是否应该在极端的生存环境里杀死动物保护人类，不同的人站在不同的立场和角度都有不同的观点。从环境学的角度出发，所有的野生动物都应该受到保护；从法律的角度上讲，国家各等级的保护动物都不应该成为我们的给养；从宗教学的视角来看，人类就不应该为了保护自己而杀死其他生命。而在本章节的教学过程中我们将告诉学生：在遵守国家动物保护法的前提下，"合理捕捞，合理狩猎"才是正确的野外生存法则。在极其特殊的情况下，人类为了维护生命而去采食一些生物量大、繁殖能力强的非保护类动物还是应该被允许的。
教学方法	教学方式	√ 课堂讲授　　√ 多媒体教学 √ 案例教学　　√ 课堂练习 √ 设计引导性问题，启发学生思维，增强师生双边互动，活跃课堂气氛
	教学资源	√ 文字教材　　√ 电子教案 √ PPT课件　　√ 相关案例（视频）

表 7-16　课堂教学过程设计

教学环节	授课内容	教学方式	时间分配	备注
课前复习	【提问】： 1. 植物性给养有哪些特征和优势？ 2. 植物性给养和动物性给养有什么区别？ 3. 你曾经猎捕过野外动物吗？请你分享一下你的历程。	提问思考	10分钟	复习并引入本节课程内容

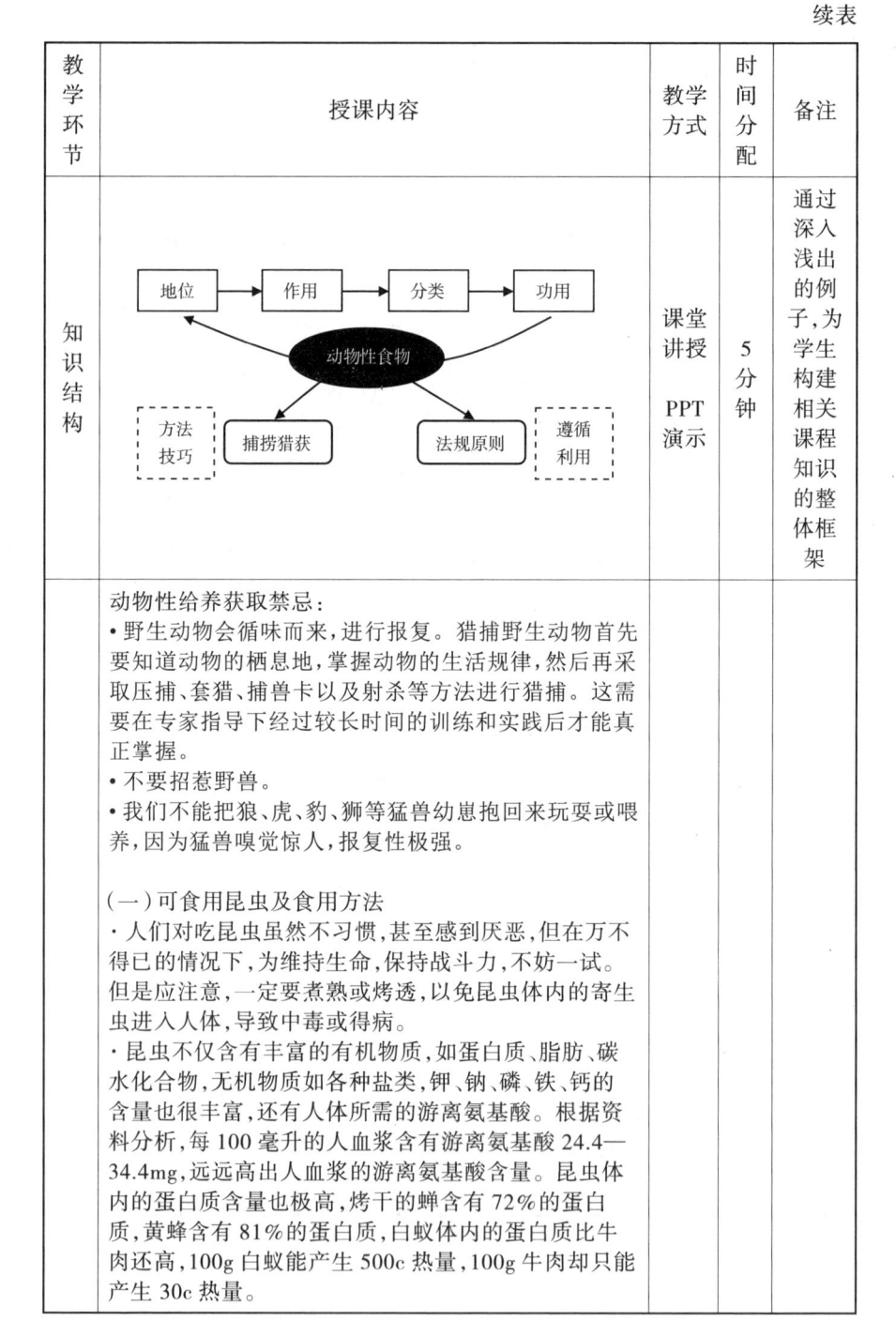

续表

教学环节	授课内容	教学方式	时间分配	备注
知识结构	地位 → 作用 → 分类 → 功用 ↓ 动物性食物 ↙　　↓　　↓　　↘ 方法技巧　捕捞猎获　法规原则　遵循利用	课堂讲授 PPT演示	5分钟	通过深入浅出的例子,为学生构建相关课程知识的整体框架
	动物性给养获取禁忌: • 野生动物会循味而来,进行报复。猎捕野生动物首先要知道动物的栖息地,掌握动物的生活规律,然后再采取压捕、套猎、捕兽卡以及射杀等方法进行猎捕。这需要在专家指导下经过较长时间的训练和实践后才能真正掌握。 • 不要招惹野兽。 • 我们不能把狼、虎、豹、狮等猛兽幼崽抱回来玩耍或喂养,因为猛兽嗅觉惊人,报复性极强。 (一)可食用昆虫及食用方法 • 人们对吃昆虫虽然不习惯,甚至感到厌恶,但在万不得已的情况下,为维持生命,保持战斗力,不妨一试。但是应注意,一定要煮熟或烤透,以免昆虫体内的寄生虫进入人体,导致中毒或得病。 • 昆虫不仅含有丰富的有机物质,如蛋白质、脂肪、碳水化合物,无机物质如各种盐类,钾、钠、磷、铁、钙的含量也很丰富,还有人体所需的游离氨基酸。根据资料分析,每100毫升的人血浆含有游离氨基酸24.4—34.4mg,远远高出人血浆的游离氨基酸含量。昆虫体内的蛋白质含量也极高,烤干的蝉含有72%的蛋白质,黄蜂含有81%的蛋白质,白蚁体内的蛋白质比牛肉还高,100g白蚁能产生500c热量,100g牛肉却只能产生30c热量。			

7. 课程实施

续表

教学环节	授课内容	教学方式	时间分配	备注
核心内容		1.提问思考 内容导入 2.课程讲授 启发思维 3.课程思政融入	70分钟	通过激发学生共鸣的典型案例，导入本节课程的讲授内容

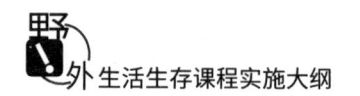

续表

教学环节	授课内容	教学方式	时间分配	备注
				通过对《可可西里》电影中村长在万不得已的情况下猎杀一只藏羚羊来拯救同伴和自己的生命的典型案例，分析讨论动物保护法与适度捕猎之间的关系

7. 课程实施

续表

教学环节	授课内容	教学方式	时间分配	备注
	目前,世界上人们在食用的昆虫有蜗牛、蚯蚓、蚂蚁、知了、蟑螂、蟋蟀、蝴蝶、蝗虫子、蚱蜢、湖蝇、蜘蛛、螳螂等。 蝉:食用成虫。生吃或干炸,幼虫也可食。			

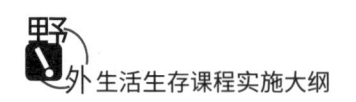

续表

教学环节	授课内容	教学方式	时间分配	备注
	蟋蟀：食用成虫。 白蚁：食用成虫和卵。白蚁分为生活在树木中和土壤里两大类型，树栖的白蚁体色纯白，食用没有异味。而地栖白蚁多为棕褐色，食用时有一点怪味。可生食或炒食；含丰富的蛋白质。	4.多媒体教学+讨论		

7. 课程实施

续表

教学环节	授课内容	教学方式	时间分配	备注
	蚂蚁：食用成虫、幼虫、蛹、卵。炒食，味道好。食用蚂蚁要特别注意蚂蚁中臭蚁科的种类有毒，不可食用。臭蚁个体小，尾部上翘，有异味，易与其他蚂蚁区别。 蜘蛛：除去脚烤食。 成虫、幼虫均可食用，干炸后可食。			

续表

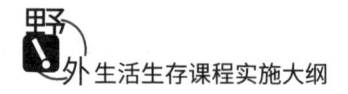

教学环节	授课内容	教学方式	时间分配	备注
	螳螂：食用成虫、幼虫，用手直接捕捉成虫或幼虫，螳螂卵也可食用。去翅后烤或炒，煮也可以。 （二）可食用两栖动物 青蛙：看见颜色鲜艳的千万不能吃，因为颜色鲜艳的青蛙多数有剧毒。			

7. 课程实施

续表

教学环节	授课内容	教学方式	时间分配	备注
	（三）可食用甲壳类动物 蜈蚣：干炸，但味道不佳；有毒，吃前记得要去掉头部，慎防中毒。			

153

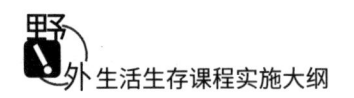

续表

教学环节	授课内容	教学方式	时间分配	备注
	蜂：包括胡蜂、黄蜂、蜜蜂，食用成虫、幼虫和蛹。找到蜂巢后用火烧死成虫后，才可收集幼虫和蛹。收集蜂类即使用火烧也有被蜇伤的危险，要选在夜间进行，多准备几支火力猛然的火把，同时将自己的头、手用厚衣服或其他物品保护起来。			

7. 课程实施

续表

教学环节	授课内容	教学方式	时间分配	备注
	在野外活动中,螃蟹、虾、鱼、蛇也常被作为食物。			

155

续表

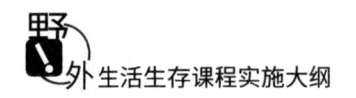

教学环节	授课内容	教学方式	时间分配	备注
	(四)鱼类食物及捕鱼方法 野外捕鱼小技巧1 首先,使用你的刀具将其中一个瓶子靠近头部地方切开,另一个瓶子靠近尾部的地方切开。如果没有刀具,可以找锋利的石片或其他工具替代。			

7. 课程实施

续表

教学环节	授课内容	教学方式	时间分配	备注
	接下来,将切下的头部塞到去除尾部的瓶子里(如果你只有一个塑料瓶,也可以直接把头部切下后倒置塞回)。然后你需要使用锥子类的工具在结合处打孔。 最后用绳子穿入孔内绑好,留出一段绳子这样你可以将这个小鱼笼拴在岸边,方便你的回收。			

续表

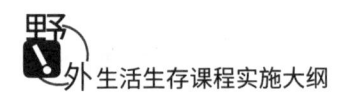

教学环节	授课内容	教学方式	时间分配	备注
	最后用绳子穿入孔内绑好，留出一段绳子这样你可以将这个小鱼笼拴在岸边，方便你的回收。绳子可以使用鞋带，植物纤维，藤蔓等，本文图中使用的是多芯伞绳的内芯。将伞绳内芯系在树枝上可以抽去表皮。 这样，一个简单的小鱼笼就制成了，在瓶底放一些鱼饵效果将更好。注意将其放在较为狭窄的水道，鱼游进去后就会困在其中无法出来，多做几个放在水中，你就可以去忙其他事情了。			

7. 课程实施

续表

教学环节	授课内容	教学方式	时间分配	备注
	过几个小时再来看,通常就能看到你的猎物。 野外捕鱼小技捕巧2 先找一个容器,比如桶,脸盆之类的,实在没有,罐头瓶也成,总之就地取材,而后再找一块能完全盖住容器口的油布或塑料薄膜,要是连这些也还是没有,那就用食品袋,然后在中间剪个拳头大的洞盖住容器口,(中间这个洞需根据容器的大小比例来剪)用绳子扎紧,再拿些面包屑或者饼干屑放进容器沉入水底,5-10钟从水里拿出一次。			
课堂总结	总结本节课所讲的知识点,着重强调重点、难点思政内容,便于学生课后复习和掌握。通过对动物性食物利用原则方法的回顾,进一步强化保护野生动植物资源的重要价值和意义。	学生分享 教师总结	3分钟	课程总结,并强调思政内容
课后思考	【课后作业和思考】 1. 学会5种以上的捕鱼技巧 2. 熟悉两栖动物(蛇)的捕捉技巧和方法 3. 进一步掌握挖陷阱的注意事项 4. 查阅中华人民共和国关于动物保护的相关法律法规,思考在被动野外生存环境下如何生存?	作业布置	2分钟	布置课后作业,巩固授课内容
参考书目	[1] 梁传成,梁传声.野外生存教程[M].高等教育出版社,2003. [2] 张惠红,陶于.定向运动与野外生存(第二版)[M].高等教育出版社,2006. [3] 冉孟刚,史伟.定向运动与野外生存训练教程[M].北京师范大学出版社,2014. [4] 张瑞林.户外运动(第二版)[M].高等教育出版社,2011. [5] (美)艾米·罗斯特.野外生存必备技能(户外生存系列)[M].现代出版社,2016. [6] (英)罗布·利尔沃.徒步中国:用脚步丈量魅力中国[M].中国人民大学出版社,2017.			

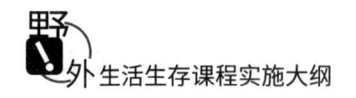

7.10 教学单元十 野外给养 实践课(动物性食物获取)

表 7-17 课程思政要点：尊重自然，利用自然，生命延续教育

授 课 题 目 野外给养 实践课(动物性食物获取)	授课对象：2022级社体专业户外运动专业方向 授课时间：90分钟
教学目的、要求： 实践课(野外给养——动物性食物获取) 教学重点：动物性食物的获取方法、原则 教学难点：鱼叉、鱼篓制作，徒手捕鱼	
课程思政： 在野外环境下，如何在尊重自然的前提下，充分利用自然条件获取人类最基本的生存资料，是野外给养的价值真谛。本章节动物性食物获取实践教学课程，以鱼作为重点练习对象，因为鱼类的营养十分丰富，能为人类提供充足的能量，再加上鱼类种类多，分布广，有山就有水，有水就有鱼，便于对学生进行尊重自然、利用自然，极力延续生命，努力成为一名伟大的幸存者的生命教育。 教学内容及方法 教学地点：成龙校区龙湖实践基地 随堂测试方式：提交鱼叉、鱼篓制作作品、徒手捕鱼技能考试 分值：10分 实践教学内容： (一)鱼叉、鱼篓制作 (二)徒手捕鱼 要求： 1.掌握鱼叉、鱼篓的制作原理 2.反复练习徒手捕鱼的技巧掌握徒手抓鱼技能 课堂教学的整体思路： 1.授课思路： 主要从实践操作出发教会学生如何在野外徒手捕鱼 从现场制作捕鱼工具入手，将制作的捕鱼工具到龙湖实践基地检验捕捞效果 2.教学组织方法： 教师讲授方法——学生实践制作(鱼叉、鱼篓)——鱼叉、鱼篓作品提交并评分——徒手抓鱼	

7. 课程实施

续表

授 课 题 目 野外给养 实践课（动物性食物获取）	授课对象：2022级社体专业户外运动专业方向
	授课时间：90分钟

161

授课题目	授课对象：2022级社体专业户外运动专业方向
野外给养 实践课（动物性食物获取）	授课时间：90分钟
课后作业： 1. 熟记徒手捕鱼的技巧 2. 掌握套捕技巧与方法	

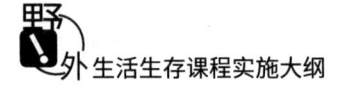

7.11 教学单元十一 野外给养 水

表 7-18 课程思政要点：野外环境下的"生命之源"教育

教案背景	课程名称	野外生活生存
	授课内容	野外给养—水
	授课对象	2022级社体专业户外运动专业方向
	授课时长	90分钟
教学目标		1. 学会在野外如何寻找水源 2. 了解怎样"制造"水和收集水 3. 了解水在野外的净化方法 4. 掌握科学饮水的方法和技巧 5. 养成爱护水资源，科学找水、用水、饮水的行为习惯
教学分析	教学重点	1. 野外环境下如何快速准确地找到水源 2. 野外没水的环境下如何"制造"和收集水
	教学难点	1. 野外环境下如何净化和处理水 2. 科学饮水的方法和技巧 3. 野外环境下的"生命之源"教育
	课程思政	水是地球的生命之源，也是我们每一个个体的生命之源，尤其是对于户外探险者和野外工作人员，更是生命攸关的大事。在野外，人们消耗体能较大，排汗较多，对水的依赖就更强烈，所以，野外给养的一项重要工作就是寻找水源和处理饮用水。本章节在进行理论教学和过滤器制作的同时，实时地对学生进行爱护水资源保护水资源，科学找水、用水、饮水教育，让"生命之源"理念植根于每一个户外人的心间。

7. 课程实施

续表

教案背景	课程名称	野外生活生存
	授课内容	野外给养—水
	授课对象	2022级社体专业户外运动专业方向
	授课时长	90分钟
教学方法	教学方式	√ 课堂讲授　　√ 多媒体教学 √ 案例教学　　√ 课堂练习 √ 设计引导性问题，启发学生思维，增强师生双边互动，活跃课堂气氛
	教学资源	√ 文字教材　　√ 电子教案 √ PPT课件　　√ 相关案例（视频）

表7-19　课堂教学过程设计

教学环节	授课内容	教学方式	时间分配	备注
课前复习	【提问】： 1. 你有过野外缺水的经历吗？ 2. 你有没有在野外处理过水？ 3. 你知道什么是科学饮水吗。	提问思考	10分钟	复习并引入本节课程内容
知识结构	寻找→收集→净化→饮用 水 科学耐心　野外找水　科学饮水　多次少饮	课堂讲授 PPT演示	5分钟	通过案例，为学生构建相关课程知识的整体框架
	一、水源的寻找 （一）根据地形寻找水源 1. 山谷的最低点； 2. 干涸的河床上的沙砾下；			

续表

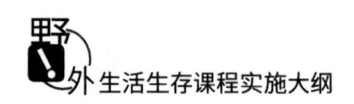

教学环节	授课内容	教学方式	时间分配	备注
	3. 悬崖下面; 4. 洞穴内; 5. 干涸的水池底; 6. 海边的沙丘下; 7. 在沙漠,有绿色的植物的地方,有水的几率就大些。 (二)利用动物线索寻找水源 1. 两栖、爬行类动物出没的附近; 2. 一些鸟类多在水源附近生息; 3. 昆虫(蝴蝶、蜻蜓、蚊子等)喜欢在水源附近活动; 4. 顺着动物的足迹就能找到水; 5. 依据动物多喜欢在傍晚喝水的特点找水。 (三)根据植物寻找水源 1. 芦苇、马莲、柳树等都长在水源旁; 2. 灰菜、蓬蒿、沙里旺都长在水位高的地方; 3. 初春时,独有发芽的树枝下有地下水; 4. 入秋后,独有一处叶子不黄的树下,有地下水; (四)通过声音寻找水源 根据水声,在植物比较茂密,并有苔藓的潮湿地点,趴下去仔细听就会发现流水的具体位置。搬起石块,移开枯枝落叶,就可以看到水质好、基本不用处理的饮用水了。 (五)根据地面情况寻找地下水源 地下水位高,水量充足的地方因季节不同特征也不相同: 1. 炎热的夏季地面总是非常潮湿,地面久晒而不干不热; 2. 秋季地表有水汽上升,凌晨常出现薄雾,晚上露水较重,且地面潮湿; 3. 在寒冷的冬季,地表面的裂缝处有白霜; 4. 春季解冻早的和冬季结冰晚的地方以及降雪后融化快的地方。 二、怎样"制造"水和收集水 (一)收集降水的方法 1. 下雨天最好用大塑料布收集雨水; 2. 在陆地,可以在不渗水的石板上用黏土围成一个小"水库"来收集水; 3. 大树的树洞也是存水的地方;			

7. 课程实施

续表

教学环节	授课内容	教学方式	时间分配	备注
核心内容	4. 利用地势挖排水渠收集水； 5. 雨衣是收集水的最佳工具； 6. 普通的塑料袋挂在柳树等树枝上，可以引进更多的水； 7. 利用衣服等引流至瓶子等容器内； 8. 利用塑料布、毛巾等收集露水。 （二）利用冰雪化水 化雪：如果是用容器在火上烤，为了节约能源，应先化一点水，然后逐渐加入握紧的雪团。雪团在放入容器前，可先放在火旁，使其发黏，化起来会快一些。 化冰：尽量将冰捣碎，比较容易融化。 冬天在野外，应少用能源，多利用日光来融化冰雪。 除非不得已，尽量不要直接吞食冰雪。 （三）怎样收集地表蒸发水 在阳光直接照射的地方挖一个坑，坑底用一个容器接水，找一块塑料布盖住坑上沿，中间放一块石头，使塑料布接到的蒸发水在一个定点下落入容器中。塑料布的边缘用土压好。 （四）植物蒸腾水的收集方法 1. 将苔藓、地衣等含水量大的植物装进一个塑料袋内，扎紧口，放在有阳光的地方，可以收集到水； 2. 将一个塑料袋包在树枝上，可直接收集到树叶的蒸腾水。 （五）如何收集植物汁液 1. 仙人掌类植物可以挤压出水分； 2. 藤本植物体内有大量的水分； 3. 槭树、桦树等，用刀割断，可以直接饮用流出的伤流液； 4. 竹子节内的汁液，可以直接饮用。 记住：如果你不了解这种植物，千万不可盲目地饮用它们的汁液，做实验后决定是否可以饮用。 （六）动物体液的利用 （七）怎样使潮气变水 架起一块石板，在下面生火，把潮湿的泥土或者植物放在石板上，中间插一根棍，最上面盖上防水布，在布的下缘就可以收集到由潮气变成的水了。 （八）海水的淡化	1. 课程讲授 启发思维 2. 课程思政融入	70分钟	理论+制作：在理论教学和过滤器制作的同时，实时地对学生进行爱护水资源保护水资源，科学找水、用水、饮水教育，让"生命之源"理念植根于每一个户外人的心间

165

续表

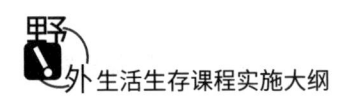

教学环节	授课内容	教学方式	时间分配	备注
	三、水的净化与消毒处理 (一)煮沸法 对水进行消毒的很好方法,且简便实用。 (二)沉淀法 在收集到的水中放入少量明矾(可用牙膏代替)并充分搅拌,沉淀一小时后就能得到清澈的饮用水了。 (三)吸附法 活性炭(木炭也可)能够吸附水中的悬浮物和重金属。 (四)过滤法 用长袜、手帕重复过滤几遍就可以得到相对比较干净的水。 (五)渗透法 在离水源2—3米处挖一个坑,使水渗进坑中。 (六)药物法 商品"水药片"一片可以对2升水进行消毒。碘、碘酒、漂白粉、漂白剂也可以起到消毒作用。 以上介绍的方法,往往可以交叉使用,效果更好。 在一般情况下,泉水、井水、暗流水、雨水、原始河水都可以直接饮用。水库水、湖水、溪水、池水、雪水等应该处理一下。对于煮饭来说,水库水、溪水、雪水和一般有鱼的河水都可以直接食用。 无论你用什么样的方法净化饮用水,在喝下后的几个小时里都要留意自己身体的反应。如果发生腹痛、腹胀、腹泻的现象,一方面要着手治疗,一方面要修正你的水处理方法,或者重新寻找水源。 四、科学饮水方法 在野外,合理科学地饮用水,可以在饮水有限的时候,极大地延长你的生命。口渴时不能大口喝水,更不能狂饮。 正确的喝水方法是:少喝、勤喝。一次只喝一、两口,水在口中含一会,分两次慢慢咽下。一般1 l水的饮用时间至少要在5小时以上。这样的喝水方法,既可使身体将喝下去的水充分吸收,又可解决口舌咽喉干燥的问题,从生理学的意义上讲,就是既不会让体内严重缺水,又不会排出多余的水分。当然,这样做对身体健康是没有好处的。但正在保命的时候,是不能讲究养生的。			

7. 课程实施

续表

教学环节	授课内容	教学方式	时间分配	备注
	五、动手制作净水器 利用空置的矿泉水瓶等容器在野外寻找木炭、石英砂、小石子等过滤和具有吸附性的物质,或直接利用河床沙地制作净水器。 六、野外水的获取 1. 通常雨水可以直接饮用。下雨时,可用雨布、塑料布大量收集雨水,也可用空罐头盒、杯子、钢盔等容器收接雨水。 2. 凝结水:在一段树叶浓密的嫩枝上套一只塑料袋,叶面蒸腾作用会产生凝结水。 3. 跟踪动物、鸟类、昆虫,或人类踪迹可以找到水源。 4. 植物中取水:竹类等中空植物的节间常存有水,藤本植物往往有可饮用的汁液,棕榈类、仙人掌类植物的果实和茎干都含有丰富的水分	3.多媒体教学+讨论		

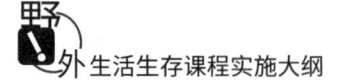

续表

教学环节	授课内容	教学方式	时间分配	备注
	5. 日光蒸馏器：在干旱沙漠地区利用下述方法能较好地收集到水：在相对潮湿的地面挖一大约宽 90cm、深 45cm 的坑，坑底部中央放一集水器，坑面悬一条拉成弧形的塑料膜。光能升高坑内潮湿土壤和空气的温度，蒸发产生水汽，水汽与塑料膜接触遇冷凝结成水珠，下滑至器皿中。			

7. 课程实施

续表

教学环节	授课内容	教学方式	时间分配	备注
	在野外最好不要饮用从杂草中流出的水,而以从断崖或岩石中流出的清水为佳。饮用河流或湖泊中的水时,可在离水边 1 ~ 2m 的沙地上挖个小坑,坑里渗出的水较之直接从河湖中提取的水清洁 （图示：纱布、小卵石、纱布、石英砂、纱布、活性炭、纱布、膨松棉） 当没有可靠的饮用水又无检验设备时,可以根据水的色、味、温度、水迹,概略鉴别水质的好坏。 纯净水的在水层浅时无色透明,深时呈浅蓝色。可以用玻璃杯或白瓷盛水观察。通常水越清水质越好,水越浑则说明杂质多。 一般清洁的水是无味的,而被污染的水则时常带有一些异味。 地面水的水温,因气温变化而变化,浅层地下受气温影响较小,深层地下水水温低而恒定。如果所取样的水不符合这些规律,则水质一般都有问题。 此外还可以用一张白纸,将水滴在上面晾干后观察水迹。清洁的水无斑迹,如有斑迹则说明水中有杂质,水质差。 切记,不论多么口渴,都不要饮用不洁净的水,万不得已时,也要把水煮开再喝。			

169

续表

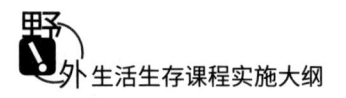

教学环节	授课内容	教学方式	时间分配	备注
课堂总结	总结本节课所讲的知识点，着重强调重点、难点思政内容，便于学生课后复习和掌握。通过对野外水源的寻找、水的收集、水的净化处理、水的科学饮用，进一步加强对爱护水资源、保护水资源的行为教育和"生命之源"理念培育。	学生分享教师总结	3分钟	课程总结，并强调思政内容
课后思考	【课后作业和思考】 1. 熟练掌握过滤器的制作方法 2. 熟悉科学饮水的原则方法 3. 进一步掌握野外水源的寻找技巧	作业布置	2分钟	布置课后作业，巩固授课内容
参考书目	[1] 梁传成,梁传声. 野外生存教程 [M]. 高等教育出版社,2003. [2] 张惠红,陶于. 定向运动与野外生存(第二版)[M]. 高等教育出版社,2006. [3] 冉孟刚,史伟. 定向运动与野外生存训练教程 [M]. 北京师范大学出版社,2014. [4] 张瑞林. 户外运动(第二版)[M]. 高等教育出版社,2011. [5] (美)艾米·罗斯特. 野外生存必备技能(户外生存系列)[M]. 现代出版社,2016. [6] (英)罗布·利尔沃. 徒步中国：用脚步丈量魅力中国 [M]. 中国人民大学出版社,2017.			

7.12　教学单元十二　野外宿营

表 7-20　课程思政要点：珍爱生命、敬畏自然、爱惜动植物资源教育

教案背景	课程名称	野外生活生存
	授课内容	野外宿营
	授课对象	2022级社体专业户外运动专业方向
	授课时长	90分钟
教学目标		1.了解野外如何选择营地，选择营地的注意事项 2.掌握野外营地的布置方法 3.掌握野外庇护所的建设禁忌 4.学会常用庇护所的建设方法 5.教育学生在野外宿营过程中珍爱生命、敬畏自然、爱惜动植物资源
教学分析	教学重点	1.营地的选址及其注意事项 2.营地布置的方式和重要意义 3.常用庇护所的搭建方法
	教学难点	1.野外庇护所的建设禁忌 2.教育学生转变过去"以人为中心"的野外生存观为"敬畏自然、珍爱生命"的野外生存观，在庇护所的建设过程中爱惜动植物资源
	课程思政	野外艰苦环境下进行营地建设、宿营，或在野外不幸遇险，需要在野外搭建临时庇护所时，教育学生要努力发掘自己的潜能，最大限度地回避风险，自救和救助他人，即便身陷绝境，也要设法运用平时造就的坚强的意志和过硬的本领力争成为一个伟大的幸存者。在解决野外宿营等生存活动对自然资源的滥用和破坏过程中，从过去"以人为中心"的征服性野外生存观念转变为"敬畏自然"的野外生存观念。
教学方法	教学方式	√ 课堂讲授　　√ 多媒体教学 √ 案例教学　　√ 课堂练习 √ 设计引导性问题，启发学生思维，增强师生双边互动，活跃课堂气氛
	教学资源	√ 文字教材　　√ 电子教案 √ PPT课件　　√ 相关案例(视频)

表 7-21　课堂教学过程设计

教学环节	授课内容	教学方式	时间分配	备注
课前复习	【提问】： 1. 你有过几次野外宿营经历？是主动还是被动的？ 2. 你见过"窝棚"吗？ 3. 你认为帐篷要怎样布置才睡得舒服？	提问思考	10分钟	复习并引入本节课程内容
知识结构	选址 → 原则 → 布置 → 搭建 野外宿营 正确规范　营地建设　庇护所　便捷适用	课堂讲授 PPT演示	5分钟	通过深入浅出的例子，为学生构建相关课程知识的整体框架
	一、营地的选择及建设 (一)如何选择营地 对地形的观测,地处较高的开阔地带,应往下移动。如果所处之地低湿难耐,应向上移动。理想的营地应该是可以防风防雨,山洪淹不着的较高处,而且不会受到落石或雪崩的威胁。 营地小气候的观测,热空气密度小于冷空气,谷底常有冷空气聚集。气温低时,湿雾和霜降容易形成。此内地形不易作为营地之处。寒冷地区选向阳,炎热地区选庇荫。			

7. 课程实施

续表

教学环节	授课内容	教学方式	时间分配	备注
核心内容	营地附近应有较充足的水源和可利用的林木。但不宜离水源过分靠近,那样极易受到蚊虫和野兽的骚扰。 在河边或小溪边建营地,应找到最高水位时所留下的痕迹,在痕迹以上建营。山区的小溪在暴雨之后几分钟内即可变成湍湍急流,一小时内水位可以升高五米,在平阔之地,洪水甚至会超出河道。附近山川所下的暴雨很容易在无任何先兆时变成滚滚洪水向你扑来。要选择这样的地点——平坦无太多石块,这样有足够的空间发送求救信号,易于被救援者发现。 (二)选择营地的注意事项 低洼地和干涸的河道(水道)上不能建营。 野外跟城市的环境不同,它的环境因素不变化莫测,不确定因素更多,尤其是雨季,看起来很干爽的地方,到了后半夜就不一样了。为防止一觉醒来才发现自己睡在水里或在梦里就被大水冲走,选营地时一定认真观察周围环境,不能在积水的必经之路上建营。 不要在野兽的通道上建营。 (三)营地布置 1. 营地一般由帐篷区、生活区和活动区组成。各区位置选好,使其不会相互影响。最好用活动区将帐篷区和生活区隔开,以防生活区中厨房里的火种发生意外。 2. 帐篷区应在营地中选一块最平整、最安全的区域,并兼顾防水防火。 3. 建立固定的饮用水区。严禁在此洗浴、清洗餐具和衣物。原则是将饮用水点建在上游,下游用来洗浴和清洗衣物,再下游用于清洗餐具。 4. 厕所和垃圾处理应在营地的下坡,最好在下风向处,远离水源,确保粪便不会渗出而形成污染。 5. 营火区就是点篝火的地方。应设立在不影响周围的植物和不宜走火的地方,并且与帐篷区有一定的距离,这样既可防止突然起风时烧着帐篷,又可以照顾到帐篷。活动区可以设在一起。 6. 警戒线,以树木、石块或人工竖立的标志物为基准,假设为"铁丝网",天黑以后不准任何人超越。 二、野外庇护所的建立 睡眠和休息是人类基本的生理需求,因此,在野外要搭建庇护所。庇护所可以遮挡阳光、防风避雨,保持一定室温。	1. 提问思考 内容导入 2. 课程讲授 启发思维 3. 课程思政融入	70分钟	通过激发学生共鸣的视频案例,导入本节课程的讲授内容

续表

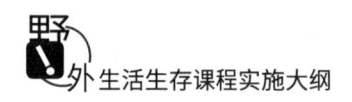

教学环节	授课内容	教学方式	时间分配	备注
	(一)野外庇护所的禁忌 近水：露营休息离不开水，近是选择营地的第一要素。因此，在选择营地时应选靠近溪流、湖潭、河流边，以便取水。但也不能将营地扎在河滩上，有些河流上游有发电厂，在蓄水期间河滩宽、水流小，一旦放水时将涨满河滩，包括一些溪流，平时小，一旦下暴雨，都有可能发大水或山洪暴发，一定要注意防范这种问题，尤其在雨季及山洪多发区。 背风：在野外扎营，不能不考虑背风问题，尤其是在一些山谷、河滩上，应要选择一处背风的地方扎营。还要注意帐篷门的朝向不要迎着风。背风同时也要考虑用火安全与方便。 远崖：扎营时不能将营地扎在悬崖下面，这样很危险，一旦山上刮大风时，有可能将石头等物刮下，造成伤亡事故。 近村：营地靠近村庄有什么急事可以向村民求救，在没有柴火、蔬菜、粮食等情况时就更为重要。近村的同时也是近路，即接近道路，方便队伍的行动和转移。 背阴：如果是一个需要居住两天以上的营地，在好天气情况下应当选择一处背阴的地方扎营，如在大树下面及山的北面，最好是朝照太阳，而不是夕照太阳。这样，如果在白天休息，帐篷里就不会太闷热。 防雷：在雨季或多雷电区，营地绝不能扎在高地上、高树下或比较孤立的平地上。那样很容易招致雷击。 (二)几种野外搭建庇护所的方法 方法/步骤1 工具/原料 木材、竹子、树叶、锯子、绳子(藤蔓) 找几根竹子，把它们锯成长度一致的几段，并且从中间劈开打掉竹节。 放置时劈开的竹子切口处朝上依次放好，然后将另一半的竹子切口处朝下错开放好，底下横放一个劈开的竹子。			声像教学：通过播放《攀登者》《北壁》《冰峰》《可可西里》等户外题材电影、视频(相关片段)，培养学生在野外宿营、生存过程中，养成珍爱生命、敬畏自然、爱惜动植物资源的理念和习惯

7. 课程实施

续表

教学环节	授课内容	教学方式	时间分配	备注
	两边竖立一些竹子或树枝并且铺满树叶挡风。 (竹子越大越好,但是制作时比较费力。底下横放的竹子可以在下面放一个容器接水。) 方法/步骤2 搭建在树上的庇护所要找到相邻的两棵树的分枝,尽量在同一个高度的树枝。 找几根树枝选取其中较长的锯成两根长度大约一致的,横放在两棵树的分枝上。 然后把多余的树枝锯成长度较短的横放在较长的树枝上或找几根藤蔓缠绕在较长的树枝上。 (树枝或藤蔓要先试一试一定要能够承受人体的重量,铺垫在上面的树枝也要有足够的韧性,并且要用藤蔓或绳子固定好。此庇护所能防止一些动物的伤害,或者离开一些潮湿的地面。但是有掉下去的可能需要做一些防护。)			

续表

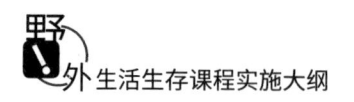

教学环节	授课内容	教学方式	时间分配	备注
	方法/步骤3 找一些长度大约一致的木杆儿,用藤蔓或绳子捆住一头,然后竖起撑开另一头搭建成圆锥型架子。 树枝上铺满树叶,一层一层压好,最上面留出冒烟的通道。地面上铺上干草地面中央点起火。(注意冒烟的通道要足够大,树叶选取较大的树叶,点火时要注意,不要引起火灾。) 方法/步骤4(如何自建帐篷) 当你一个人在户外野营时,如何搭帐篷以及帐篷用过之后如何收取,就是一个比较有技巧的问题了,正确的搭帐篷方法可以帮助你度过一个愉快的夜晚,我们用图解的方式教你一步一步搭帐篷。 1. 首先进行整地工作,去除地上的碎石与树枝; 2. 把垫子铺在地上,如果有稻草,可以代替垫子; 3. 在垫子或稻草上铺地用的塑料布,四边以钢钉固定; 4. 放上帐篷,注意出入口要位于下风向; 5. 把帐篷的边缘用钢钉固定; 6. 把帐篷的入口打开,并用支柱撑起来; 7. 用支柱撑住帐篷的入口后,再以绳索拉住; 8. 进入帐篷内,立起里面的支柱; 9. 外出时,记得将帐篷的入口拉好,最新生产的帐篷的入口,大多为拉链式; 10. 把帐篷里面的支柱用绳索拉好; 11. 检查帐篷四周是否松脱,如果松脱应重新打钢钉; 12. 以上步骤完成后,帐篷就搭建好了,但是还有最后一步,在帐篷四周挖上壕沟,以防雨水灌入帐篷。 方法/步骤5 如果是在沙滩上如何搭帐篷呢?可以将帐篷支柱的底部及绳索的绳端牢牢固定住。			

7. 课程实施

续表

教学环节	授课内容	教学方式	时间分配	备注
	方法/步骤6（临时庇护所） 临时庇护所的搭建要因地制宜，利用天然地形（比如凹坑，把坑顶遮蔽上下）、地物（例如折断的树枝、倒地的树干、石块等）。 圆锥形帐篷：将多根圆杆一端绑在一起，形成圆锥顶点，另一端斜插入地，用雨披、地膜、塑料布、帆布等覆盖。 屋顶形帐篷：把绳子拴在两棵树之间，将雨布搭在绳子上，张开后底边用石头压住。 一面坡帐篷：把雨布一头固定在断墙或棱坎上，另一头固定在地面。 丛林遮棚：在热带丛林地带，选择便于排水的高地搭建，要"先撑棚架后盖顶，围墙铺床同时行，最后挖出排水沟，铲除杂草把地平"。在潮湿和野兽出没的地方，可以搭建在树上吊床两端拴在树上，上面拉一根绳子，搭上雨布，四角用绳子系牢，形成防水帐篷。 方法/步骤7（不用帐篷的野营技巧） 利用山岩凹陷处野营，可以架一些树叶较多的小树枝做隐蔽，防止遇到野兽或发生意外。 在岩壁附近，可以收集一些树枝，先在岩壁上架些大树枝，再覆盖上稻草或小树枝。 如附近有河堤，可以在高处架一些树干或棍棒，覆盖上稻草或小树枝，周围有树的话，可以在两棵树间如上架设临时野营帐篷。 折断的树木的树叶可以用来做隐蔽，中央的树干可以当作活动空间，把木头或树干当作支架。 也可以自己架设一个小架子当作临时帐篷野营，如果身边带有塑料布，可以用一根绳子搭一个简易的帐篷。或者用斗篷也可以，将2片斗篷合并，用登山拐杖做支柱。			
课堂总结	总结本节课所讲的知识点，着重强调重点和难点内容，便于学生课后复习和掌握。通过《荒野求生》，美国探索频道，作者贝尔·格里尔斯在各种环境条件下仅凭一把刀就能成功生活生存的案例，进一步揭示刀对于大学生野外生活生存的重要价值和意义。	教师总结	3分钟	课程总结，并强调重点内容
课后思考	【课后思考案例】 ▲重温史泰龙经典电影《第一滴血》，了解"兰博刀"的来历和兰博在电影中对兰博刀的多次使用。反思刀在野外环境中还有哪些我们没有想到的用途？ ▲查阅中华人民共和国关于管制刀具的相关法律法规文件，思考在被动野外生存环境下如何生存？	作业布置	2分钟	布置课后案例，巩固授课内容

续表

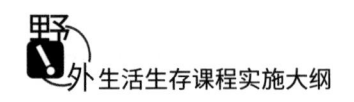

教学环节	授课内容	教学方式	时间分配	备注
参考书目	[1] 梁传成,梁传声.野外生存教程[M].高等教育出版社,2003. [2] 张惠红,陶于.定向运动与野外生存(第二版)[M].高等教育出版社,2006. [3] 冉孟刚,史伟.定向运动与野外生存训练教程[M].北京师范大学出版社,2014. [4] 张瑞林.户外运动(第二版)[M].高等教育出版社,2011. [5] (美)艾米·罗斯特.野外生存必备技能(户外生存系列)[M].现代出版社,2016. [6] (英)罗布·利尔沃.徒步中国:用脚步丈量魅力中国[M].中国人民大学出版社,2017.			

7.13　教学单元十三　野外求救与方向识别

表 7-22　课程思政要点:尊重科学、不抛弃不放弃教育

教案背景	课程名称	野外生活生存
	授课内容	野外求救与方向识别
	授课对象	2022级社体专业户外运动专业方向
	授课时长	90分钟
教学目标		1.学习在野外求救的各种方式 2.了解白天(能看见太阳、不能看见太阳)、黑夜(能看见星辰月亮、不能看见星辰月亮)野外方向识别的方法 3.学习如何利用太阳、指针手表、星辰、月亮、简易指南针、地物特征等来识别方向 4.教育学生要尊重科学,并在任何时候都对自己的生命和对遇到危险的同伴不抛弃不放弃

7. 课程实施

续表

教案背景	课程名称	野外生活生存
	授课内容	野外求救与方向识别
	授课对象	2022级社体专业户外运动专业方向
	授课时长	90分钟
教学分析	教学重点	1. 学习运用声响、反光镜、烟火、地面标志(SOS)、摩尔斯密码等进行野外求救 2. 了解野外方向识别的各种方法 3. 学会利用自然特征来识别方向
	教学难点	1. 野外求救的方法与原则 2. 白天看不见太阳，晚上见不到月亮星辰时如何辨别方向 3. 教育学生既要尊重科学，又要不抛弃不放弃
	课程思政	本章节在讲授白天(有太阳、无太阳)、黑夜(有星辰月亮、无星辰月亮)野外方向识别时，教育学生要尊重科学，切勿惊慌失措，冷静地寻找出路，并充分利用太阳、指针手表、星辰、月亮、简易指南针、地物特征等科学方法识别方向。在野外遇险时及时利用声响、反光镜、烟火、地面标志(SOS)、摩尔斯密码等求救，并在任何时候都要对自己的生命和对遇到危险的同伴不抛弃不放弃。
教学方法	教学方式	√ 课堂讲授　　√ 多媒体教学 √ 案例教学　　√ 课堂练习 √ 设计引导性问题，启发学生思维，增强师生双边互动，活跃课堂气氛
	教学资源	√ 文字教材　　√ 电子教案 √ PPT课件　　√ 相关案例(视频)

表 7-23　课堂教学过程设计

教学环节	授课内容	教学方式	时间分配	备注
课前复习	【提问】： 1. 你有没有过在白天迷路的经历？ 2. 夜晚你能利用星辰月亮识别方向吗？ 3. 你都知道哪些地物特征能告诉你大致的方向？	提问思考	10分钟	复习并引入本节课程内容

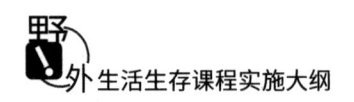

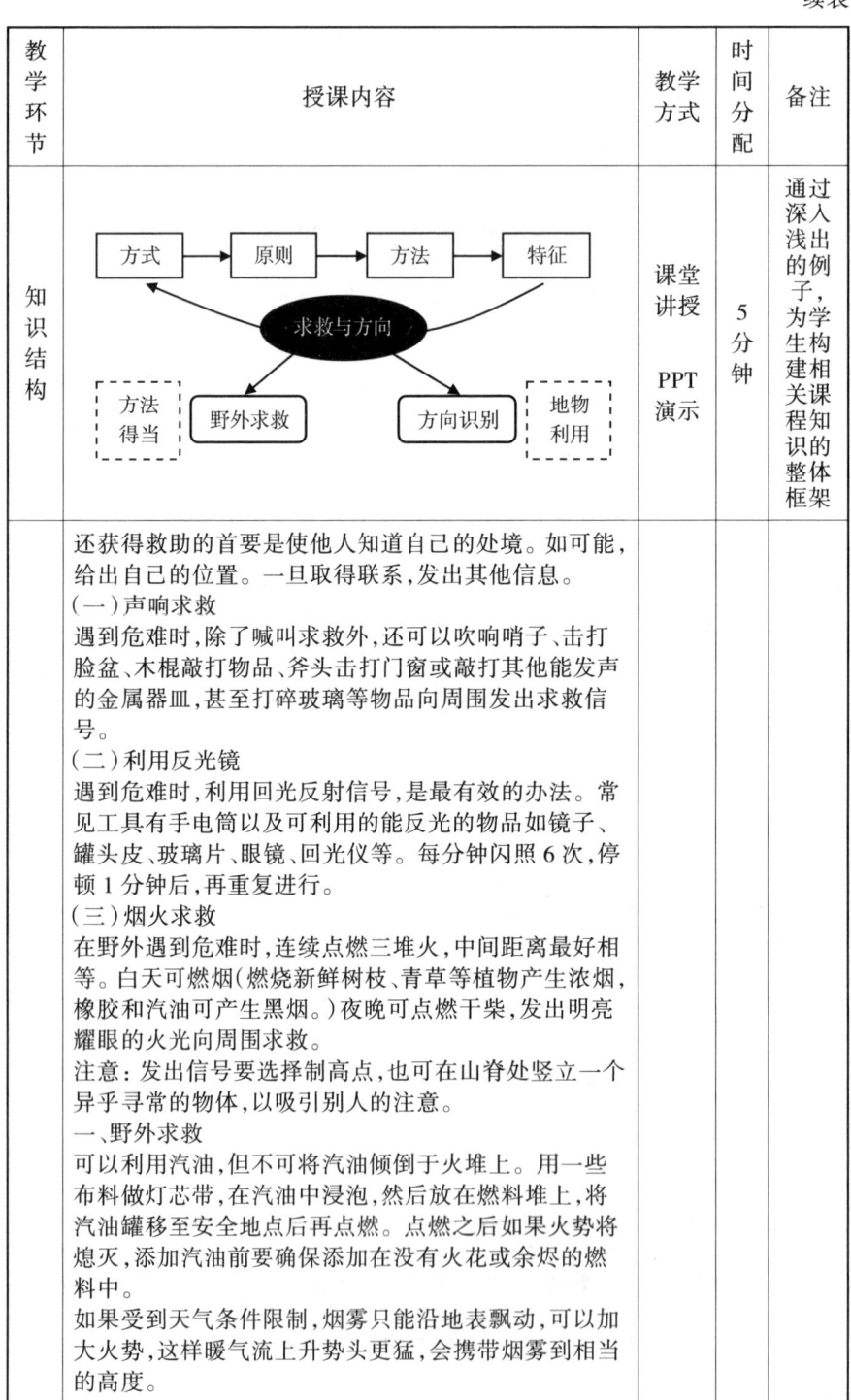

续表

教学环节	授课内容	教学方式	时间分配	备注
知识结构	方式 → 原则 → 方法 → 特征 求救与方向 方法得当　野外求救　方向识别　地物利用	课堂讲授 PPT演示	5分钟	通过深入浅出的例子，为学生构建相关课程知识的整体框架
	还获得救助的首要是使他人知道自己的处境。如可能，给出自己的位置。一旦取得联系,发出其他信息。 (一)声响求救 遇到危难时,除了喊叫求救外,还可以吹响哨子、击打脸盆、木棍敲打物品、斧头击打门窗或敲打其他能发声的金属器皿,甚至打碎玻璃等物品向周围发出求救信号。 (二)利用反光镜 遇到危难时,利用回光反射信号,是最有效的办法。常见工具有手电筒以及可利用的能反光的物品如镜子、罐头皮、玻璃片、眼镜、回光仪等。每分钟闪照6次,停顿1分钟后,再重复进行。 (三)烟火求救 在野外遇到危难时,连续点燃三堆火,中间距离最好相等。白天可燃烟(燃烧新鲜树枝、青草等植物产生浓烟,橡胶和汽油可产生黑烟。)夜晚可点燃干柴,发出明亮耀眼的火光向周围求救。 注意:发出信号要选择制高点,也可在山脊处竖立一个异乎寻常的物体,以吸引别人的注意。 一、野外求救 可以利用汽油,但不可将汽油倾倒于火堆上。用一些布料做灯芯带,在汽油中浸泡,然后放在燃料堆上,将汽油罐移至安全地点后再点燃。点燃之后如果火势将熄灭,添加汽油前要确保添加在没有火花或余烬的燃料中。 如果受到天气条件限制,烟雾只能沿地表飘动,可以加大火势,这样暖气流上升势头更猛,会携带烟雾到相当的高度。			

7. 课程实施

续表

教学环节	授课内容	教学方式	时间分配	备注
核心内容	记住,有时候不可能让所有的信号火种整天燃烧,这种情况下应随时准备妥当,使燃料保持干燥,一旦有任何飞机路过,就尽快点燃求助。火堆的燃料要易于燃烧,点燃后要能快速燃烧,因为有些机会转瞬即逝,白桦树皮就是十分理想的燃料。 （四）地面标志求救 在比较开阔的地面,如草地、海滩、雪地上可以制作地面标志。利用树枝、石块、帐篷、衣物等一切可利用的材料。如把青草割成一定标志,或在雪地上踩出一定标志,与空中取得联系。请大家一定要记住这几个单词：SOS（求救）、SEND（送出）、DOCTOR（医生）、HELP（帮助）、INJURY（受伤）、TRAPPED（受困）、LOST（迷失）、WATER（水）。 信号能在地下写出（推荐大小为每个字母长10m,宽3m,两个字母之间间隔3m）	1.提问思考 内容导入	70分钟	通过激发学生共鸣的典型案例,导入本节课程的讲授内容

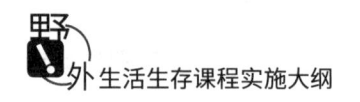

续表

教学环节	授课内容	教学方式	时间分配	备注
	1959年美国人维瑞尔与其妻罗娜驾车带6个孩子去沙漠旅行遇险获救的事例:维瑞尔一家人没有在人们常往来的道路上行驶,却铤而走险,插到一条小路上。事先没有通知任何人,汽车走出600km就无路可寻了。维瑞尔试图拐弯时,撞到了一块大石上,碰坏了水箱,水开始向外流。当车又行驶了16km后,水箱里的水就开始沸腾。此时既无饮用水也无食品。头脑清醒的罗娜采取了一系列措施:让孩子们在汽车的遮阴处休息;与丈夫将两条毯子裁成条状,组成了"SOS"的求救信号;卸下照后镜放在地上,借用阳光的反射向空中的飞机发求救信号;将备用的车轮胎浸透了油以便随时点燃作为求援信号,将4个轮胎罩放在地上准备采集清晨的露水。 (五)留下信息 当离开危险地时,要留下一些信号物,以便让救援人员发现,及时了解你的位置或者去过的位置。一路上留下方向指示标,有助于营救者寻找你的行动路径,也有助于自己迷路时,作为向导。 (六)摩尔斯电码求救 用摩尔斯电码发出SOS求救信号,是国际通用的紧急求救方式。此电码将S表示为"···",即3个短信号;O表示为"———",即3个长信号。长信号时间长度约是短信号的3倍。这样,SOS就可以用"三短、三长、三短"的任何信号来表示。可以利用光线,如开关手电筒、矿灯、应急灯、汽车大灯、室内照明灯甚至遮挡煤油灯等方法发送,也可以利用声音,如哨音、汽笛、汽车鸣号甚至敲击等方法发送。每发送一组SOS,停顿片刻再发下一组。	2.课程讲授 启发思维 3.课程思政融入		小组讨论、分组练习:在本章节的学习过程中分小组练习和讨论,针对不同自然、气候、时间、物质条件下的野外,如何利用科学方法、冷静思考,

182

7. 课程实施

续表

教学环节	授课内容	教学方式	时间分配	备注
	注意：一般情况下，重复三次的行动都象征寻求援助。除了通行的SOS外，国际性高山求救信号是一分钟发出6次哨音（或挥舞6次，火光闪耀6次等），然后安静一分钟，再重复。 二、野外方向识别 常用的箭头等方向指示器 将岩石或碎石片摆成箭形。 将棍棒支撑在树杈间，顶部指着行动的方向。 在卷草的中上部系上结，使其顶端弯曲指示行动方向。 在地上放置一根分叉的树枝，用分叉点指向行动方向。 用小石块垒成一个大石堆，在边上再放一小石块指向行动方向。 用一个深刻于树干的箭头形凹槽表示行动方向。 两根交叉的木棒或石头意味着此路不通。 用三块岩石、木棒或木丛表示危险或紧急。 在野外迷失方向时，切勿惊慌失措，而是要立即停下来，冷静地回忆一下所走过的道路，想办法按一切可能利用的标志重新制定方向，然后再寻找道路。最可靠的方法是"迷途知返"，退回到原出发地。 在山地迷失方向后，应先登高远望，判断应该向什么方向走。通常应朝地势低的方向走，这样容易碰到水源。顺河而行最为保险，这一点在森林中尤为重要。因为道路、居民点常常是滨水临河而筑的。 如果遇到岔路口，道路多而令人无所适从时，首先要明确要去的方向，然后选择正确的道路。若几条道路的方向大致相同，无法判定，则应先走中间那条路，这样可以左右逢源，即便走错了路，也不会偏差太远。 利用自然特征判定方向 1.太阳 用太阳判定方位非常简单。可以用一根标杆（直杆），使其与地面垂直，把一块石子放在标杆影子的顶点A处；约10分钟后，当标杆影子的顶点移动到B处时，再放一块石子。将A、B两点连成一条直线，这条直线的指向就是东西方向。与AB连线垂直的方向则是南北方向，向太阳的一端是南方。			对方向作出科学判断而不是鲁莽行事。模拟自己或同伴遇险后如何尊重医学科学，恰当施救并做到不抛弃不放弃。

续表

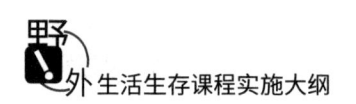

教学环节	授课内容	教学方式	时间分配	备注
	如果你有时间,还可以用另一种更精确的方法——在早晨标出第一个树影顶点,以树干所落点为圆心,树影长的半径作弧,随着午时的来临,树影会逐渐缩短移动,到了下午,树影又会逐渐变长,标记出树影顶点与弧点的交点,弧上这两点间的连线会为你提供准确的东西方向——早晨树影顶点为西。 2. 指针手表 利用指针式手表对太阳的方法判定方向。方法是:手表水平放置将时针指示的(24小时制)时间数减半后的位置朝向太阳,表盘上12点时刻度所指示的方向就是概略北方。假如现在时间是16时,则手表8时的刻度指向太阳,12时刻度所指的就是北方。 应将北京时间换算成当地时间。以东经120°为准,经度每向东15°,将北京时间加1小时,每向西15°,则北京时间减1h,即为当地时间。如乌鲁木齐市的地理坐标是东经87.70,则(120－87.7)÷15=2.15(h),粗略为2小时。将北京时间减去2小时,就是乌鲁木齐市当地时间,其余类推。 注意:夏天在台湾嘉义、广东省汕头东北的南澳岛、广西壮族自治区梧州、云南省个旧的北回归线以南地区,以上方法不能适用。 3. 星星 夜间天气晴朗的情况下,可以利用北极星判定方向。寻找北极星首先要找到大熊星座(即我们人称的北斗星)。该星座由七颗星组成,开头就像一把勺子一样。当找到北斗星后,沿着勺边A、B两颗星的连线,向勺口方向延伸约为A、B两星间隔的5倍处一颗较明亮的星就是北极星。北极星指示的方向就是北方。 在北纬40°以南地区,在看不到北斗星的情况下,还可以利用与北斗星相对的仙后星座寻找北极星。仙后星座由5颗与北斗星亮度差不多的星组成,形状像大写的W(或M,以其在天空旋转位置而定)。在W字缺口中间的前方,约为整个缺口宽度的两倍处,即可找到北极星。 在北纬23°以南地区,上半年可以寻找南十字星座(四颗明亮的星),其对角相连成为十字,沿A、B两星连线向下延伸,约在两星距离的四倍半处即为正南方。			

7. 课程实施

续表

教学环节	授课内容	教学方式	时间分配	备注
	由于地球每日自转一周,因此由地球上向外太空看去,宇宙的星辰是以北极星为中心,每日绕行地球一周。以此原理,我们可以选定两点,观察同一颗星星移动的方向,来找出东西南北的方向,如透过树枝上的 A 和 B 来观察星星。	4.多媒体教学+讨论		

续表

教学环节	授课内容	教学方式	时间分配	备注
	普通星星辨别方向 接近地平线的星星若是向上移动的话,该方位即为东边; 接近地平线的星星如果向下移动,那么这个方位就是西边了; 接近地平线的星星,如果以水平方向且略微偏上移动,该方位即为南边; 接近地平线的星星,若是以水平方向且略微偏下移动,该方位即为北方; 接近地平线的星星,如果向右上方移动,则该方向为东北方; 如果向左下方移动,则该方向为西北方; 同理,如果接近地平线的星星向左上方移动,那么该方向为东南方。 若向右下方移动,则该方向为西南方。 4. 月亮 利用月亮定向:月亮升起的时间,每一天都比前一天晚48～50分钟,如农历十五的18时,月亮从东方升起。到了农历的二十,相距5天,就迟升4小时右,约于22时于东方天空出现。月亮"圆缺"的月相变化也是有规律的。农历十五以前,月亮的亮部在右边,十五以后月亮的亮部在左边。上半个月称为"上弦月",月中称为"满月",下半月称为"下弦月"。每个月月亮都是按上述两个规律升落的。利用月亮测定方位可参见下表。 	月相	☽	◐	○	◑	☾	●
---	---	---	---	---	---	---
名称	新月	上弦	满月	下弦	残月	朔
农历	初四	初八	十五	廿三	廿七	初一
月升时间	东方	9时	12时	12时	18时	3时	看不见
月过中天时间	南方	15时	18时	18时	24时	9时	—
月落时间	西方	21时	24时	24时	6时	15时	—				

7. 课程实施

续表

教学环节	授课内容	教学方式	时间分配	备注
	5.简易指南针 一截铁丝(缝衣针即可)反复同一方向与丝绸摩擦,会产生磁性,悬挂起来可以指示北极。磁性不会很强,隔段时间需要重新摩擦,增加磁性。如果你有一块磁石,会比用丝绸更有效。注意沿同一方向将铁针不断与磁石摩擦。用一根绳将磁针悬挂起来,以便不影响平衡。但不要用有扭结或绞缠的绳线。 6.其他 利用地物特征判定方位是一种补助方法。使用时,应根据不同情况灵活运用。 独立树通常南面枝叶茂盛,树皮光滑。树桩上的年轮线通常是南面稀、北面密。 农村的房屋门窗和庙宇的正门通常朝南开。伊斯兰教的清真寺的门朝向东方(礼拜者面向西方)。 建筑物、土堆、田埂、高地的积雪通常是南面融化快,北面融化慢。 大岩石、土堆、大树南面草木茂密,而北侧易生青苔。 蚂蚁的洞口一般开向南面。			

续表

教学环节	授课内容	教学方式	时间分配	备注
课堂总结	总结本节课所讲的知识点，着重强调重点、难点思政内容，便于学生课后复习和掌握。通过对野外求救方法原则以及方向识别方式的回顾，进一步强化尊重科学，不抛弃不放弃理念和意识。	学生分享教师总结	3分钟	课程总结，并强调思政内容
课后思考	【课后作业和思考】 1.熟练掌握两种以上野外方向识别方法 2.学会在不同环境条件下的各种野外求救方法	作业布置	2分钟	布置课后作业，巩固授课内容
参考书目	[1] 梁传成,梁传声.野外生存教程[M].高等教育出版社,2003. [2] 张惠红,陶于.定向运动与野外生存(第二版)[M].高等教育出版社,2006. [3] 冉孟刚,史伟.定向运动与野外生存训练教程[M].北京师范大学出版社,2014. [4] 张瑞林.户外运动(第二版)[M].高等教育出版社,2011. [5] （美）艾米·罗斯特.野外生存必备技能(户外生存系列)[M].现代出版社,2016. [6] （英）罗布·利尔沃.徒步中国：用脚步丈量魅力中国[M].中国人民大学出版社,2017.			

7.14　教学单元十四　拓展训练的意义及安全常识

表 7-24　课程思政要点：树立正确的世界观、人生观

教案背景	课程名称	野外生活生存
	授课内容	拓展训练的意义及安全常识
	授课对象	2022 级社体专业户外运动专业方向
	授课时长	90 分钟
教学目标		1. 拓展训练的意义及安全常识等的介绍 2. 团队拓展训练之团队建设 3. 通过拓展训练树立正确的世界观、人生观
教学分析	教学重点	1. 拓展训练的意义 2. 拓展训练的安全常识
	教学难点	1. 如何通过拓展训练提高团队效率
	课程思政	在进行拓展训练的地面项目（"信任背摔""电网""孤岛求生""毕业墙"），空中项目（"巨人梯""彩虹桥""断桥""天街"）等学习过程中，不仅要让学生充分理解每一个项目的深刻含义及其训练价值，更要利用项目学习树立和培养学生正确的人生观、世界观。
教学方法	教学方式	√ 课堂讲授　　√ 多媒体教学 √ 案例教学　　√ 课堂练习 √ 设计引导性问题，启发学生思维，增强师生双边互动，活跃课堂气氛
	教学资源	√ 文字教材　　√ 电子教案 √ PPT 课件　　√ 相关案例（视频）

表 7-25　课堂教学过程设计

教学环节	授课内容	教学方式	时间分配	备注
课前复习	【提问】： 1. 你参加过拓展训练吗？ 2. 你知不知道什么是拓展训练？ 3. 你认为拓展训练有什么作用？	提问思考	10分钟	复习并引入本节课程内容
知识结构	地位→作用→分类→功用 拓展训练意义 准确认识　训练意义　安全常识　时刻牢记	课堂讲授 PPT演示	5分钟	通过讲解，为学生构建相关课程知识的整体框架
	诺亚方舟培训项目 叙述地球遭洪水袭击时，只有诺亚一家乘舟得救的故事。现在请你想象，如果你正搭乘这艘诺亚方舟，除了诺亚一家之外，你还想让动物搭上这个方舟，你会如何抉择？ 在你眼前，只剩下六种动物。由于方舟的容量有限，只能让三种动物上船。你会让哪些动物搭乘呢？ 首先请把最想让他上船的动物表示在第一、其次表示在第二、最后则是第三。 　A. 马 B. 兔子 C. 鹿 D. 羊 E. 鸡 F. 猪 分析与解答 游戏中，诺亚方舟是经常被引用的测验。动物，象征我们各自潜在心底的愿望。 最想让他搭乘的动物，代表呈现在外表的自我，也就是自我期待的【自我】，而这【自我】也同时受到他人的认可。而第二优先想让他搭乘的动物，代表现在的你，也就是自我期待的东西。 最后想让他搭乘的动物，则代表自我认为不可能的梦想，也就是意味着未来的自我。 总结 分析 分享 迷宫项目			体验式学习：学生在教师（体验培训师）的带领下，

7. 课程实施

续表

教学环节	授课内容	教学方式	时间分配	备注
核心内容	8人一组 类型：项目团队训练 时间：30分钟 材料：粉笔或单面纸胶带纸 活动目的：考验学生的记忆力及沟通能力、找出沟通过程中经常出现的问题及探索出解决这些问题的办法，小组工作时是否有领导的出现及体会领导的作用。 操作要求： 1. 教师先确定一条穿梭时空隧道的路线，画在纸上，但不告诉学生。按照图中所示，在空地上用粉笔画出5乘10的方格子或用单面纸胶带纸在地上贴出5乘10的方格子。 2. 教师给学生20分钟做计划，当计划时间一到。学生将不能用任何带有人类智慧的语言表达形式进行沟通。 3. 学生开始进入迷宫。 4. 当第一个学生踏入错误的路线时，教师吹哨子。该学生将退出迷宫并排在队列的后面，第二位学生开始尝试。如果第二位学生犯了第一位学生所犯的错误时，教师将扣该队10分。教师将记录该队完成项目的时间。 注意事项： 1. 活动开始后不能再问问题。 2. 学生之间也不能用任何带有人类智慧的语言表达形式进行沟通。 3. 不能在迷宫内做任何记号。 4. 必须双脚同时踩入一个方格内。 5. 只能按方格的前后左右走，不能走"米"字形。 6. 每次只能走一格 有关讨论： 1. 在受限制的环境下，你们是怎样进行沟通的？ 2. 当你走错的时候，你会有什么反应？ 3. 是否将信息进行了有效的反馈？ 4. 教师汇报该项目的成绩、所用的时间以及被扣除的总分。 5. 可以引用到项目管理的要点。 总结 分析 分享	1. 课程讲授 启发思维 2. 课程思政融入	70分钟	通过亲身练习充分体验和感受每一个项目的意义和价值真谛，沉浸于项目的教育过程，从而不断校正、培育、树立自己正确的人生观、世界观

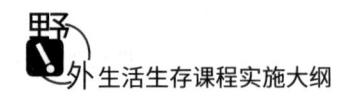

续表

教学环节	授课内容	教学方式	时间分配	备注
	(流程图：教师引发、组织、反馈、支持、评价等；反思→分享→讨论、评价→抽象概括；体验；认知培训；实际检验；确定培训目标；情感培训；效果评估)			
课堂总结	总结本节课所讲的知识点，着重强调重点、难点思政内容，便于学生课后复习和掌握。通过对拓展训练的意义、安全常识的总结回顾，进一步加强对学生世界观人生观的端正与树立。	学生分享教师总结	3分钟	课程总结，并强调思政内容
课后思考	【课后作业和思考】 1.新时代拓展训练还有哪些新的价值？	作业布置	2分钟	布置课后作业，巩固授课内容
参考书目	[1] 梁传成,梁传声.野外生存教程[M].高等教育出版社,2003. [2] 张惠红,陶于.定向运动与野外生存(第二版)[M].高等教育出版社,2006. [3] 冉孟刚,史伟.定向运动与野外生存训练教程[M].北京师范大学出版社,2014. [4] 张瑞林.户外运动(第二版)[M].高等教育出版社,2011. [5] (美)艾米·罗斯特.野外生存必备技能(户外生存系列)[M].现代出版社,2016. [6] (英)罗布·利尔沃.徒步中国：用脚步丈量魅力中国[M].中国人民大学出版社,2017.			

7.15 教学单元十五 团队拓展训练之团队建设

表 7-26 课程思政要点：团结协作与集体主义精神教育

教案背景	课程名称	野外生活生存
	授课内容	团队拓展训练之团队建设
	授课对象	2022级社体专业户外运动专业方向
	授课时长	90分钟
教学目标		1. 团队拓展训练之团队沟通 2. 团队拓展训练之团队领导力 3. 借团队拓展训练之机对学生进行团结协作与集体主义精神教育
教学分析	教学重点	1. 沟通的多种途径
	教学难点	1. 如何通过拓展训练提高团队的沟通能力
	课程思政	团队拓展训练，不仅是拓展训练的核心要义，也是每一次拓展训练的"破冰"之旅，它是凝聚一个团队人心和力量的方法与技巧。在进行团队拓展训练、团队建设的过程中不仅要让学生学到方法更要借此对学生进行<u>团结协作与集体主义精神教育</u>。
教学方法	教学方式	√ 课堂讲授　　√ 多媒体教学 √ 案例教学　　√ 课堂练习 √ 设计引导性问题，启发学生思维，增强师生双边互动，活跃课堂气氛
	教学资源	√ 文字教材　　√ 电子教案 √ PPT课件　　√ 相关案例（视频）

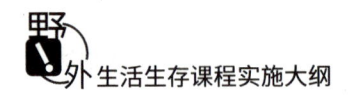

表 7-27　课堂教学过程设计

教学环节	授课内容	教学方式	时间分配	备注
课前复习	【提问】： 1. 你认为团队建设重要吗？ 2. 团队建设的最大价值在哪里？	提问思考	10分钟	复习并引入本节课程内容
知识结构	组织→实施→总结→分享（团队建设） 突出要义　团队建设　课程思政　思政随行	课堂讲授 PPT演示	5分钟	通过体验，为学生构建相关课程知识的整体框架
	盲人方阵规则： 1. 为了真实表现情境，所有的人现在戴上一个眼罩，为了使我们的活动有价值，所以必须确认完全不能看到亮光； 2. 现在我向大家介绍你们的任务，在你们附近不超过 5 米的范围内有一堆（捆）绳子，在我宣布开始后把它找到，并在 40 分钟内，把它围成一个最大的正方形，组好后，所有人相对均匀地分布在这个正方形的四条边上； 3. 你们所做的这个正方形是一件价格极高的产品，其他许多队伍也做了同样的正方形，你们要和他们一起竞标，并以足够的理由证明产品的优势； 4. 整个活动中任何人不得摘去眼罩，戴上眼罩后应将双手放置身前，不得背手行走，严禁蹲坐在地上； 5. 当你们确认提前完成后，将绳踩在脚下，并通知拓展教师，得到准许后才可以按照拓展教师的要求摘下眼罩。 回顾总结： 1. 对学生顺利完成任务给予肯定或鼓励（慎用赞美之词）；学员回顾完成情况，由于比较激动，拓展教师要帮助协调发言顺序，争取让每个学员有机会发言。			

7. 课程实施

续表

教学环节	授课内容	教学方式	时间分配	备注
核心内容	2. 学生回顾完成正方形的方法,怎样确认正方形:四边形相等、四角为直角、对角线相等,他们是怎样操作的,模糊的变量来量边长是不可取方法,如拉成四边形用脚步量。对于3段式、6段式和12段式的结合确定直角的运用。只有用定量来衡量是相对精确的方法,如对折,联系生活比如评优评奖,用业绩判断还是用"感觉"判断更有说服力。 3. 学员在摘去眼罩后会觉得眼前的"方阵"没有之前感觉的那么大,这与心理学中人在相对不安的情况下更希望靠近一样,这可以和生活中许多情况相联系。 4. 怎样用不擅长的沟通方式表达或接收信息,如有些人在活动中提出正确的方法却没人注意,自己也就不再表达了。 5. 民主讨论与决策,个体决策与群体决策,可以简单介绍群体决策所做的实验方法。 6. 合理分工,四个人梳理绳子、组方阵足矣,其他人想办法制定方案、确定检测方法。 7. 可以让学员复述拓展教师布置的任务,并让大家介绍自己的产品优势,在现有的条件下自己做的是最好的。 8. 对当时出现的其他情况进行应变分析与联系,如在四角的人是否能够始终握住绳角位置不松手,坚守自己的岗位等。 罐头鞋项目: 队员把3个桶和2块板子摆成一条直线,所有的学员都要站到板子上,利用桶和板子行进至前方标记的终点线以外的区域并依次下到地面以完成此项目。在整个项目的过程中,队员不许落地,板子不能落地,油桶不得倒地,下面的人不能帮助。犯规一次者扣10分。总时间为40分钟,超时1分钟扣1分,不可超时25分钟,并将犯规情况记录下来。 训练指导与实施 1. 准备及检查训练场地是否平坦;油桶是否有损坏;木板上是否有凸出来的钉子等; 2. 让学员充分热身,以免在活动中受伤; 3. 召集学员到训练场地,布置项目的任务并说明要求; 4. 申明项目的注意事项,直到参训人员完全熟悉为止; 5. 先把两块木板平放在3个桶上,木板两头分别压在桶的1/2处;	1. 提问思考 内容导入 2. 课程讲授	70分钟	通过情景体验,导入本节课程的讲授内容

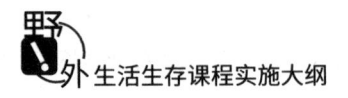

续表

教学环节	授课内容	教学方式	时间分配	备注
	6. 相距2块木板的位置处设置1条起点线和终点线,并放置标识物; 7. 召集组中的学员到项目场地。其中,每组学员人数不得超过14人,均匀站在放置于铁桶上的木板上,并宣布此项目的名称、规则以及注意事项; 8. 要求学员在40分钟的时间内,在人不落地的情况下,把3个桶和2块木板向其延长线的方向移动2块板的距离; 9. 宣布从学员均站在木板上时计时开始,任何人不得下地,到达目的地为止。 总结 分析 分享	3.课程思政融入		案例剖析、情景教育:在进行团队拓展训练学习过程中,让学生深入情景认真学习团队拓展训练的方式方法,领会团结协作与集体主义精神的要义

7. 课程实施

续表

教学环节	授课内容	教学方式	时间分配	备注
	项目名称：群龙取水 在直径一定的绳圈内放置许多矿泉水瓶。在规定的时间内，不进入圈内取出矿泉水瓶。在取出的过程中，水有任何的洒出即算任务失败。要求每队使用不同的方法取两次。 开拓队员的思路，提高他们的创新意识。让队员了解到任何创新都会受到资源的限制，不能天马行空。提高团队协作，使队员认识到统一指挥的意义与重要作用。活跃集体气氛增加团队凝聚力。 团队在规定的时间内不借助任何物体完成取水的任务，保证人手1瓶。 1. 根据团队的人数，完成团队每人取一次水的任务。 2. 距离是起点与目标点之间是1.8m。 3. 任何人的肢体、衣裤等物品不得触碰地面。 4. 若取水的过程中触碰的地面或接触地面，水源将退后20厘米。 5. 团队成员每人只能取一次，违规者俯卧撑10个给予一次机会。 6. 开始前决策时间5分钟，练习时间为10分钟。 安全要点： 1. 选择安全、平稳、草坪地最佳； 2. 人与人之间的安全保护要进行标准示范讲解； 3. 项目开始时，请参与者摘取身上所有的硬物； 4. 抓手腕时采取最佳的腕与腕相扣的原则保护； 5. 开始前宣导活动身体的头、肩、腰、膝等各个环节。 总结 分析 分享			同时，将教育延伸到野外生存活动团队精神培育的典型案例"冰雪结组"——在皑皑雪山上，为了防止坠落，攀登者用一条绳子链接在一起，大有生就同生，死便同死的气概

续表

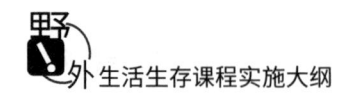

教学环节	授课内容	教学方式	时间分配	备注
	狭路相逢项目介绍： 请两个队的队员全部退到起点线外。请大家利用所给的木板和绳子,在60分钟内到达对方的起点线。一个队的全体队员按时到达为项目成功。 请大家利用我给你们的木板和绳子在最短时间内达到对方的起点线。全体在规定的时间内到达对方起点的小组,可获奖励100分。第二个到达的小组可获奖励90分。如果双方能在30分钟之内完成项目,则可以获得额外50分的奖励。在团队都到达目标的基础上,第一名到达对方起点线的可以获得与此次参与项目人数乘以1分的奖励,第二名可获得参与人数减去一人乘以1分的奖励,依此类推。例如,共有22名队员参与项目,第一名将得到22分的奖励,第二名将得到21分的奖励。届时,获得奖励多的队为优胜队。 规则： 1.大家前面的起点线范围内为鳄鱼潭。在项目操作中,任何人或板不得触及鳄鱼潭,如有触及,触及的人或物必须返回到自己的初始位置。 2.人或板不得绕过鳄鱼潭。 3.鳄鱼潭内的方形岛屿不得移动。 4.在鳄鱼潭内,禁止任何距离的跨越。 总结 分析 分享 信任背摔规则： 1.项目介绍：我们将做下一个团队项目,也是个人挑战项目。这个项目源自于一个古老的仪式,当每个外来人想融入当地的印第安部落时,都要进行一个仪式,让他们站在1.5m高的台上向后平直倒下,由地面上的印第安人展臂接住,只有成功完成平直后倒的人才能赢得当地人的信任,融入当地部落生活。演变至今成了拓展训练中最常用、最经典的项目——背摔。			教育学生要学会与人合作,并懂得在合作中尽量做好自己的工作。从而进一步加强对学生的团结协作与集体主义精神教育

7. 课程实施

续表

教学环节	授课内容	教学方式	时间分配	备注
	2. 带领做准备活动。 3. 要求大家把危险物品(眼镜、手表等物品)统一管理，助理负责整理、收集。 4. 讲解动作要领： (1)练习者：身体直立，双手平举，双臂交叉，掌心相对，手掌交叉相握，内收两肘夹紧并紧靠胸前。 (2)保护者：(织网)同性别人员两两相对，右腿膝盖内侧相扣，抬头直腰，双臂放于对方肩上，掌心向上，一内一外，五指并拢，头往后仰，空出空间，全神凝注，时刻准备。 (3)口令：练习者："我是某某，我需要大家帮助"。 (4)保护者："我们永远支持你"。 (5)练习者："我来了"。 (6)保护者："来吧"。 5. 准备完毕，第一位练习者上台，帮助捆绑住练习者手腕。 6. 把练习者移至背摔台前端，教师一手扶住练习者手腕。 7. 教师帮助练习者调整心态，做好准备，并随时观察现场情况，安全操作，严格执行。 8. 教师助理要协助操作，对台下不规范动作进行纠正，组织对每位成功者进行鼓励。 9. 练习完成后由助理组织大家安全把人放下(脚先着地)并解开布条，递给教师。 10. 教师宣布完成情况。 总结 分析 分享			

续表

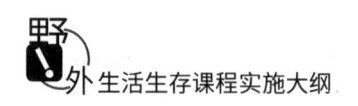

教学环节	授课内容	教学方式	时间分配	备注
课堂总结	总结本节课所讲的知识点，着重强调重点、难点，思政要点和拓展团队建设的核心要义，便于学生课后复习和掌握。	学生分享 教师总结	3分钟	课程总结，并强调思政内容
课后思考	【课后作业和思考】 1. 温习团队建设项目的组织方法和价值意义。	作业布置	2分钟	布置课后作业，巩固授课内容
参考书目	[1] 梁传成, 梁传声. 野外生存教程 [M]. 高等教育出版社, 2003. [2] 张惠红, 陶于. 定向运动与野外生存(第二版) [M]. 高等教育出版社, 2006. [3] 冉孟刚, 史伟. 定向运动与野外生存训练教程 [M]. 北京师范大学出版社, 2014. [4] 张瑞林. 户外运动(第二版) [M]. 高等教育出版社, 2011. [5] (美) 艾米·罗斯特. 野外生存必备技能(户外生存系列) [M]. 现代出版社, 2016. [6] (英) 罗布·利尔沃. 徒步中国: 用脚步丈量魅力中国 [M]. 中国人民大学出版社, 2017.			

7.16　教学单元十六　定向运动与生存能力

表 7-28　课程思政要点：宪法、法治意识教育

教案背景	课程名称	野外生活生存
	授课内容	定向运动与生存能力
	授课对象	2022 级社体专业户外运动专业方向
	授课时长	90 分钟
教学目标		1. 定向运动与生存能力 2. 定向运动的由来及发展 3. 在对该运动进行学习时教育学生在参与该项运动时要有严明的宪法、法治意识，在参与该运动过程中要遵守交通、农田、动植物保护、国家军事科技机密等相关法律法规
教学分析	教学重点	1. 定向作为生存能力的价值和意义
	教学难点	1. 如何利用定向越野技能超越电子导航
	课程思政	定向运动是一项集智慧和体能于一体的时尚体育运动，在欧美、日本等发达国家盛行。他主要是运用指北针和地图的相关知识在旷野、公园等户外环境下奔跑。其运动涉及到交通道路、野生植被、动物、农田、农作物、重要地理信息等因素，在对该运动技能进行学习和应用时，教育学生要时刻遵守国家的宪法、法律、法规和地方的<u>相关管理规定，树立宪法、法治意识。</u>
教学方法	教学方式	√ 课堂讲授　　√ 多媒体教学 √ 案例教学　　√ 课堂练习 √ 设计引导性问题，启发学生思维，增强师生双边互动，活跃课堂气氛
	教学资源	√ 文字教材　　√ 电子教案 √ PPT 课件　　√ 相关案例（视频）

表 7-29　课堂教学过程设计

教学环节	授课内容	教学方式	时间分配	备注
课前复习	【提问】： 1. 你认识定向运动吗？ 2. 你是否参加过定向运动？	提问思考	10分钟	复习并引入本节课程内容
知识结构	分类 → 历史 → 地位 → 价值 定向运动 正确认识　定向运动　生存能力　融入提高	课堂讲授 PPT演示	5分钟	通过讲解，为学生构建相关课程知识的整体框架
	探索是为了新的发现，正是这种不畏艰辛、勇往直前的探索精神，帮助人类实现了从原始到现代的文明进程。对未知事物的探求是整个人类赖以生存的希望和社会不断前进的动力。千百年来，人类用孜孜不倦的探索精神，不断深入对大自然以及人类自身的认识和研究，在完成对一个个未知领域的探究及开发过程中，构建起高度发达的现代文明。 穿越未知地带是人类最早的探索行为之一。目前，大多数科学研究一致认为，人类起源于非洲东部，然后通过迁徙而分散到了世界各地。人类祖先为了更好地繁衍生息，一次次迈开双腿长途跋涉去寻找和探索更适合生存的地域，如果不是这种勇于探索未知地带的原始冲动，也许就没有迁徙，从而影响人类的进化进程。15—17世纪的地理大发现，就是人类勇于探索未知地带，推动现代文明发展的典型事例。			

7. 课程实施

续表

教学环节	授课内容	教学方式	时间分配	备注
核心内容	定向运动诞生地在斯堪的纳维亚半岛，半岛上有着丰富的森林资源和辽阔的未开垦土地。在这里，能够激发起人们穿越未知地带的激情和冲动。实际上，定向运动是"确定方向的穿越未知"规则化后的一种竞技形式。因此，作为核心要素的穿越未知地带，是定向运动延续和发扬人类探索精神的重要载体。当我们惬意地享受着人类积淀下来的文明财富时，容易产生惰性而失去探索求新的欲望和激情。特别是青少年，在家长和社会的过度保护中，挑战未知的探索机会也大大减少。然而，在文明高度发达的今天，每一步小小的超越也变得更加艰难，就更需要年青一代富有不畏艰辛、勇往直前的探索精神。比起乏味的书面说教，鼓励和带领孩子们走出校园，脱离一切庇护，亲身体验穿越未知地带的定向运动，会是激发和培养探索精神的良好方式。探索带来的新奇感，无论是对于孩子还是成人，都富有无限乐趣。 定向运动有许多形式，按照运动模式，国际定向运动(International OrienteeringFederation, IOF)（以下简称国际定联）将定向运动(Orienteering)项目划分为徒步定向或定向越野、滑雪定向、山地自行车定向和轮椅定向。 在国际定联2004年版徒步定向赛事规则中，徒步定向或定向越野(Foot orienteering)被定义为一项参赛者借助地图和指北针，在尽可能短的时间内到达若干个被同时标记在地图上和实地中的检查点的运动。定向运动的参赛者可以是个人，也可以是由两人以上组成的团队。 1.定向运动按运动工具的不同可分为两种： 徒步定向：如传统定向越野；接力定向；百米定向；团队定向；积分定向；夜间定向；五日定向；公园定向等。 工具定向：如滑雪定向；山地车定向等。 2.定向运动按性别的不同可分为男子组和女子组； 3.定向运动按年龄的不同可分为青年组，老年组和少年组； 4.定向运动按技术水平的不同可分为初级组（体验组和家庭组），高级组和精英组； 5.定向运动按参加人数的不同可分为个人单项，个人双项和集体项。	1.提问思考 内容导入 2.课程讲授 启发思维	70分钟	通过对发展历史讲解，导入本节课程的讲授内容 课前调研、课堂讨论： 1.课前组织学生分组、分类对定向运动可能涉及到的相关宪法、法律、法规进行调研梳理 2.课中不同组别学生信息交换，分享不同类别

203

续表

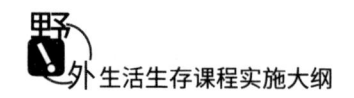

教学环节	授课内容	教学方式	时间分配	备注
	主要赛事 1. O — Ringen：瑞典五日。世界最大规模的定向运动赛事,每年吸引世界各国15000男女老少定向运动员。 2. 世界定向越野锦标赛；世界滑雪定向锦标赛。 3. 定向越野世界杯赛；滑雪定向世界杯赛。 4. 世界青年定向越野锦标赛；世界青年滑雪定向锦标赛。 5. 世界老年定向越野锦标赛；世界老年滑雪定向锦标赛。			法律、法规的相关规定,同时相互讨论,以便进一步提高和树立宪法、法治意识
课堂总结	总结本节课所讲的知识点,着重强调重点、难点,思政要点和定向运动的生存价值,便于学生课后复习和掌握。	学生分享教师总结	3分钟	课程总结,并强调思政内容
课后思考	【课后作业和思考】 1. 小组作业：请举例分析电子导航与定向技能的联系和区别。	作业布置	2分钟	布置课后作业,巩固授课内容
参考书目	[1] 梁传成,梁传声. 野外生存教程[M]. 高等教育出版社,2003. [2] 张惠红,陶于. 定向运动与野外生存(第二版)[M]. 高等教育出版社,2006. [3] 冉孟刚,史伟. 定向运动与野外生存训练教程[M]. 北京师范大学出版社,2014. [4] 张瑞林. 户外运动(第二版)[M]. 高等教育出版社,2011. [5] (美)艾米·罗斯特. 野外生存必备技能(户外生存系列)[M]. 现代出版社,2016. [6] (英)罗布·利尔沃. 徒步中国：用脚步丈量魅力中国[M]. 中国人民大学出版社,2017.			

7.17　教学单元十七　定向运动基本技术

表 7-30　课程思政要点：职业理想、职业道德教育

教案背景	课程名称	野外生活生存
	授课内容	定向运动基本技术
	授课对象	2022 级社体专业户外运动专业方向
	授课时长	90 分钟
教学目标		1.学会利用自然特征判定方向 2.学习定向越野中的对照地形 3.学习定向越野中的标定地图 4.学习定向越野中的确定站立点 5.熟悉地图与指北针 6.了解定向越野迷失方向时的处理 7.在定向运动基本技术学习的同时对学生进行职业理想职业道德教育。
教学分析	教学重点	1.地图与方向识别。 2.地图标定与确定站立点
	教学难点	1.拇指辅行法的学习 2.定向越野迷失方向时的处理 3.定向运动基本技术学习中对学生进行职业理想职业道德教育
	课程思政	定向运动技术中的 GPS 定位、指北针技术与军事科目中的无线电测向技术十分相近，其中定向地图又可能涉及到国家科技、军事地理坐标等信息。因此，定向运动基本技术教学过程，同时也是对学生进行职业理想、职业道德教育的最佳时机，培养学生树立正确的职业理想和职业目标，把定向运动技术正确运用到野外生存、体育竞赛、体育健身等事业领域，为祖国争光、为人民群众日益增长的体育健身需求谋福。最终养成良好的职业道德情操。

续表

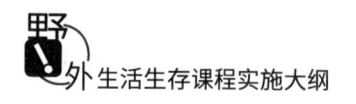

教案背景	课程名称	野外生活生存
	授课内容	定向运动基本技术
	授课对象	2022级社体专业户外运动专业方向
	授课时长	90分钟
教学方法	教学方式	✓ 课堂讲授　　✓ 多媒体教学 ✓ 案例教学　　✓ 课堂练习 ✓ 设计引导性问题，启发学生思维，增强师生双边互动，活跃课堂气氛
	教学资源	✓ 文字教材　　✓ 电子教案 ✓ PPT课件　　✓ 相关案例（视频）

表7-31　课堂教学过程设计

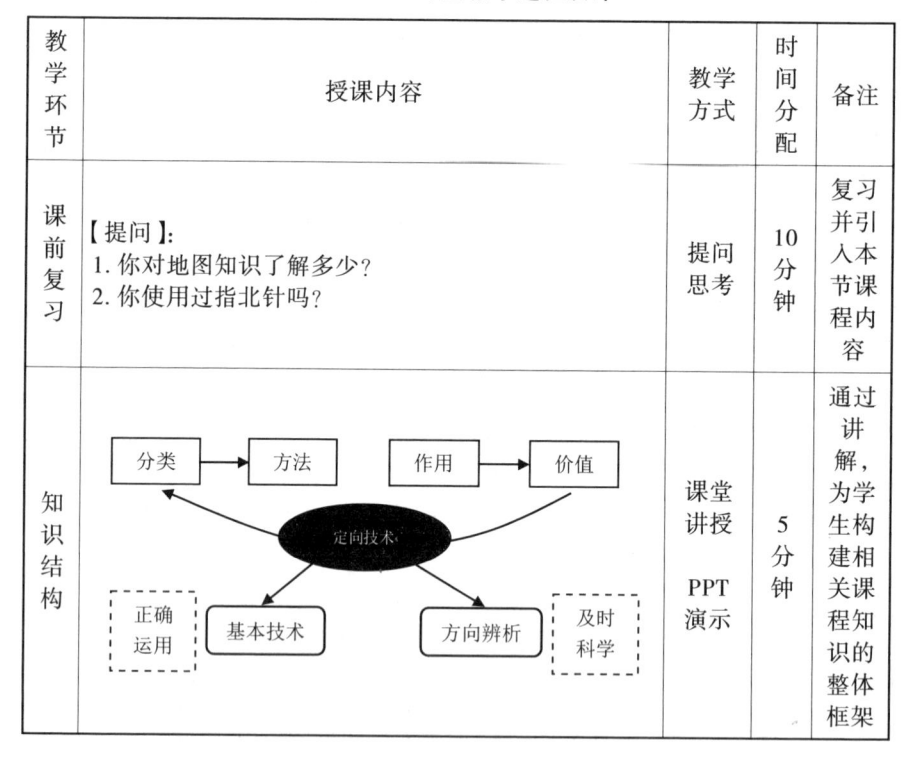

教学环节	授课内容	教学方式	时间分配	备注
课前复习	【提问】： 1. 你对地图知识了解多少？ 2. 你使用过指北针吗？	提问思考	10分钟	复习并引入本节课程内容
知识结构	分类→方法　作用→价值 定向技术 正确运用　基本技术　方向辨析　及时科学	课堂讲授 PPT演示	5分钟	通过讲解，为学生构建相关课程知识的整体框架

7. 课程实施

续表

教学环节	授课内容	教学方式	时间分配	备注
核心内容	一、定向越野的基本技术 定向越野是一种在野外利用地图和指北针以及野外生活知识，以有限时间或比赛形式去完成一段路程，并在检查点为记录卡打上印记的活动。 识图是基础，用图是关键。野外使用地图是在掌握识图基本知识的基础上进行的，是定向越野训练中的重点内容。 (一)利用自然特征判定方位 有些地物、地貌由于受阳光、气候等自然条件的影响，形成了某种特征，可以利用这些特征来概略地判定方位。 1.独立大树，通常是南面枝叶茂密，树皮较光滑；北面枝叶较稀少，树皮粗糙，有时还长青苔。砍伐后，树桩上的年轮，北面间隔小，南面间隔大。 2.突出地面的物体，如土堆、土堤、田埂、独立岩石和建筑物等，南面干燥，青草茂密，冬季积雪融化较快；北面潮湿，易生青苔，积雪融化较慢。土坑、沟渠和林中空地则相反。 (二)标定地图 实地使用地图，首先要标定地图。 1.用指北针标定 利用指北针标定地图精度高，而且不易失误，是初学者标定地图最好的一种方法。 2.概略标定 现地判明方位后，只要将地图上方对向实地北方，地图即已概略标定。 3.利用明显的地物、地貌点标定 地图正置及拇指辅行法(SET MAP AND THUMBING) 先将地图正置，把拇指放在地图上自己的位置。这样你要前进的方向便在地图前面，使你清楚观察四周的环境及地理特征。当前进时，拇指随着移动，当改变前进方向时，地图也要随着转移，即保持地图北向正北方。那样你可以在任何时候都能立即指出自己在图中的位置，省回不少时间和精神。 （1）先返回大路。 （2）转动地图，沿大路走，第二个路交叉点转右，注意路两旁有两小屋。	1.提问思考 内容导入	70分钟	通过技术讲解，导入本节课程的内容

续表

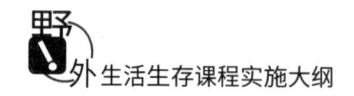

教学环节	授课内容	教学方式	时间分配	备注
	（3）正置地图，沿大路走，经两小径交叉点后到大路转右。 （4）留意左面小屋，来到斜坡后的小径路口转左。 （5）沿小路到路弯的控制点。 （6）利用指南针（COMPASS BEARING），准确地找出目标的方向，每次前往目标前，可先观察目标周围的地势，加深印象，务求快速及准确地到达目的地。 （7）数步测距（PACING），先在地图上量度两点间的距离，然后利用我们的步幅准确测量要走的路程。方法：先量度100公尺我们所需步行的步数，（设120步），当我们在地图上发觉由 A 点到 B 点的距离是150公尺便可伸算出应走180步。为了减少数步的数目，我们利用"双步数"，只数右脚落地的一步，便可把步数减半。上面的例子双步数为90步。 （8）目标偏测（AIMING OFF），利用指南针前进，把目标偏移，当到达目标的上面下面，才沿［扶手］进入目标。 组织教法：教师组织学生实践。（注意安全） （三）学习定向越野中的对照地形 对照地形，就是要通过仔细观察，使图上和现地的各种地物、地貌——"对号入座"，即相互对应。对照地形在定向越野比赛中的作用主要有两个：一是在站立点尚未确定时——只有正确地对照地形，才能在图上找出正确的站立点位置；二是在站立点已经确定，需要变换行进方向时——只有通过对照地形，才能在现地找到已选定的最佳行进路线。对照地形一般应先标定地图，然后根据不同的需要采用不同的对照方法。	2.课程讲授 启发思维		榜样教育：利用定向运动基本技术实践教学间歇和理论学习课堂，以四川师范大学定向运动代表队主教练杨洪老师（国家级制图员、高级教练员）

7. 课程实施

续表

教学环节	授课内容	教学方式	时间分配	备注
	1. 在站立点尚未确定前：首先应概略地标定地图，然后迅速地观察一下周围，记清最大或最有特征的地物、地貌的大概方位与距离，并从图上找到它们，此时站立点的位置即可概略地确定。若想较精确地确定，则需按下节中所介绍的方法去做。 2. 在站立点已经确定之后：同样首先应概略地标定地图，然后从图上查明自己选定的运动路线上近前方两侧的特征物，同时记清他们的大概方位与距离，并将它们在现地辨别出来，然后再前进。如果因为地形太复杂，如山丘重叠、形状相似等，不易进行对照，可以先采用较精确的方法标定地图，然后用带刻度尺的指北针的长边切站立点和特征物，并沿这条直长边向前瞄准，则特征物一定在此方向线上。如此方法还不能解决问题，应变换对照位置，或者登高观察和对照。在这里需要特别强调的是，无论在什么情况下进行现地对照地形，都必须特别注意观察和对照地形的顺序与步骤问题。现地对照地形的顺序一般是：先对照大而明显的地形，后对照一般地形；由近及远，由左至右；由点及线，由线及面；逐段分片，有规律地进行对照。在步骤方面，首要的、也是必不可少的是要保持地图方位与现地方位的一致，然后再根据不同需要进行下面的步骤。 组织教法：教师指导学生实践。 （四）学习定向越野中的标定地图 标定地图就是为了使定向地图的方位与现地的方向相一致。这是使用定向地图的最重要的前提。 1. 概略标定：定向地图上的方位是：上北、下南、左西、右东。当我们在现地正确地辨别了方向之后，只要将地图的上方对向现地的北方，地图即已标定。这种方法简便迅速，是定向越野比赛中最常用的方法。 2. 利用磁北线（MN线）标定：先使透明式指北针圆盒内的定向箭头"↑"朝向地图上方，并使箭头两侧的平行线与地图上的磁北线重合（或平行），然后转动地图，使磁针北端对正磁北方向，地图即已标定。 3. 利用直长地物标定：利用直长地物（如道路、土垣、沟渠、高压线等）标定地图，首先应在图上找到这段直长地物，对照两侧地形，使图与现地各地形点的关系位置概略相符，然后转动地图，使图上的直长地物与现地的直长地物方向一致，地图即已标定。	3.课程思政融入		和已毕业正在部队服役和高校担任定向运动教练员、教师的前校定向运动队队员为榜样，对学生进行职业理想、职业道德教育

续表

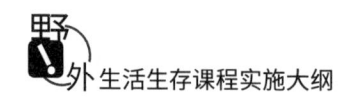

教学环节	授课内容	教学方式	时间分配	备注
	4.利用明显地形点标定地图：当你位于明显地形点上，并已从图上找到该地形点的位置（即自己所在的站立点）时，可以利用明显地形点标定地图。方法是：先选择一个图上与现地都有的远方明显地形点（目标），然后转动地图，使图上的站立点至目标的连线与现地的站立点至目标的连线相重合，此时地图即已标定。 组织教法：教师指导学生实践。 （五）学习定向越野中的确定站立点 熟练地掌握在图上确定站立点的各种方法是学习使用地图的关键。对于这些方法，除了要记住它们各自的步骤、要领，尤其重要的是要学会根据不同情况，对他们进行选择使用和结合使用。 1.直接确定：当自己所处位置是在明显地形点上时，只要从图上找出该地形点，站立点即可确定。这是一种在行进中，特别是奔跑中最常用的方法。但是，采用直接确定法的困难在于：在紧张的进程中，怎样才能很快地发现可供利用的明显地形点？ 2.利用位置关系确定：当站立点位于明显地形点附近时，可以采用位置关系法。利用位置关系法确定站立点主要是依据两个要素，一是站立点至明显点的方向，二是站立点至明显点的距离。在地形起伏明显的地方，还可以结合高差情况进行判定。			

7. 课程实施

续表

教学环节	授课内容	教学方式	时间分配	备注
	3. 利用"交会法"确定：当站立点附近无明显地形点时，可以利用"交会法"确定站立点。按不同情况，它又可以具体分为 90°法、截线法、后方交会法和磁方位角交会法。这些方法的优点是：不需要判断或测量距离也能确定出较为准确的站立点位置，这对于初学者学习、巩固使用定向地图的训练是很有意义的。 组织教法：教师指导学生实践。 （六）学习地图与指北针 认识与使用地图是我们生活不可或缺的一种工具，从市售各种不同功能的地图，如县、市地图；街道图；游乐区简图；全球地图等，然而户外活动尤其是登山，它最需要的地图是等高线图，此种地图能显示地表的各种地形如高山、溪谷、险或缓坡、悬崖或峭壁都能表露无遗。 等高线地图的基本标示是将地表高度相同的点连成一环线直接投影到平面形成水平曲线，不同高度的环线不会相合，除非地表显示悬崖或峭壁才能使某处线条太密集出现重叠现象，若地表线平坦开阔的山坡，曲线间之距离就相当宽，而它的基准线是以海平面的平均海潮位线为准，每张地图下方皆有制作标示说明，让使用者方便使用，主要图示有比例尺、图号、图幅接合表、图例与方位偏角度。比例尺是地图必须标示的符号，它是显示地表实际距离与地图显示之距离的比例相关性。例如，十万分之一的地图表示一公分计即实际距离为一公里，五万分之一的地图表示一公分，即实际距离为五百公尺，对于不同程度比例的地图与实际距离的精确度而言，小比例尺的地图精确度较高。比例尺和实际距离换算表地图比例实地距离（公尺）地图距离（公分）。 指北针是登山健行不可或缺的工具，它的基本功能是利用地球磁场作用，指示北方方位，它必须配合地图寻求相对位置才能明了自己身处的位置。目前市售的指北针式样繁多，依据登山健行最广泛使用的透明底板指北针简称森林指北针。叙述如何运用指北针定向的方法。指北针归零作业，指北针归零作业是使用森林指北针相当重要的前置作业，它的步骤是：第一、将指北针水平放置。第二、将环外的北方零刻度与环内的指针指示北方的位置重叠，如此完成步骤即是完成指北针归零作业。			

续表

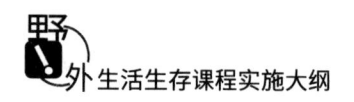

教学环节	授课内容	教学方式	时间分配	备注
	二、定向越野迷失方向时的处理 沿道路行进时： 标定地图，对照地形，判明是从哪里开始发生的错误以及偏差有多大，然后根据情况另选迂回的道路前进。如果错得不多，可返回原路再行进。 越野行进时： 应尽早停止行进，标定地图后选择最适用的方法确定站立点，然后尽量取捷径插到原来的正确路线上去，不得已时再返回原路。 在山林地中行进时： 根据错过的基本方向，大概距离，找出最近的那个开始发生偏差的地点，并以此为基础，确定出站立点的概略位置。如果错得太远，确定不了站立点，又不能返回原路，就要在图上看一看，迷失地区附近是否有较大型或较突出的明显地形（最好是线状的），如果有，就要果断地放弃原行进方向向它靠拢，并利用它确定站立点。如果没有这个条件，那么就继续按原定方向前进，待途中遇到能够确定站立点的机会后，再迅速取捷径插向目的地。在山林中行进，最忌讳在尚未查明差错程度和正确的行进方向都不清楚的情况下，匆忙而轻易地取"捷径"斜插，这样很可能造成在原地兜圈子。 除比赛时经常运用上述基本技术外，赛后检讨，通过复点，去找出常犯的错误和原因，加以改善你的定向技术。初学者应多从基本技术下功夫，还应该提高体能，切勿操之过急。			

7. 课程实施

续表

教学环节	授课内容	教学方式	时间分配	备注
	组织教法：教师指导学生实践。			
课堂总结	总结本节课所讲的知识点，着重强调重点、难点，思政要点，便于学生课后复习和掌握。	学生分享 教师总结	3分钟	课程总结，并强调思政内容
课后思考	【课后作业和思考】 1. 地形图的阅读能力 2. 站立点的确定是否快速准确 3. 检查点的说明与地图符号的记忆 4. 总结如何快速确定站立点	作业布置	2分钟	布置课后作业，巩固授课内容
参考书目	[1] 梁传成，梁传声. 野外生存教程 [M]. 高等教育出版社，2003. [2] 张惠红，陶于. 定向运动与野外生存（第二版）[M]. 高等教育出版社，2006. [3] 冉孟刚，史伟. 定向运动与野外生存训练教程 [M]. 北京师范大学出版社，2014. [4] 张瑞林. 户外运动（第二版）[M]. 高等教育出版社，2011. [5] （美）艾米·罗斯特. 野外生存必备技能（户外生存系列）[M]. 现代出版社，2016. [6] （英）罗布·利尔沃. 徒步中国：用脚步丈量魅力中国 [M]. 中国人民大学出版社，2017.			

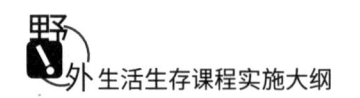

7.18　教学单元十八　重走长征路、徒步大渡河

表7-32　课程思政要点：感知长征精神，重温红色记忆，传承红色基因教育

授课题目	授课对象：2022级社体专业户外运动专业方向
"重走长征路、徒步大渡河"实践教学活动	授课时间：7天（徒步5天）

一、实践教学目的任务
完成《野外生活生存》课程中户外装备使用、野外营地建设、野外炊事、野外徒步穿越、徒手攀登、方向识别等基本知识、技能的野外实践操作，并结合重走红军长征线路，把所学的专业技能、专业知识和红军精神完美融合，激励青年一代"学党史、知党恩、听党话、跟党走"，要继承和弘扬红色文化、红军精神。
二、实践教学时间及地点
时间：7天（往返各1天，徒步5天）
地点：四川省雅安市石棉县什月坪至甘孜州泸定县
三、疫情防控措施
1. 严格执行当地防疫政策，不扎堆、不聚集；
2. 公共场合严格佩戴口罩（包括乘坐往返大巴）；
3. 密切观察自身体变化，如有不适及时向实践课程临时医疗小组报告，实施应急处理；
4. 实践教学过程中非必要尽量不与当地居民接触。
四、任课教师及联系方式
李佩聪（主讲）：13880465553
张　钊（助理）：18030638182
杨　洪（后勤）：13880731161
五、教学重点
1. 最大限度地重复红军当年走过的真实线路；
2. 周密规划，认真执行，确保安全；
3. 认真学习，用心感悟，努力传承长征精神；
4. 身体力行做一个绿色、环保的碳足迹卫士。
六、教学难点
如何将长征精神、红色记忆与专业技能学习有机结合，自然融入，无缝衔接。

课程思政：
2021年5月，在中国共产党100周年诞辰前夕，新增"重走长征路，徒步大渡河"实践教学活动，并沿用至今后各年级。师生沿着当年红军长征走过的真实路线，从石棉县什月坪出发，徒步120公里，到达"泸定桥"，身体力行感知长征精神，重温红色记忆，传承红色基因，从而培养学生积极、乐观、勇于面对困难以及团结协作的精神，激发学生热爱祖国、建设祖国的理想信念。打造"户外运动技能教学＋红色文化思政教育"的优质实践课堂。

7. 课程实施

续表

授 课 题 目	授课对象：2022级社体专业户外运动专业方向
"重走长征路、徒步大渡河"实践教学活动	授课时间：7天（徒步5天）

教学内容：
课程计划
（一）前期准备
前期由户外休闲教研室教师先期前往石棉县安顺场与泸定县进行相关事宜对接，在出发前的一天，保证向导人员的提前对接和准备。
（二）课程日程详细安排
第一天
中午11：00从四川师范大学出发，大概下午4：30到达雅安市石棉县什月坪，露营地点（幸福村政府门口），整理装备，搭建帐篷等；6：00晚餐（自己准备）；7：00半集合晚例会，由老师及先遣队成员讲解注意事项与必要装备；晚8：00左右到附近商店购买第二天徒步时的路餐；晚9：00统一整理装备，睡前洗漱；10：00进帐休息。

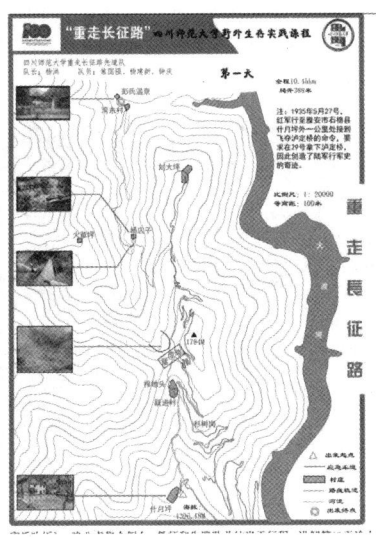

第二天
早6：00起床洗漱吃饭与整理帐篷睡袋，将帐篷与睡袋和多余的东西按小组顺序整理装车。
早7：00重走长征路开幕仪式（所有人佩戴党徽团徽，邀请村干部、全村党员、民兵代表、群众代表参加）
1. 主持人请村干部致辞
2. 学院老师致辞
3. 升旗仪式
4. 全体党员同志重温入党誓词
5. 村支书、当地红军后代，讲当年红军的真实故事
6. 学院老师宣布"重走长征路、徒步大渡河"实践教学活动开始，
7. 早8：00出发

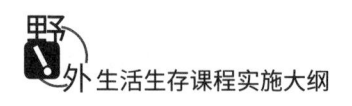

续表

授课题目	授课对象:2022级社体专业户外运动专业方向
"重走长征路、徒步大渡河"实践教学活动	授课时间:7天(徒步5天)

发点:什月坪幸福村村委会门口——沿大路进入左边上山小道(距离出发点1km处进入陡坡路段)——进入河谷地段,沿河谷一直向前行进——到达分岔河道,向右行驶,进入猛虎岗路段(距离出发点1.64km、海拔1784m)——猛虎岗(途中河道陡峭、有塌方、落石,并且植被茂密、加上下雨道路湿滑、行进速度缓慢、徒步危险系数较高)——经过农家养蜂区——进入小路向贡嘎雪山方向行进,原红军小道现已塌方,所以我们进入右边九道拐公路(整顿休息10分钟)——沿哨岗往下走300m找到铁丝栏网,顺小路到跃进村——进入跃进村公路(大约100—200m处沿公路进入下一条下山小路,下山路比较陡峭)——杨店子(现为一处废弃的屋基)——过铁桥——小竹林——沿小路进入湾东三队(原红军小道如今是新修的水泥路)——湾东街(彭氏温泉)第一天行程结束。大约下午6:00,大部队在彭氏温泉门口搭帐篷,整顿休息,晚7:30到赵勇家(农家乐吃饭)。晚8:00集合例会,教师和先遣队总结当天行程,讲解第二天途中注意事项。晚8:30,同学们在彭氏温泉小卖部购买第二天物资。9:00整理装备,10:00前休息。(当日全程:10.45km,大概用时:11小时)

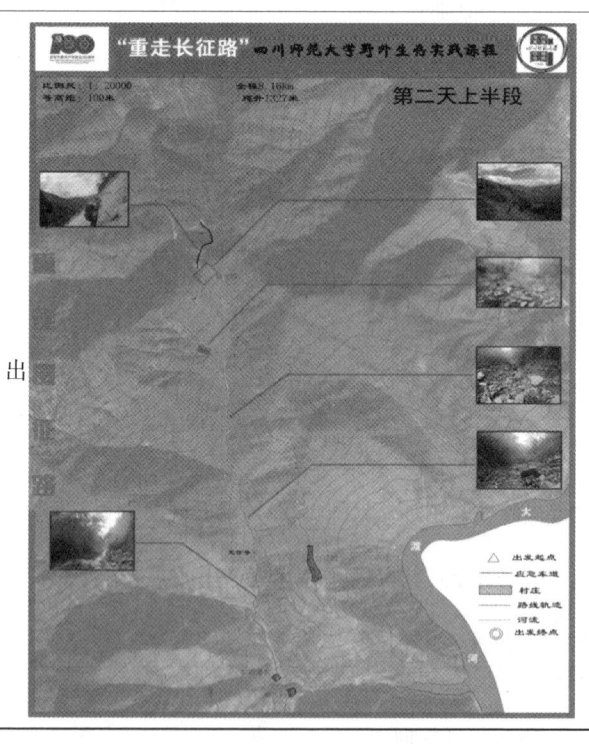

7. 课程实施

续表

授 课 题 目 "重走长征路、徒步大渡河"实践教学活动	授课对象：2022级社体专业户外运动专业方向
	授课时间：7天(徒步5天)

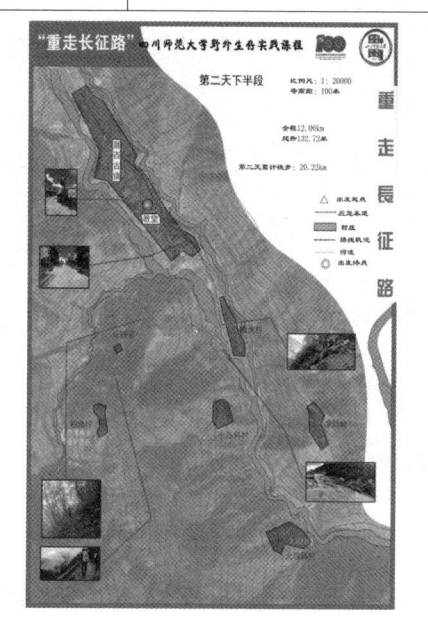

第三天
地点：四川省甘孜州泸定县湾东村
海拔：1316.22m
早6:00起床洗漱吃饭与整理帐篷睡袋,将帐篷睡袋和多余的东西按小组顺序整理装车。
早7:00准时出发。
出发点：湾东村——经过5分钟左右(沿大路进入河谷,河谷中有 急流、有落石、塌方)——1.6km处无移动信号(距离出发点2km处需要铁锹修路)——小竹林上坡路面湿滑需要绳索(河谷中碎石路段多,路面湿滑,需注意两旁山体落石)——河谷中有野猪出没(距离出发点4—5km左右,危险路段,需加速通过)——距离出发点6km左右无移动信号(移动无,电信有)——途中经过陡崖路段无法通过时向左上山,爬高量40—50m,约需用时1.5小时——进入河谷向桂花坪垭口行进——桂花坪垭口(此路段属于原始森林,行走困难,海拔2535m——通过阴家沟,下坡路陡,需要绳索)——沿小路进入柏秧坪路段(有公路)——柏秧坪——沿毛路一直向窝函子——窝函子(途中有毛路,植被茂密,下雨大路面湿滑、积水比较大)——小乌科——铁棒桥(由于当年的铁棒桥已经损毁,我们只能顺着轨迹过河,最大限度地还原当年红军路线)——溯溪过河(河流急,需观察通过,过河之后道路非常危险,难以行走,陡崖垂直高度约100m)——磨西天主教堂(毛主席像),大约下午7:00到达磨西天主教堂,同学们在磨西会议陈列馆前空地搭帐篷,晚餐(自理),8:00例会,总结和讲解第二天的注意事项,9:00同学们自行采购第二天的路餐,10:00前休息。(当日全程:20.22km 大概用时:12小时)

续表

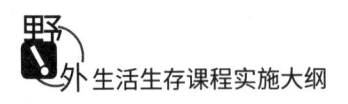

授 课 题 目 "重走长征路、徒步大渡河"实践教学活动	授课对象：2022级社体专业户外运动专业方向
	授课时间：7天（徒步5天）

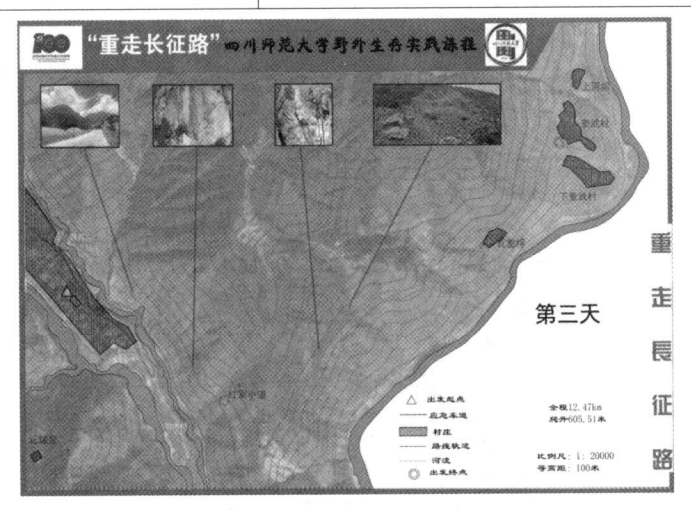

第四天

地点：四川省甘孜州泸定县磨西古镇

早7：00起床洗漱吃饭与整理帐篷睡袋,将帐篷睡袋和多余的东西按小组顺序整理装车。

早8：00准时出发。

磨西红色纪念馆参观学习,接受红色教育,感悟红军长征的丰功伟绩（合影留念）——铁棒桥（公路）——摩岗岭（公路）——红军小道（石板路清晰可见）——头道水——二道水——三道水（此路段艰难、危险,虽然小路清晰可见,但是由于常年的落石塌方形成的陡崖深壑较多,部分地方需要建立绳索保护以确保安全通过）——到达公路（从这开始一直到泸定桥主要以公路为主）——奎武乡（当日行程结束点）大概下午5：00到达目的地,卸装备、搭帐篷,当地村民家用晚餐,晚8：00集合例会,老师和先遣队讲解第二天途中注意事项,晚8：30,同学们在小卖部购买第二天物资,9：00整理装备,10：00前休息。（当日全程：12.47km大概用时：9小时）

7. 课程实施

续表

授课题目 "重走长征路、徒步大渡河"实践教学活动	授课对象:2022级社体专业户外运动专业方向
	授课时间:7天(徒步5天)

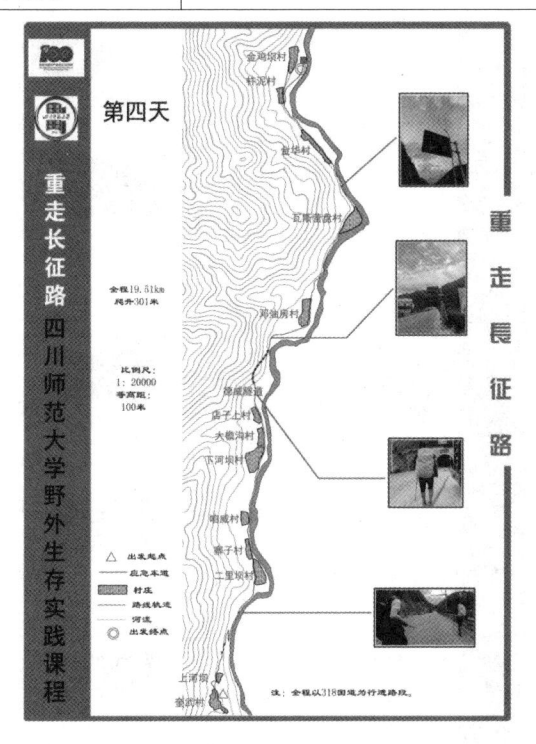

第五天

地点:四川省甘孜州泸定县奎武村

早8:00起床洗漱吃饭与整理帐篷睡袋,将帐篷睡袋和多余的物资按小组顺序整理装车。

早9:00准时出发

奎武村——二里坝——咱卫——磨子沟——扯索坝——九步不见河——赏子坡——杵泥坝——杵泥乡渔家乐。大约晚上5:00到达杵泥乡渔家乐,在渔家乐门口搭建帐篷,同学们渔家乐用晚餐,8:00例会+辩论会,学生分成4个组,分别作两个辩题的正反两个辩方,对辩题进行深入辩论,教师最后点评,教师总结和讲解第二天的注意事项,9:00同学们自行采购第二天的路餐,10:00前休息。(当日全程:19.51km,大概用时:7小时)

续表

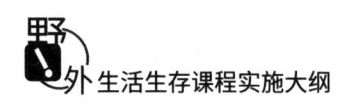

授课题目 "重走长征路、徒步大渡河"实践教学活动	授课对象：2022级社体专业户外运动专业方向
	授课时间：7天（徒步5天）

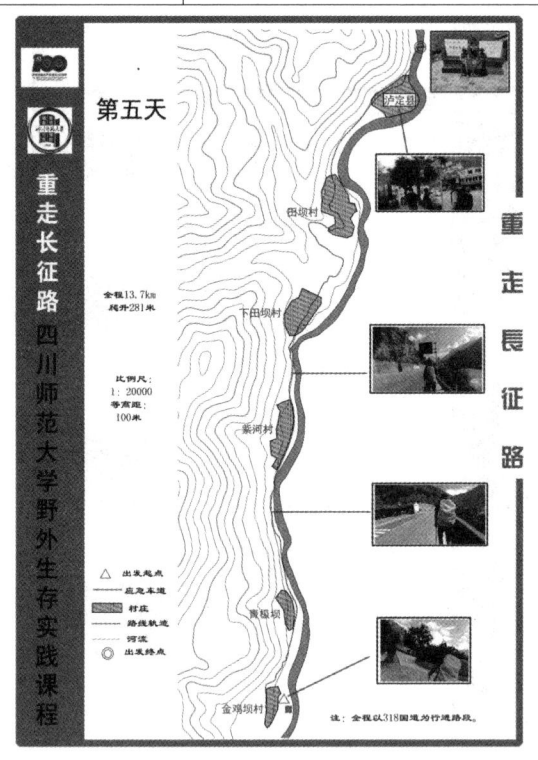

第六天
地点：四川省甘孜州泸定县杵泥坝
早5：00起床洗漱吃饭与整理帐篷睡袋，将帐篷睡袋和多余的东西按小组顺序整理装车。
早6：00准时出发
清溪坝——紫河——漩水湾——下田坝——杵坝——上田坝——羊棚子——沙坝——河西街——泸定桥。（当日全程：13.7km，大概用时4小时）
5月29日早10：00，所有人到达泸定桥西桥头，每位同学依次过桥，由四川师范大学体育学院老师授予泸定桥纪念章，并参加泸定县委县政府举办的"5.29"大型纪念活动，在泸定红军纪念馆进行闭课仪式。下午2：00上车返回成都，4小时后（下午6：00）到达四川师范大学成龙校区。

7. 课程实施

续表

授课题目	授课对象：2022级社体专业户外运动专业方向
"重走长征路、徒步大渡河"实践教学活动	授课时间：7天（徒步5天）

（三）课程应急预案（附详案）
1. 如遇极端气象情况根据实际情况，可以果断终止课程。
2. 如遇疾病或受伤，根据病情伤情选择就近或转运。
3. 全体参加人员单独购买意外伤害保险。
（四）课程经费预算
（略）
（五）课程安全规范与要求
（1）不要盲目做体力挑战，要为后面不可预见的意外情况留有余地；
（2）每组以体力最弱的同学为标准来配速安排，不抛弃不放弃任何一个队友（团队精神）；
（3）丛林穿越、危险路段全程佩戴头盔；
（4）过悬崖前反复检查安全带，包括牛尾和主锁；
（5）过峡谷河道时，不要相信任何一块石头，需反复确认牢固后方可用力和支撑；
（6）遇落石等危险时大声提醒（如，"小心""落石"等，后方人员重复"小心""落石"等，直至最后一名队友知道危险）；
（7）如有人遇到严重的伤病，整个穿越计划必须作出应变，全体放弃或部分人带伤员撤退；
（8）带信号笔、扑克牌与口哨，以备迷路时作指路标记，遇意外情况时可以发出声响；
（9）防水登山鞋山地穿越时必须穿着；
（10）整个行进过程中禁止吸烟和使用明火；
（11）如不幸被毒蛇咬伤（无法判断是否是毒蛇时按有毒处理），除紧急处理外，心理的平稳会将你的生存可能数倍提高；
（12）在较长时间的野外穿越中，体力消耗大，排汗多，人体容易出现盐分缺失、电解质失调、低血糖等现象，客观应对，及时补充；
（13）当衣物被雨水或汗水打湿后，热量散发的速度是惊人的，此时要尽快换上干燥内衣，有条件的出发前可选用coolmax等排汗快干面料的内衣。
附：实践课程应急预案（详案）：
目的：
"重走长征路、徒步大渡河"四川师范大学实践教学期间突发事件的医疗救助。
工作原则：
在医务人员到达之前，救护人员应尽可能地使用正确的操作方法为患者提供服务。
救援指挥中心：杨洪（13880731161）
总指挥：李佩聪（13880465553）
通讯组长：代艳飞（18225413147）
医疗组长：郭泳泛（13274083770）
技术顾问：高敏（13981907558）
各职能协调小组：

续表

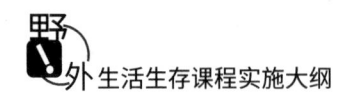

授课题目 "重走长征路、徒步大渡河"实践教学活动	授课对象：2022级社体专业户外运动专业方向
	授课时间：7天（徒步5天）

后勤保障：
山地担架、便携氧气、外伤药品、生理盐水、弹性绷带、辅料、三角巾、户外综合急救包

通信保障：
准备备用通信器材以便于救助信息的及时传递，避免救援时手台占频或通盲区以及长时间待机电量不足导致的信息传递障碍。

技术保障：

概述：组织指挥体系明确各组织机构的职责、权利和义务，以突发事故应急响应全过程为主线，明确事故预防、准备、响应、转运、善后处理处置等环节协调协作；以应急准备及保障机构为支线，明确各参与部门的职责。

一、预防

首先徒步前对救援人员做相关技术指导深化和熟练掌握救援知识；同时对比赛路线进行评测、规划标段、实行区域标识对重点路段、路口重点保护，小区域专人定向值守，大区域专职技术人员流动配合能够做到小伤就地处理，大伤及时赶到转运的特点。对于特定路段可能发生的特殊危害做到提前防护，一旦发生意外能够及时予以特殊救援。

二、准备

（1）尽可能在各方面保障充足的情况下由队员携带相应配发装备按区域分段分组统一标号在指定区域内待命，驻守人员要充分了解区域内最佳救助路线和下撤转运途径；救援人员可由指定区域管理人员统一协调分配，为能更好地为本次活动服务在未得到允许情况下不得离开或支援非指定区域内的救援工作以免造成个别区域遇到突发事件后无法救助的发生。

（2）救援组以3段阶梯式管理，由队长统一协调区域负责人。当区域内展开救援活动人员不足的情况下，首先由直接负责人根据实际情况协调区域内人员或由区域内流动技术人员进行救助。尽量避免长途奔袭、过分集中等现象的发生。

三、风险分析

救助人员到达现场，首先应该确认现场是否安全及潜在危险因素，救助人员完善自我防护后实施救援工作，其次要判断同学们能否继续通行，同时通知相关协调机构予以确认，如需要人工转运可按最近路线下撤，同时明确本次活动的目的和工作原则，对每一紧急情况应考虑如下问题

1. 所需要的资源与能力是否配备齐全。
2. 外部资源能否在需要时及时到位。
3. 是否还有其他可以优先利用的资源。

光信号：白天用镜子借助阳光，向可能的居民区或空中的救援飞机反射间断的光信号，光信号可传16km之远。方法是将一只手指瞄准应传达的地方，另一只手持反光镜调整反射的阳光，并逐渐将反射光射向瞄准的指向即可。夜晚用手电筒，向求救方向不间断的发射求救信号。

国际通用的求救信号是SOS，即三长三短，不断地循环。

现代求救方法：随着时代的发展，各种现代求救设备逐渐普及，如信标机、无线电通讯机、卫星电话等设备，可以逐步配备这些现代设备。

7.课程实施

续表

授课题目 "重走长征路、徒步大渡河"实践教学活动	授课对象:2022级社体专业户外运动专业方向
	授课时间:7天(徒步5天)

教学方法:

真实线路、全程徒步、真切感受:历时5天全体师生沿着1935年5月27日,红军行至雅安市石棉县什月坪附近,接到飞夺泸定桥的命令,要求在29日拿下泸定桥!红军从什月坪出发达到泸定桥,沿大渡河,翻越崇山峻岭,急行军120余km,并经历数次敌军阻扰,仅用三天时间完成任务,创造了世界行军史上奇迹的真实线路,将党史学习、徒步穿越、野外生存技术应用、长征遗址参观、红色文化教育相互交融。

续表

授 课 题 目 "重走长征路、徒步大渡河"实践教学活动	授课对象：2022级社体专业户外运动专业方向
	授课时间：7天（徒步5天）

7. 课程实施

续表

授课题目 "重走长征路、徒步大渡河"实践教学活动	授课对象：2022级社体专业户外运动专业方向
	授课时间：7天（徒步5天）
课后作业： 1. 回顾徒步行程，整理行程日记 2. 总结重走长征线路的身体、心理、精神、意识变化历程，准备参加"重走长征路、徒步大渡河"主题班会	

7.19 教学单元十九、二十 野外露营、野外炊事（校内集中实践教学）

表7-33 课程思政要点：勤俭节约教育与习惯养成

教案背景	课程名称	野外生活生存
	授课内容	野外露营、野外炊事（理论+实践）
	授课对象	2022级社体专业户外运动专业方向
	授课时长	当日下午2:00至次日上午9:00；其中理论讲授90分钟
教学目标	1. 总结回顾刚刚结束的"重走长征路、徒步大渡河"实践教学课程，请学生代表分享长征精神感悟与红色文化启迪 2. 学习露营装备的拆、装与使用 3. 野外露营地的选择及其注意事项 4. 掌握帐篷搭建方法、技巧，营地建设及营地绿色环保理念教育 5. 学习野外生火的技巧、方法及其注意事项，野外炊事与勤俭节约精神教育	

续表

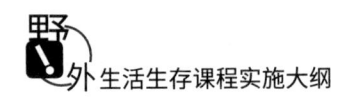

教案背景	课程名称	野外生活生存
	授课内容	野外露营、野外炊事（理论+实践）
	授课对象	2022级社体专业户外运动专业方向
	授课时长	当日下午2：00至次日上午9：00；其中理论讲授90分钟
教学分析	教学重点	1. 露营装备的拆装技巧及方法 2. 露营地选择的技巧及其注意事项 3. 营地建设的方法与建设重点
	教学难点	1. 营地教育及其注意事项，课程思政元素的挖掘与融入 2. 野外生火的技巧、方法及其注意事项，野外篝火的分类搭建方式 3. 野外炊事建灶地址的选择，野外炊事与勤俭节约精神教育及其习惯培育
	课程思政	思政元素与专业教学融点1： 总结回顾刚刚结束的"重走长征路、徒步大渡河"实践教学课程，请学生代表分享长征精神感悟与红色文化启迪。 思政元素与专业教学融点2： 野外营地建设、宿营过程中，教育学生竭力减少野外宿营等生存活动对自然资源的滥用和破坏，树立绿色环保理念，转变思维方式，从过去"以人为中心"的征服性野外生存观念转变为"敬畏自然"的野外生存观念。建设绿色、生态、文明的理想体育模式。 思政元素与专业教学融点3： 利用校内实践基地（拓展场地）进行野外炊事集中实践教学的过程，在学生零食采购、炊事食材、佐料选取，炊事加工，就餐过程、剩余食材存储等多个环节对学生（新时代的青年人）进行勤俭节约及其习惯养成教育。 思政元素与专业教学融点4： 课堂教学结束之后，给学生布置课后实操作业和阅读相关书籍，并留下"野外求生是否也需要遵守国家法律"等值得深思的启发性问题，一方面培养学生的学习兴趣及自主学习能力，一方面又将野外装备知识与国家法律法规有机结合，提升学生的社会实操能力，培养学生遵纪守法的家国情怀。
教学方法	教学方式	√课堂讲授　　√多媒体教学 √案例教学　　√课堂练习 √设计引导性问题，启发学生思维，增强师生双边互动，活跃课堂气氛
	教学资源	√文字教材　　√电子教案 √PPT课件　　√相关案例（实物）

7. 课程实施

表 7-34 课堂教学过程设计

教学环节	授课内容	教学方式	时间分配	备注
课前复习	【提问】： 1."重走长征路、徒步大渡河"实践活动对你的思政素质有哪些提高？ 2.你知道野外营地建设都包含哪些内容？ 3.你会野外生火和炊事吗？	提问思考	10分钟	复习并引入本节课程内容（总结回顾刚刚结束的"重走长征路、徒步大渡河"实践教学课程，
知识结构	（图：地位→作用→分类→功用；露营与炊事→正确使用、露营装备、野外炊事、勤俭节约） 一、营地的选择及建设 （一）如何选择营地 对地形的观测,地处较高的开阔地带,应往下移动。如果所处之地低湿难耐,应向上移动。理想的营地应该是可以防风防雨,山洪淹不着的较高处,而且不会受到落石或雪崩的威胁。 营地小气候的观测,热空气密度小于冷空气,谷底常有冷空气聚集。气温低时,湿雾和霜降容易形成。此类地形不宜作为营地之处。寒冷地区选向阳,炎热地区选庇荫。	1.提问思考 内容导入	5分钟	请学生代表分享长征精神感悟与红色文化启迪）

续表

教学环节	授课内容	教学方式	时间分配	备注
	营地附近应有较充足的水源和可利用的林木。但不宜离水源过分靠近，那样极易受到蚊虫和野兽的骚扰。 在河边或小溪边建营地，应找到最高水位时所留下的痕迹，在痕迹以上建营。山区的小溪在暴雨之后几分钟内即可变成湍湍急流，一小时内水位可以升高五米，在平阔之地，洪水甚至会超出河道。附近山川所下的暴雨很容易在无任何先兆时变成滚滚洪水向你扑来。要选择这样的地点——平坦无太多石块，这样有足够的空间发送求救信号，易于被救援者发现。 （二）选择营地的注意事项 低洼地和干涸的河道（水道）上不能建营 野外跟城市的环境不同，它的环境因素变化莫测，不确定因素更多，尤其是雨季，看起来很干爽的地方，到了后半夜就不一样了。为防止一觉醒来才发现自己睡在水里或在梦里被大水冲走，选营地时一定认真观察周围环境，不能在积水的必经之路上建营。 不要在野兽的通道上建营	2.课程讲授 启发思维 3.教师讲解示范		通过深入浅出的例子，为学生构建相关课程知识的整体框架

7. 课程实施

续表

教学环节	授课内容	教学方式	时间分配	备注
	(三)营地布置 1. 营地一般由帐篷区、生活区和活动区组成。各区位置选好,使其不会相互影响。最好用活动区将帐篷区和生活区隔开,以防生活区中厨房里的火种发生意外。 2. 帐篷区应在营地中选一块最平整、最安全的区域,并兼顾防水防火。 3. 建立固定的饮用水区。严禁在此洗浴、清洗餐具和衣物。原则是将饮用水点建在上游,下游用来洗浴和清洗衣物,再下游用于清洗餐具。 4. 厕所和垃圾处理应在营地的下坡,最好在下风向处,远离水源,确保粪便不会渗出而形成污染。 5. 营火区就是点篝火的地方。应设立在不影响周围的植物和不宜走火的地方,并且与帐篷区有一定的距离,这样既可防止突然起风时烧着帐篷,又可以照顾到帐篷。活动区可以设在一起。 6. 警戒线,以树木、石块或人工竖立的标志物为基准,假设为"铁丝网",天黑以后不准任何人超越。 二、帐篷搭建教学示范 三、野外取火方法 火柴是野外生活中不可缺少的必需品,当一个人迷失了方向,或来不及在天黑之前到达宿营地时,一盒火柴往往可以帮助人摆脱困境,甚至挽救生命。 在没有火柴和打火机时,可用以下各种办法取火,但没有一种办法是轻而易举的。	4. 学生实践操作 5. 思政教育融入		

续表

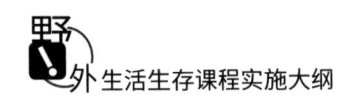

教学环节	授课内容	教学方式	时间分配	备注
	（一）凸镜引火法 任何一个直径为两英寸或更大些的凸面镜（如望远镜片），在明亮的阳光下，都可用来聚集太阳的光线，使之照射在准备好的引火物上，便可点燃引火物。用放大镜（凸镜透）透过阳光聚焦照射易燃的引火物（腐木、布中抽出的纱线、撕成薄片的干树皮、干木屑等）取火，为人所熟知。利用放大镜取火最为迅速的是照射汽油、酒精和枪弹的发射药或导火索，可在1～2秒内点燃引火物。此外，放大镜透过阳光聚焦照射，还可将受潮或被水浸湿后晒干的火柴点燃。放大镜是一种重要的引火工具。 （二）弓钻引火和藤条取火法 用弓和钻引火的方法曾传遍全世界。虽说也有其他磨擦取火的方法，像火犁、火鞭等，但都很费时间、精力，并且要有适当的引火材料，需多次操练才能成功。我们的祖先曾钻木取火，我国古代就有燧人氏钻木取火的传说。直到现在，一些隐居在太平洋岛屿上热带丛林中的原始部族人仍沿用这一方法取火。如1971年6月，在距菲律宾首都马尼拉500英里的柯达贝托省的热带丛林中，发现了塔沙代人，他们还生活在原始的石器时代。塔沙代人只需5分钟的时间，就能用钻木取火的方法引燃干燥的棕榈树皮或苔藓，再朝着这些冒烟的引火物吹风，火苗很快就会冒了出来。然而这种钻木取火的方法，对我们这些"现代人"来说是非常困难的，只能作为最后手段试而为之。 （三）击石取火法 击石取火法是人类最早的取火方法，这种方法的使用可能是受到制作石器时迸发出火花的现象的启发。我们可以找一块坚硬的石头，作"火石"，用小刀的背或小片钢铁向下敲击"火石"，使火花落到引物上。当引火物开始冒烟时，缓缓地吹或扇，使其燃起明火。如果"火石"打不出火来，可另外寻找一块石头再试。当然并不是任何一块石头都能点燃引火物，石头击出的火花必须有一定的热量和持续时间才能点燃引火物。根据考古资料发现，用黄铁矿打击火燧石而产生的火花可以取火。			

7. 课程实施

续表

教学环节	授课内容	教学方式	时间分配	备注
	四、户外生火技巧 经常户外的朋友可能都有过户外生火的经历,在户外恶劣的环境中,必要时能够生起一堆火,既能驱走寒冷,给人温暖,又能增强人的自信心,生的火也能够作为烹煮食物之用,可谓用处多多。那么如何才能快速搭建一个生火平台呢,今天就教给大家一些常用的生火搭建方法。 方法/步骤 (一)十字架式 用适当的角度把一些较小的圆形木材一层层地相互交叠在一起,这样生火,就会投射出大量的热度,而且这样的结构基础比较牢固,不会轻易塌陷。同时,这样的架构也可以形成较深层的残灰或者是余烬,对于烹煮食物而言是最完美不过的了。户外生火首选方法。 (二)星式 可以把较粗的圆形木头缓缓添加到中央的区域,并使之呈星星状,这种方法可以避免一些体积过大的木材在燃烧过程中可能产生的问题,并且也为炊具提供一个稳定的烹煮平台。 (三)圆锥形帐篷式 这种形状类似于印第安人的圆锥形帐篷,生出来的火焰可以从中间的空穴向上燃烧,就好比家里面通风良好的烟囱一样,可以把火势和烟源源不断地往上抽。采用这种搭建结构,可以提供更大程度的照明,但是缺点也比较明显,火势大烧得快,也不够稳定易坍塌。 (四)壕沟式 这种适合于风大的户外,搭建这种结构前,需要在地上挖,深 30cm,宽 30cm,长 1m 的壕沟,在壕沟边沿用石头堆砌。用完火之后还可以把它埋起来,当作一个绝佳的地热来源。不过小心有气孔的潮湿岩石,因为它们受热可能会发生爆炸,这样就得不偿失了。 (五)蛇洞式 可以在河床的下风处挖个洞,并堆放树枝或是其他东西,使其上方形成一个空穴,相当于制造一个烟囱。在地下生火可以提供一处焦点较为集中的热源,可用来烹煮食物,也可以保存好燃料。此外,在这种方法下,火能够从缝隙处吸入大量的空气,减少浓烟量,而且可以在风势很大的地方使用。			

续表

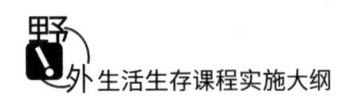

教学环节	授课内容	教学方式	时间分配	备注
	五、篝火的搭建（合组实施、就地取材）			
	六、炉灶的搭建（分组实践） 野外活动中利用地形地物建野炊灶是野外生活很重要一种技能，是野炊的基础和必备条件。各种炉灶还要根据能寻找到的燃料修建。现今，野外生活可以携带汽油炉、煤气炉等现代化设备，但在不具备这些条件时，需修简易、实用的炉灶，用以烧水、煮饭等。 （一）三石炉灶 三石炉灶是最简单且历史最久远的一种炉灶。取三块高度相同的石块呈三角形摆放，锅或壶架放在当中，一般情况下锅底或壶底需距地面20cm左右（高度需视所用燃料确定，如用牛粪燃料高度不宜超过20cm，如用木柴可适当加高） （二）吊灶 找两根上方有权的树枝平行插在地上，中间横架一木棍或树枝、帐篷杆等，将锅或壶吊挂在横木上，下方生火。也可用石块垒一道U型墙，在其上架一木棍或树枝、锅壶吊挂在木棍上，下方生火，U型的口应向吹风方向，以利于燃烧。 （三）木架灶 在森林地区有时找不到合适的石块建灶，可找4～6根长约30～40cm的粗树枝（最好是新的或湿树枝），末端用刀削尖，按所用的锅或壶的底面积，成方形或六角形钉在地上，将锅或壶架在木桩上，下方生火。			

7. 课程实施

续表

教学环节	授课内容	教学方式	时间分配	备注
	（四）坑灶 在既无合适的石块又无树枝的情况下，也可在地上挖一坑灶。在地面上挖一深约 20～30cm、长约 120cm、宽约 30～40cm 的斜形穴坑、坑口向风吹方向、用木棍或帐篷杆架在坑的两边用土堆起的土包上，将锅或壶吊挂在木棍或帐篷杆上（一般掌握在锅底、壶底和坑底之间的距离须在 20cm 以上）。 （五）火塘灶 火塘是篝火的一种，应选择坡坎下避风处，挖一方形或圆形深约 20cm 左右的塘坑，上支三角架以供烘烤食物、烧水、做饭。火塘坑可以较好地保存火种，还可以将食物埋在火塘中烘烤。 野炊灶还有很多种，如垒灶、散烟灶、遮光灶等，可根据人数多少，就地取材修造。 七、野外炊事 （一）野外如何炊事 短距离的野外生存活动所追求的就是短暂放松身心，出外游玩散心，与朋友相聚等，这样的活动一天之内便可结束。那么对于长距离、长时间的户外活动，这样的活动通常难度比短距离活动大而且有明确的目的性。那么在野外露营就必不可少，既然要在野外露营，野外的炊事同样也是不可或缺的必修课。对于一名合格的野外生存者，掌握基本的野外炊事的技巧是必不可少的。 （二）野外食品的保存 野外活动中很让人头痛的事是如何保存食物。有些食品如饼干、方便面等包装食品易于保存，而新鲜的肉类、禽类、鱼、虾、新鲜蔬菜等在炎热的夏季易变质腐烂而无法食用。野外活动中无法携带冰箱、冷藏柜之类的设备，只能因地制宜采取一些切实可行的土办法加工和保存食物。 1. 熏晒法 熏制食品可以使食品保存时间延长，且味道适口，如熏肉、鸡、鱼等。			

续表

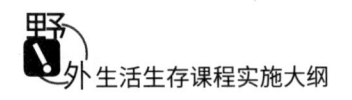

教学环节	授课内容	教学方式	时间分配	备注
	晒制或风干，也可以长时间保存食物。在野外活动钓到鱼就可以用晒制法将鱼晒成鱼干保存或食用，方法如下：把鱼头脊骨连头部切开（鱼腹部不要切断）成一片，去掉内脏洗净，在鱼的两面涂上盐，用竹片或木棍在鱼头部的两侧撑开，挂起或平摊在阳光下晒，几日后即晒制成鱼干，可供长时间食用。 2. 风干法 把肉、禽类风干也是一种食品保存方法，藏族喜欢吃的一种食品风干羊肉、风干牛肉就是此类食品。食用时将风制食物烹熟食用。 3. 在野外活动中也可将易坏的食物用塑料袋密封，放在流动的河水中保存。 八、分组进行，野外制作美食比赛（课后完成） 野外炊事制作过程			

7. 课程实施

续表

教学环节	授课内容	教学方式	时间分配	备注
课堂总结	总结本节课所讲的知识点,着重强调重点和难点和思政要点,便于学生课后复习和掌握。通过列举《荒野求生》,美国探索频道,作者贝尔·格里尔斯对野外宿营与炊事的成功经验总结,进一步揭示"敬畏自然、热爱动植物资源"的重要价值和意义。	学生代表发言,教师总结	3分钟	课程总结,并强调思政内容
课后作业与思考	【课后思考案例】 ▲继续完成45分钟课时内未完成的营地建设、野外炊事。 ▲思考野外求生状态下是否也需要遵守国家法律? ▲查阅中华人民共和国关于动植物保护的相关法律法规文件,思考在被动野外生存环境下如何生存?	作业布置	2分钟	布置课后思考与作业,巩固授课内容和遵纪守法的家国情怀
参考书目	[1] 梁传成,梁传声.野外生存教程[M].高等教育出版社,2003. [2] 张惠红,陶于.定向运动与野外生存(第二版)[M].高等教育出版社,2006. [3] 冉孟刚,史伟.定向运动与野外生存训练教程[M].北京师范大学出版社,2014. [4] 张瑞林.户外运动(第二版)[M].高等教育出版社,2011. [5] (美)艾米·罗斯特.野外生存必备技能(户外生存系列)[M].现代出版社,2016. [6] (英)罗布·利尔沃.徒步中国:用脚步丈量魅力中国[M].中国人民大学出版社,2017.			

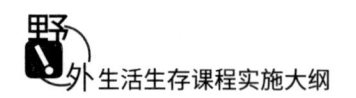

7.20　教学单元二十一　户外活动的组织与管理

表 7-35　课程思政要点：学以致用

教案背景	课程名称	野外生活生存
	授课内容	户外活动的组织与管理
	授课对象	2022 级社体专业户外运动专业方向
	授课时长	90 分钟
教学目标		1. 学习、了解户外运动领队的职责及工作内容 2. 学以致用，培养具有过硬专业技能、家国情怀和环保精神的高素质社会体育专业人才
教学分析	教学重点	1. 领队应具备的素养和能力
	教学难点	1. 领队的人文素养
	课程思政	野外生活生存课程作为户外运动专业方向的专业主干课，所学知识点均可应用于本章节户外活动的组织与管理这一综合实践科目。通过本章节的学习与应用，让同学们充分意识到专业学习的用处和对生产生活的指导作用。在<u>学生学习专业知识的同时，引导学生树立价值观、涵养品性、锻炼心志，实现育人效果的最大化，培养具有过硬专业、家国情怀和环保精神的高素质社会体育专业人才</u>
教学方法	教学方式	√ 课堂讲授　　√ 多媒体教学 √ 案例教学　　√ 课堂练习 √ 设计引导性问题，启发学生思维，增强师生双边互动，活跃课堂气氛
	教学资源	√ 文字教材　　√ 电子教案 √ PPT 课件　　√ 相关案例（视频）

7. 课程实施

表 7-36　课堂教学过程设计

教学环节	授课内容	教学方式	时间分配	备注
课前复习	【提问】： 1. 你对户外领队的认识有多少？ 2. 什么是户外运动组织管理的核心要素？	提问思考	10分钟	复习并引入本节课程内容
知识结构	（组织管理结构图：分类→方法→作用→价值；组织管理；规范有序、活动组织、活动管理、科学严谨）	课堂讲授 PPT演示	5分钟	通过讲解，为学生构建相关课程知识的整体框架
	一、合格的领队 领队是一个户外俱乐部的灵魂，他是户外运动的有力推动者，具有广泛的影响力和号召力，在户外活动中拥有绝对的地位。所以说，判断一个户外俱乐部的标准，首先要看这个户外俱乐部有没有一个优秀的领队。 当然了，一名优秀的领队不但应该具备丰富的户外经验和技能，更应该是一名热爱环保，尊重自然，充满人格魅力的领袖。时刻注意环保，用行动影响同行的人，以爱自己的心态去爱大自然，这才算一名环保领队。那么，户外俱乐部领队应该具备哪些基本的素质呢？ （一）专业技能 作为一名领队要不断地学习和提高自身技能，收集各种户外线路信息，掌握各种生存基本知识，以及多地形通过技能，掌握无线电通联和导航知识，熟练掌握救护和救援知识，不断学习提升自己。 通过网络和相关的游记总结记录一些线路上的经验和相关知识，装进大脑，让队员出行更加安全顺畅，还可以成为领队和队员在户外话题上的讨论谈资。没人会喜欢一个一问三不知的户外领队，领队的无知会造成队员对领队的信任度降低，最后造成队伍流失。	1. 提问思考 内容导入	70分钟	通过讲解，导入本节课程的内容

237

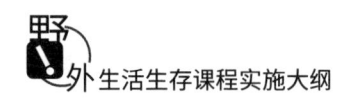

续表

教学环节	授课内容	教学方式	时间分配	备注
	户外活动中,各种疾病造成的事故十分常见,所以学一些医学知识会对紧急救助十分有帮助,作为一个领队你有责任去救助你的队员。户外运动的蓬勃发展,户外运动已经演变成一门包含多种专业知识跨领域的学科,从无线电通联导航,到环境装备学,从野外运动学到野外医学,从地形学到气象学还有组织运筹学,组织管理学等,简直是包罗万象,不学就会遇见绕不过去的困难,通不过的瓶颈。保持一种不断学习的心态,才会取得更大的进步。 (二)学会分权 领队是队伍中的灵魂,他应该始终保持最好的状态来处理那些关键的事物,而不是一些琐碎的小事。比如说财务和领队分开,这就是一个好的榜样,这样可以很好地杜绝腐败。可以尝试将带路、收尾这些事情,都交给其他人去做,始终保证自己和大多数人在一起。当他们遇到了问题,需要你帮助的时候,你可以随时提供救援。 (三)要有魄力 我们在外出旅行,经常会有一些意想不到的事,队员们意见不统一,大家都眼巴巴地看着你。而这时你可能也不知道正确答案,也不会有正确答案,如果团队无法统一的话,你这时就该做决定了。你这时一定要顶住压力,反驳掉一方,可能要充当黑脸,这时你的态度一定要坚决,不能暧昧。暧昧只能使两种意见争夺得更加厉害,而导致队伍之间的矛盾越来越激化。 (四)理智 户外领队从来不缺少那种背包走天涯的冲动。但是一个优秀的领队却不可以光有勇气和冲动力,他需要拥有足够的理智。户外活动环境和情况多变,领队要理智思考,评估风险,安全带队。 (五)勇于承担责任 一次完美的户外活动必须要求参加的人各司其职各担其责,领队要在活动中强调队员对队员负责,领队要对整个队伍负责,对这个活动负责。 领队对于队伍内部,主要负责协调沟通,为队伍所面临的事情做决策;对外界,主要是对自己的决策负责,承受外界对队伍的压力。领队就是队伍与外界的一个出口,你应该去保护你的队员。在队伍内部,大家可以对活动中出现的问题进行总结,将责任细分。			

7. 课程实施

续表

教学环节	授课内容	教学方式	时间分配	备注
	（六）风险意识 领队要预先做好意外风险的应对准备,如果在活动中出现了意外情况,首先领队要平静心情,平静意外受伤者的情绪,做好护理措施,切不可自己先乱了阵脚;其次采取各种措施减少危险的扩大化,稳定好其他人员情绪;最后做好善后工作,让活动顺利完成。事后对意外受伤队员采取安抚措施,减少心理伤害。领队在这个环节中的作用是最为重要的,因为只有在最危险的时刻,领队的核心身份就体现出来了,也就是在最慌乱的时刻,领队才更必须以身作则。规避风险的最好方法就是,在安全问题上永远不要和队员妥协。 （七）平等 世上虽然没有绝对的平等但应该有平等的心态。任何队员走入户外与他人都是平等的,没有谁顺眼就帮谁,重要的是领队对队员要人人平等。 （八）环保 环保不仅仅是一种行为,更是一种美德,是衡量一个户外人的基本道德准则。作为一名户外领队应主动去执行环境最小冲击罚则,即LNT法则。在活动过程中要想最大限度地降低对环境的破坏,首先要提前认真准备,防患于未然;了解并遵循当地规定;为避免毒草伤害,检查着装和装备,始终走在马道上,若没有马道,选择可耐受地面前行;所有人文古迹,都不要去破坏,噪声做到最小化;营地生活和炊事用品要干净整洁,做到野外不生火;与野生动物保持合适的距离,将垃圾全部带走,只留下你的脚印和欢声笑语。 • 出行目的 在订立旅程目标时,看队员间共同商议,多交换意见,订定共同目标及旅程方式。确定自己的活动目标后,需查阅和收集相关线路资料。			

续表

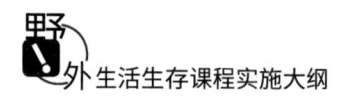

教学环节	授课内容	教学方式	时间分配	备注
	二、案例分析 通过案例分析,对领队的职责和能力进行总结和归纳。 三、户外运动活动计划书的基本内涵 ● 活动策划 (该部分主要介绍一下活动目的地的大体情况,为了吸引浏览者的目光,可以用修辞手法把美和好的东西形容得更美好。) ● 活动所属级别 后附《国内部分户外组织的户外活动分级标准》作借鉴,我们也可利用自己制定的分级标准。 ● 活动时间地点 1. 活动集合出发的时间及地点; 2. 活动估计结束的时间及地点; ● 活动计划 活动计划应大概包含如下内容: 1. 乘坐车辆的起点、中转点、终点; 2. 中间停留地点的情况和活动; 3. 装备扎营和客栈住宿的方式,需要露营的宿营地点; 4. 最终目的地的活动项目内容和结束。 ● 线路大体情况 主要介绍一下:行走的道路情况;沿途经过和逗留的景点和风景;对参与人员的温馨提示。 ● 预算 1. 费用方式; 2. 行程总费用及人均费用估算; 3. 活动中需要大家共同承担费用的估算; 4. 费用的管理、使用、处理方式。 ● 装备要求 1. 个人装备; 2. 集体装备; 3. 补给保障; 4. 其他(比如需要提供的地图、地理等技术资料或者其他)。 ● 报名要求 1. 活动计划参与总人数; 2. 参与人员年龄、性别的限制; 3. 对个人户外经验的要求条件; 4. 报名方式:写明联系人、联系方式等。	2. 课程讲授 启发思维 3. 课程思政融入		社会体育与民生:在户外活动的组织管理流程中,文案设计、风险系数评估、应急预案制定、活动筹备、

7. 课程实施

续表

教学环节	授课内容	教学方式	时间分配	备注
	● 纪律要求 1. 是否遵守某个团体活动或某种户外活动的规则、制度和公约； 2. 对环保的要求； 3. 活动中的要求（旅途、行进、宿营、活动等的纪律要求）。 ● 活动要求 1. 身体健康，性格合群，遵守纪律 2. 集体活动，互相关照，友爱长存 3. 保护环境，不丢垃圾，不破坏生态 4. 领队有权根据突发情况临时更改计划 ● 活动中专职分工人员的情况和联系 要在出发前将活动的发起人（也就是组织者、总负责）、先锋、协调、收队等相关的人员 四、分组进行讨论，并按照范本完成计划书的制订 格式范本： 【活动通告】活动目的地、天数 【目的地介绍】 【活动级别】 【活动流程】（攻略） 【活动组织】 【集合时间】 【集合地点】 【交通方式】 【活动发起人】 【活动财务 会计】 【活动预算】 【活动人数】 【活动报名】 【活动形式】 【活动强度】 【线路难度】 【活动纪律】 【共用装备】 【活动要求】 【责任声明】			活动落地等环节将所学的野外生存知识加以应用，让同学们充分意识到专业学习的用处及其重要性，进一步激发学生的学习兴趣

续表

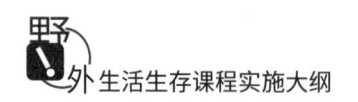

教学环节	授课内容	教学方式	时间分配	备注
课堂总结	总结本节课所讲的知识点，着重强调重点、难点，思政要点，便于学生课后复习和掌握。	学生分享教师总结	3分钟	课程总结，并强调思政内容。
课后思考	【课后作业和思考】 1. 收集与户外领队相关的案例，进行分析讨论； 2. 出行计划书的重要性及要领。	作业布置	2分钟	布置课后作业，巩固授课内容

7. 课程实施

续表

教学环节	授课内容	教学方式	时间分配	备注
参考书目	[1] 梁传成,梁传声. 野外生存教程 [M]. 高等教育出版社,2003. [2] 张惠红,陶于. 定向运动与野外生存(第二版)[M]. 高等教育出版社,2006. [3] 冉孟刚,史伟. 定向运动与野外生存训练教程 [M]. 北京师范大学出版社,2014. [4] 张瑞林. 户外运动(第二版)[M]. 高等教育出版社,2011. [5] (美)艾米·罗斯特. 野外生存必备技能(户外生存系列)[M]. 现代出版社,2016. [6] (英)罗布·利尔沃. 徒步中国:用脚步丈量魅力中国 [M]. 中国人民大学出版社,2017.			

7.21 教学单元二十二 野外避险与救援

表 7-37 课程思政要点:矛盾的对立与统一

教案背景	课程名称	野外生活生存
	授课内容	野外避险与救援
	授课对象	2022级社体专业户外运动专业方向
	授课时长	90分钟
教学目标	1. 意外伤害中的求生与救援 2. 常见的自然伤害与急救 3. 在教学中要引导学生建立不偏听,不轻信,坚持从实际出发、从事物根源出发的严谨科学态度	

续表

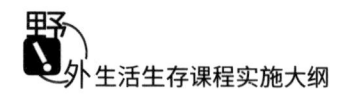

教学分析	教学重点	户外出行常见的意外伤害种类
	教学难点	出行前的风险评估策略及野外急救
	课程思政	野外生存的新奇与刺激，野外环境的复杂、多变、险象环生是矛盾对立双方的关系。野外避险与救援，则体现了事物对立统一的法则，它们既对立，又统一，既是相反的，又是相互依存的，有救援就必然有危险出现，而野外并非学会了避险就不需要救援。因此，在教学中要引导学生建立不偏听，不轻信，坚持从实际出发、从事物根源出发的严谨科学态度；引导学生逐步树立辩证唯物主义的世界观，建立正确的思维方式。
教学方法	教学方式	√ 课堂讲授　　√ 多媒体教学 √ 案例教学　　√ 课堂练习 √ 设计引导性问题，启发学生思维，增强师生双边互动，活跃课堂气氛
	教学资源	√ 文字教材　　√ 电子教案 √ PPT 课件　　√ 相关案例（视频）

表 7-38　课堂教学过程设计

教学环节	授课内容	教学方式	时间分配	备注
课前复习	【提问】： 1. 回顾户外领队应该具备的哪些素质？ 2. 你有在野外受过伤吗？	提问思考	10分钟	复习并引入本节课程内容
知识结构	地位 → 作用 → 分类 → 价值 ↓　　　　↓　　　　↓ 避险与救援 ↙　　↓　　↘ 科学谋划　野外避险　野外救援　全力以赴	课堂讲授 PPT演示	5分钟	通过讲解，为学生构建相关课程知识的整体框架

7. 课程实施

续表

教学环节	授课内容	教学方式	时间分配	备注
核心内容	一、常见的自然伤害 （一）水害的预防与求生方法 水害是指包括洪水、暴风雨、冰雹、急流、海啸等一切与水有关的直接或间接伤害。 求生方法： 1. 在野外宿营时,选好位置,做好相应的准备。 2. 去野外前,了解当地的天气预报。 3. 雨季,不要在干涸的河床上宿营。 4. 在可以预料洪水到来前,最简单的方法就是往高处跑,如果有时间,尽量带上火种、食物、衣服、可信赖的漂浮物。 5. 没有高点或者来不及跑向高点,应该马上寻找漂浮物,最好是方便固定的或者是容易抓住的。 6. 如果必须面对水里逃生,又不会游泳,应用棉花或软布堵塞鼻孔,以免被水呛死。因为从口腔吸入的气体会进入肺部,而液体会被阻碍而进入胃部。但是此方法解决不了人长时间待在水下的问题。 7. 在暴风雨到来前,选好宿营地;用不透水的布包好备用的衣服;预备干燥的引火物同样是重要的事情。 注意事项： 1. 在水里换气时,要用口吸气,用鼻孔出气。 2. 下水前,应该先做好肢体活动,身体预冷等预备工作,以防抽筋。 3. 发水时的水很多,但多有污染,不可饮用。实在没有饮用水时,要经过特殊处理。 （二）雪害的对策 在冬季的北方,雪的危险是时刻存在的。大雪可以堵塞道路,把人困在某个地方;雪天视线不好,容易迷路;巨大的雪堆也能影响信号,中断与外界的联系;厚雪能够陷住汽车,使车队无法前进;雪地摩擦系数小,容易发生交通事故。 雪也是天然的温度隔绝层,合理利用雪可以保暖、防风,避免冻伤。 求生方法： 1. 被暴风雪围困：如果你还在车里,而车子又肯定不可能开出危险地区。你应该尽量开到有人活动的地方(可能得到帮助);十字路口(被发现的概率大);相对高处(目标明显);有大树的地方(方便建立庇护所)。不能开到避风处(可能堆积更多的雪)、离公路太远的地方、沟谷里。如果你判断大雪可能覆盖自己的车子,就找一根长棍放在车里,必要时可以用来打气孔。	1. 提问思考 内容导入 2. 课程讲授 启发思维	70分钟	

续表

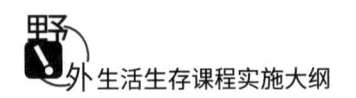

教学环节	授课内容	教学方式	时间分配	备注
	2. 如果徒步在野外与暴风雪相遇,可以选择:找一棵大树,以方便建立庇护所、取柴、登高、做标记;找山洞,并抱进柴禾。 3. 在雪极大,无法走出雪地的时候,于天黑或降温前,建立一个雪地庇护所(雪洞、雪屋)。 4. 掉进雪洞:多发生在攀登雪山的活动中,此时一般手上都有冰镐、冰斧等工具,腰里还连着绳索。发现踏空时,马上用冰斧向两侧分劈,同时两脚外分,也许有机会挂在不太深的地方。一旦卡住,应先使自己固定,然后开始求生:先摇绳子,保持通气并通知队友;在等待救援的同时,向上攀登,进行自救。 5. 遇到雪崩:扔掉随身重物,身体保持平衡,手脚划动似游泳状,保持身体位于雪面之上。 6. 雪地滑坠:在有一定坡度的冰雪山脊、山坡不慎滑落,一定要及时止住,否则越滑越快,非常危险。 救援方法: 1. 通过痕迹寻找失踪队员。 2. 注意各种不同的声音和方向。 3. 发生雪崩时,在雪崩区域以外的人不要急于冲进去救人,以免发生意外。记住雪崩时队友的位置,雪崩结束时马上前往救助。 4. 怀疑某处雪下有队友时,以直线交错的方式挖沟搜索,同时注意一切遇险者的物品和标志。 5. 找到遇险者后,根据情况处理。若遇险者已停止脉搏和呼吸,在清除口中的血后,立即实施心脏按压、人工呼吸(参见本章的野外急救)。 6. 搜寻被暴风雪围困的遇险者,要留意标志物,有经验的野外工作者在遇到暴风雪时肯定会留下标记。另外,在没有河流的地方,注意什么地方有雪融化的倾向,此地应认真搜索。 (三)中暑 轻症中暑:在先兆中暑的症状上,同时出现下列症状群之一:体温超过 38.5℃,面色潮红,皮肤灼热;出现面色苍白、恶心呕吐、皮肤湿冷、血压下降、脉搏细弱等呼吸循环系统衰竭的早期症状。若患者发现这类症状,必须及时至医院就诊,否则很快会转为重症中暑。	2. 课程讲授 启发思维 3. 课程思政融入		辩论中成长:教师讲解野外避险与救援的基本方法与技巧后,将全班学生分成正反两个辩论组,正方观点

7. 课程实施

续表

教学环节	授课内容	教学方式	时间分配	备注
	重症中暑：表现为昏迷或痉挛、皮肤由湿冷转为干燥无汗、体温上升至40℃以上。重症中暑又分热射病型、热痉挛型、热衰竭型以及日射病型。这四种重度中暑的症状依次加重，从体温高达39.5℃引发昏迷，到出现循环衰竭、发生肌肉痉挛，直至剧烈头痛、丧失意识……一旦患者发生重度中暑症状，必须第一时间接受科学的综合治疗，否则有丧命危险。 遇见中暑病人，可以采取紧急急救。当你帮病人降温时，具体应做到以下： 1. 将病人移到阴凉处。 2. 不管用什么方法，迅速给病人降温。例如，让病人浸入凉水浴缸中；让病人用凉淋浴冲淋；用软水管凉水喷洒病人；用海绵、棉纱沾凉水擦抹病人；医学︱教育网搜集整理如果湿度低，将病人用凉的、湿的床单包裹起来，用力扇。 3. 测体温，继续降温，直到病人体温降到38～39℃为止。 4. 如果急救人员未按时到达，给医院急诊室打电话寻求进一步的指导。 5. 不得给病人饮酒。 6. 尽可能马上获得医疗救助。 小组讨论与学习： 通过讲授和文字及视频资料的学习， 分析和讨论经典案例及身边的案例。 (四)通过讲解和案例分析，认识塌方及泥石流的危害 塌方时的逃生策略 在野外的自然环境中，发生塌方的地方并不很多。容易发生塌方的地方一般是泥土结构、砂石结构；塌方的诱因可以是震动和降雨。 面对严重的塌方，凭自己的力量可能是无能为力的，因为自己可能受到重创或者窒息。但是，塌方并不都是一下子就置人于死地的，在很多情况下还是有机会逃生的。 求生方法： 1. 如果塌方正在进行，而你又能判断方向，马上逃跑。 2. 如果没有办法逃跑，尽可能躲到有与地面垂直壁的一侧，双手抱头，双肘夹起并尽量前伸(有可能在前面留下一点空间)。 3. 如果塌方已经停止，而外面有人可以救援，不要乱动，以免引起继续塌方。			："掌握野外避险方法技巧后救援已显得无足轻重"；反方观点："救援在野外活动任何时候都是

247

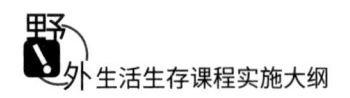

续表

教学环节	授课内容	教学方式	时间分配	备注
	4.如果被泥土埋住,先实验性活动四肢,看看哪里的泥土最松,然后努力向这个方向运动肢体,寄希望能先开个通气孔。只要通气就有希望。 如果被埋的地方还有一定的空间,首先解决的也是通气问题 5.如果是被通气性较好的木材、砖瓦等埋住,首先要解决的是支撑问题。在仅有的一点空间里,利用身边的材料,把身体周围的可能继续下沉的主要横向材料支撑住,然后利用杠杆和加楔子的方法使压在身体上的东西上移。固定好"大本营"后,再开始研究从哪里钻出去或者等待救援。 6.如果塌方只压住身体的一部分,如是一条腿,那就要根据具体情况来制订求生计划了。如果压物不重,可以逐渐移开;如果压物无法移动,就要先支撑压物,挖下面。移动和挖掘时,注意不要引起新的塌方。 救援方法: 1.救援被土埋住的遇难者,应该一边有人挖掘,一边有人用木棍或者其他长棒向土中打气孔。 2.挖掘遇难者时注意防范新的塌方。 预防措施: 1.下雨天在土龛下避雨要注意土龛的坚固程度,发现有裂缝和渗水时,要马上离开。 2.挖砂和取土后,形成的洞穴或半洞不可久留。 3.不要去砂石结构的洞里探险。如果需要进入,应该打好保护点,并轮流进入。 4.在怀疑有塌方危险的区域,不要大喊大叫,不要跺脚、拍手。 5.土龛上下不可同时有人活动。			不可或缺的"。通过辩论让学生更深刻的认识到野外避险与救援的矛盾对立与统一,引导学生逐步树立辩证唯物主义的世界观

7. 课程实施

续表

教学环节	授课内容	教学方式	时间分配	备注
	二、认识什么叫野外急救 野外急救只是对伤害的限制,防止伤害进一步扩大,而不是彻底治疗。 急救步骤: 1. 诊断或估计伤情。 2. 确定在目前情况下最适当的急救措施。 3. 实施急救,同时发出急救信号。 4. 在最短的时间里送伤员到医院。 三、外伤急救 外伤是野外活动最常见的伤害,包括擦伤、刺伤、划伤、切割伤、挫伤、扭伤、眼异物等。一般的外伤不至于危及生命,但是,外伤所引起的大量出血和并发症也会导致死亡。 (一)擦伤 一般会出现少量出血和组织液渗出。如果没有感染,几天后就可痊愈。 (二)刺伤 其特点是伤口虽然小但可以很深,容易感染。 主要症状: 1. 出血,伤口内容易残留异物; 2. 伤口小而深,并有可能损伤血管、神经。容易感染和并发破伤风; 3. 胸、腹部刺伤可伤及内脏,并引发体内大出血和休克。 处理方法: 1. 小而浅的刺伤,只要拔出异物(如木刺、铁屑、小钉等)、清洁伤口、简单包扎或贴一片创可贴即可; 2. 中度刺伤且伤口不洁时,应该进行清创处理。在野外,只做止血、包扎处理,然后去医院; 3. 深度刺伤:若很深,且可能伤及内脏、血管、神经时,不要轻易拔出异物以免引起大出血,应在靠近身体的地方,把异物锯断,连同异物一起包扎,然后去医院。 (三)切割伤 主要症状: 1. 伤口相对比较整齐,周围组织损伤较轻,常伴随大量出血。 2. 开放性强,常会造成伤口污染,需要大量抗菌素配合治疗 3. 严重的切割伤可以损伤肌腱、神经、血管,甚至断肢。			

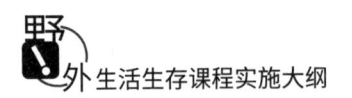

续表

教学环节	授课内容	教学方式	时间分配	备注
	处理方法： 1. 止血。 2. 消毒。 四、分组进行野外急救的包扎实践			

7. 课程实施

续表

教学环节	授课内容	教学方式	时间分配	备注
课堂总结	总结本节课所讲的知识点，着重强调重点、难点，思政要点和重温野外避险与救援的方法与要点，便于学生课后复习和掌握。	学生分享教师总结	3分钟	课程总结，并强调思政内容
课后思考	【课后作业和思考】 总结不同部位的包扎法	作业布置	2分钟	布置课后作业，巩固授课内容
参考书目	[1] 梁传成,梁传声.野外生存教程[M].高等教育出版社,2003. [2] 张惠红,陶于.定向运动与野外生存(第二版)[M].高等教育出版社,2006. [3] 冉孟刚,史伟.定向运动与野外生存训练教程[M].北京师范大学出版社,2014. [4] 张瑞林.户外运动(第二版)[M].高等教育出版社,2011. [5] (美)艾米·罗斯特.野外生存必备技能(户外生存系列)[M].现代出版社,2016. [6] (英)罗布·利尔沃.徒步中国：用脚步丈量魅力中国[M].中国人民大学出版社,2017.			

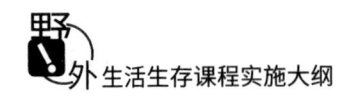

7.22 教学单元二十三 高原反应

表 7-39 课程思政要点：量变到质变的适者生存教育

教案背景	课程名称	野外生活生存
	授课内容	高原反应
	授课对象	2022 级社体专业户外运动专业方向
	授课时长	90 分钟
教学目标		1. 认识高原反应 2. 学习高原反应的求生方法 3. 了解高原反应的救援方法 4. 掌握高原反应的预防措施 5. 教育学生懂得量变是质变的必要准备，质变是量变的必然结果。只有先有量变的积累，才有可能实现质变的飞跃。
教学分析	教学重点	高原反应的常识
	教学难点	高原反应的应对措施
	课程思政	高原反应是个体在高原缺氧环境下的一种特有现象，适应是其最好的解决办法，用时间的量变来换取机体适应的质变，在高原"习复"教学过程中引出"量变与质变"这一普适性规律。并类比学习知识的过程也是量变与质变的过程。量变是质变的必要准备，质变是量变的必然结果。只有先有量变的积累，才有可能实现质变的飞跃，从而注重平时知识的积累，提高学习的成效。
教学方法	教学方式	√ 课堂讲授　　√ 多媒体教学 √ 案例教学　　√ 课堂练习 √ 设计引导性问题，启发学生思维，增强师生双边互动，活跃课堂气氛
	教学资源	√ 文字教材　　√ 电子教案 √ PPT 课件　　√ 相关案例(视频)

7. 课程实施

表 7-40 课堂教学过程设计

教学环节	授课内容	教学方式	时间分配	备注
课前复习	【提问】： 1. 通过野外避险与救援的学习你掌握了哪些知识？ 2. 你有过高原经历吗，你是否遇到过高原反应？	提问思考	10分钟	复习并引入本节课程内容
知识结构	状况 → 分类 → 预防 → 措施 高原反应 适者生存　认识高反　高原习复　量变质变	课堂讲授 PPT演示	5分钟	通过讲解，为学生构建相关课程知识的整体框架
	一、通过讲解和案例分析，认识高原反应 在海拔3000m以上的区域，就会有人逐渐出现身体不适的各种反应，而这种反应往往会随着海拔高度的增加而进一步加重。出现这种反应的一个主要原因是氧气的问题。随着海拔高度的不断增加，空气会越来越稀薄，每次吸气时所摄取的氧气也越来越少。 人们把一系列高山反应所产生的不良机体变化，统称为"高山病"。高山病不仅影响人们在高原地区活动，而且可能影响人类的健康，甚至危及生命。但是，在掌握以下知识后，高山病是可以治疗和预防的。 主要症状： 1. 头部胀痛、头晕，多少有晕车的感觉。 2. 胸闷、呼吸急促、呼吸不均匀、咳嗽。 3. 食欲下降、恶心、呕吐。 4. 体虚乏力、平衡感降低。 5. 焦虑、烦躁、失眠，睡眠质量下降。	1. 提问思考 内容导入		通过案例分析，导入本节课程的内容

253

续表

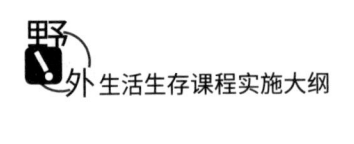

教学环节	授课内容	教学方式	时间分配	备注
核心内容	6. 高山肺水肿：由于体液渗入肺泡，呼吸活动受到干扰。表现为：咳嗽不停、乏力、呼吸急促、脉搏加快，并经常伴有胸部疼痛；听诊可辨有明显发泡声，如果情况严重，没有器械也能听到"呼噜呼噜"的肺内杂音。如果病情不能得到控制，患者会因为缺氧而出现嘴唇发紫、肢体发青、呼吸困难等症状，最后导致死亡。 7. 高山脑水肿：在高海拔状态下，脑血管会使脑组织中的组织液不断增加而发生肿胀。表现为：头痛、恶心、强迫性呕吐、意识模糊，有酒醉的感觉。情况严重时，可出现肢体协调性下降、肌肉无力、偏瘫、死亡。 二、高原反应的求生方法 1. 如果是一个人登山，出现轻微症状时要停止继续上攀，在同一海拔位置调整。然后根据具体情况决定下一步行动。 2. 发生急咳、乏力、严重呕吐等症状，唯一的方法也许就是下降。在一般情况下，如果下降1000m，情况就会好转。 3. 发现不良反应，在初期预防性口服药物。 三、高原反应的救援方法 1. 下降：对于严重的肺水肿、脑水肿患者，最妥善的方法就是下撤。如果是单纯的高山病而没有诱发其他感染，一般在下撤1000～2000m后，症状都会减轻。 2. 补充氧气：对患者补充氧气可以缓解症状。在高海拔地区，尤其是开展登山活动的地区，都有各种包装的氧气出售。一般的登山队都会在大本营准备氧气。 3. 高压氧：对于主动吸氧不解决问题或已经严重缺氧的患者，要使用高压氧舱。一般医院多可以进行高压氧治疗。现在已经有了便携式高压氧舱。 4. 药物治疗：对于脑水肿患者，必要时要通过药物进行治疗。一般静脉注射"甘露醇"可以有效治疗高山性脑水肿；口服"乙酰唑安"和激素类药物"地塞米松"也可以缓解脑水肿。 四、高原反应的预防措施 1. 在计划登山前，最好在计划里安排几天机动时间，以便在某个高度上有适应的时间。一般情况下，专业的登山队会有这样的安排。 2. 药物：在预防高原反应上有一定作用。目前国内生产的药物主要有甘露醇、维生素C、乙酰唑安、地塞米松等。	2. 课程讲授 启发思维 3. 课程思政融入	70分钟	高原习复： 1. 理论讲解高原反应的原理、表征、基本应对方法； 2. 到达高原环境后，在高原"习复"过程中，如何在身体不适的情况下坚持用时间的量变来换取身体机能适应

7. 课程实施

续表

教学环节	授课内容	教学方式	时间分配	备注
	3. 循序渐进：一般情况下，不要企图一口气征服一座高山，尤其是 6000m 以上的。在海拔高度 3000～4000m 的时候，每天攀登的高度不要超过 1000m，而且越往上，这个距离应该越短。 4. 往返式登山：业余登山者，一般没有很快的高原适应能力，可以用往返前进的方法进行。例如：第一天上到 5000m，第二天回到 4000m 或 4500m，第三天上到 5500m～6000m，第四天回到 5000m 或 5500m。			的质变，学生通过多喝水、多休息、少运动、少说话、静坐、静卧快速应对高原环境，适应高原反应
课堂总结	总结本节课所讲的知识点，着重强调重点、难点，思政要点，便于学生课后复习和掌握。	学生分享教师总结	3分钟	课程总结，并强调思政内容
课后思考	【课后作业和思考】 针对普通高原旅行的人群，如何正确认识和处理高原反应？	作业布置	2分钟	布置课后作业，巩固授课内容

255

续表

教学环节	授课内容	教学方式	时间分配	备注
参考书目	[1] 梁传成,梁传声.野外生存教程[M].高等教育出版社,2003. [2] 张惠红,陶于.定向运动与野外生存(第二版)[M].高等教育出版社,2006. [3] 冉孟刚,史伟.定向运动与野外生存训练教程[M].北京师范大学出版社,2014. [4] 张瑞林.户外运动(第二版)[M].高等教育出版社,2011. [5] (美)艾米·罗斯特.野外生存必备技能(户外生存系列)[M].现代出版社,2016. [6] (英)罗布·利尔沃.徒步中国:用脚步丈量魅力中国[M].中国人民大学出版社,2017.			

7.23 教学单元二十四 户外活动与环境保护

表 7-41 课程思政要点：可持续发展教育

教案背景	课程名称	野外生活生存
	授课内容	户外活动与环境保护
	授课对象	2022 级社体专业户外运动专业方向
	授课时长	90 分钟
教学目标		1. 掌握初级登山体验的方案制作 2. 学习初级登山的技巧 3. 掌握户外活动必须遵守的环保要求,无痕山林的行为准则 4. 在"山峰卫士"和"无痕山野"登山、户外活动中,对学生进行低碳、绿色、可持续发展教育。

7. 课程实施

续表

<table>
<tr><td rowspan="3">教学分析</td><td>教学重点</td><td>环境保护的范畴
环境保护的内容和方式</td></tr>
<tr><td>教学难点</td><td>1. 环保行为的三个层次
2. 碳足迹与可持续发展教育</td></tr>
<tr><td>课程思政</td><td>《野外生活生存》课程中的"大学生环保登山"活动由四川师范大学首先发起,已持续15年,在大学生环保登山过程中,利用"山峰卫士"和"无痕山野"行动,捡拾、清理、驮运山峰上的垃圾,以及向游客宣传讲解环保知识的过程中,对学生进行低碳、绿色、可持续发展教育。</td></tr>
<tr><td rowspan="3">教学方法</td><td>教学方式</td><td>√ 课堂讲授　　√ 多媒体教学
√ 案例教学　　√ 课堂练习
√ 设计引导性问题,启发学生思维,增强师生双边互动,活跃课堂气氛</td></tr>
<tr><td>教学资源</td><td>√ 文字教材　　√ 电子教案
√ PPT课件　　√ 相关案例(视频)</td></tr>
</table>

表 7-42 课堂教学过程设计

教学环节	授课内容	教学方式	时间分配	备注
课前复习	【提问】: 1. 通过高原反应的学习你有了哪些提高? 2. 绿色环保你都做了些什么?	提问思考	10分钟	复习并引入本节课程内容
知识结构	政策 → 现状 → 措施 → 趋势 环境保护 端庄态度　认识提高　习惯养成　持之以恒	课堂讲授 PPT演示	5分钟	通过讲解,为学生构建相关课程知识的整体框架

257

续表

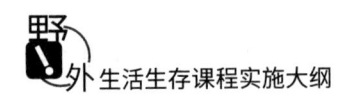

教学环节	授课内容	教学方式	时间分配	备注
核心内容	一、初级登山体验方案 （一）活动流程 1. 活动前晚，提前装包带好物品工具等，早早休息 2. 活动当天 7：00 校门集合上车 3. 下午 17：00 在景区停车场集合返校 （二）食物和物品清单 午餐干粮 饮用水 防雨外套（雨衣） 垃圾袋 笔记用品 运动外套 运动鞋（多备一双） 应急药品 （三）注意事项 1. 登山过程中，会很热出汗，里面衣服会湿，停下来又会冷，注意衣服的增添和保暖防水。 2. 户外鞋一定要注意全脚防水。 3. 双肩包装好所有用品，腾出你们的双手方便爬山、进食、拍照。 4. 提前准备好自己的拐杖和手套。 5. 互相帮助鼓励，要有团队精神。不要太迷恋途中风景而浪费登山时间，尽快在天黑前登顶返回。 6. 个人重要财物放置妥当，以防遗落。 7. 一路上爱护卫生注意环保和安全。 8. 抱定信念，一定登顶，不要被一时的劳累和困难打垮，挑战自己。 二、初级登山技巧 针对初学者，将学会如何分析那些划分和判断远足旅行路途困难程度的标准，以此更好评估你旅行路途的难易程度。确定旅途路径的困难程度是最重要的一步，它能够让你做好个人身体状态的准备，选择携带合适的装备。 我们要分析三个标准，这三个标准是能够判断你远足的困难程度的。它们分别是：距离（特别是平坦的小道上），高度的变化（特别是在山地地区），还有土地的类型（遭受风吹雨打，日晒雨淋的小道，荒野小路）。在开始你的旅程前分析这些参数能够让你避免一些不愉快的意外，能够让你带着平和的心境去远足，享受旅途的美好。	1. 提问思考 内容导入 2. 课程讲授 启发思维	70分钟	通过案例分析，导入本节课程的内容

7. 课程实施

续表

教学环节	授课内容	教学方式	时间分配	备注
	在本次登山课中,将学习如何评估远足的困难程度。 正确估量行程和路线的困难程度,能够让您选择一个适合你体验需求和身体状态的最佳远足出行。 评估远足的困难程度取决于三个主要标准:行程所覆盖的路程距离,地形高度的变化,以及穿过的区域类型。 首先,关于到达目的地的路程距离。 一般来说,穿越的路线越长,难度越大,但准确在地图上估算实际距离有时并不是一件简单的事。 你可以使用地图软件或者纸质地图来估算距离。如果你使用比例尺为1:25000的纸质地图,那么地图上的1厘米将代表实际中的25000cm,即250m。 如果路线较为平坦,那么行进时遇到的主要问题就是路线的长度。 一般来说,一个远足初学者能够在1小时内在平坦的路面上走完2—4km的距离。判断您的速度的最好办法就是亲自进行测试。 我们建议您可以在一平地上亲身实践,顺着小路走6—8km,以此来计算自己的行走速度。 其次,就是地形的高度变化。 在远足中,路线往往不是一路平坦,而是充满了高低起伏。远足中的高度差越大,远足难度越大。在这种情况下,我们需要缩短远足距离来降低难度。 你可以通过研究等高线的变化来计算高度的变化,通常情况下,您可以在远足地图上找到这些信息。 当你在山区行进时,计算远足的难度时更应考虑地形高度的变化而并不是距离长短。 这里有一个小提示,在高度差不超过600m的情况下,一个远足初学者能够在大约一小时内完成300m高度的上坡。 我们建议您安排时间做一次远足训练,向上攀登500m,以便更好地了解旅行路线的困难程度,并评估自己的身体素质和体能。 第三,关于区域的类型。 您可以提前询问其他有经验的登山者来获取相关信息,或者登录网络论坛进行相应了解,或者搜索一下照片进行预先研究。	3.课程思政融入		分组讨论: 1.环境保护与可持续发展的关系? 2.小组调研和讨论制约山地户外运动可持续发展的其他因素还有哪些?

259

续表

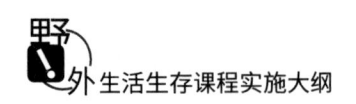

教学环节	授课内容	教学方式	时间分配	备注
	一般来说,一个远足初学者在面对较为低矮的障碍物时,可以很轻易地找到穿越的道路,但是当遇到跌落的巨石,积雪区域,或者穿过小河时,远足挑战的难度系数会加大。 总而言之,牢记这三个要点,能够让您评估你远足的困难程度:路程距离,地形高度的变化和区域类型。 户外徒步登山学习基础远足时的方向定位,利用地图和指南针进行定位,使用指南针导航,使用指南针基础,利用地图寻路,看懂地图上的等高线,选择地图,阅读地图辨认方向。 三、自然资源的保护 自然资源是人类赖以生存的资源,如地球上的空气、水、土地、矿物、生物以及其他可以被人类利用和消耗的物质。 通常又可把自然资源分为两大类,一类是不可更新的资源,如水、土地、空气和矿物等;另一类是可更新的资源,如谷物、森林、家禽驯兽及其他各种野生生物等生物资源。对于不可更新的资源,由于其蕴藏量是有限的,而且也不可能在自然条件下生长出来,因此,必须给予合理的使用,否则将会导致匮乏的危机。对于可更新的资源,原则上是可以在自然条件下不断地生产出来的,但是,如果人类不善于经营或处置不善、不合理地使用以致挥霍浪费这些自然资源,也会给人类带来十分严重的后果。 过去,人类浪费自然资源的事例很多,如由于经营不善,许多淡水鱼和咸水鱼的种源已渐枯竭;由于保护不力,很多野生动物已遭到绝种的命运;由于乱砍滥伐,广达数万平方公里的森林已经消失;由于处置不当,河流和海洋受到工厂废弃物的污染而使不少水生生物大量减少或灭绝等等。这种状况已经使人类深深受害,并从中认识到保护自然资源的重要意义。 为了保障人类社会的长远利益,必须采取完善的措施,保护好自然资源,这是人类在自身发展过程中,总结出来的一条重要经验。			

7. 课程实施

续表

教学环节	授课内容	教学方式	时间分配	备注
	四、"无痕山林"法则 20世纪60年代的美国，户外运动开始兴起，大批的爱好者进入森林公园野营。到了70年代，户外运动对自然和人文资源的破坏和冲击开始引起美国相关部门的重视。许多管理部分开始与专业人士、民间团体合作，一起教育民众户外游的环境保护观念。"无痕山林"理念正是在这个时期慢慢涌现。 在1982年，一位Custer国家森林的工作人员Tom Att与他的同事，开始发展"无痕山林"（Leave No Trace）户外活动方案，此活动随即在林业署系统下逐渐传开。更在1987年由美国林业署、国家公园署及土地管理局合作发行《无痕山林土地理论》「LeaveNo Trace Land Ethics」倡导手册，宣扬保护自然的精神，呼吁游客尊重自然。 野外旅行"无痕山林"七原则： 1. 旅行前做好充分的计划与准备 2. 在可承载的地表上旅行与野营 3. 恰当的处理垃圾 4. 将发现到属于自然界的一切事物回归原状 5. 降低营火对自然的影响 6. 尊重野外生物 7. 尊重其他旅行者的权益 五、营地垃圾处理实践 根据校内营地内垃圾的种类，进行分类处理的技巧。 1. 打包进，打包出。离开前仔细检查你宿营或者休息地点的周围，找到任何遗留的垃圾或食物。把所有的垃圾打包带走，包括厨余。 2. 用20cm深的猫洞来处理排泄物。猫洞地点应距离野营地、水源、步道至少60m远。完事后掩盖猫洞并尽量恢复原状，把厕纸和卫生巾打包带走。 3. 洗漱或清洗餐具时，把水从溪流或湖泊取出，抬到200m的距离以外再进行。使用少量的清洗剂或肥皂。洗碗水要均匀泼洒到四周。 4. 有些调查显示固体排泄物在有些区域的降解很慢，比如山石区，病菌有可能存活一年以上。所以在填埋时要确保远离水源，远离野营地和山路。还有一些特殊区域，固体排泄物是不可就地填埋的，需带离该区域填埋，如狭窄的河谷地带。			

续表

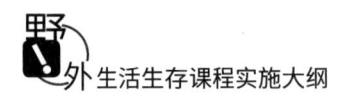

教学环节	授课内容	教学方式	时间分配	备注
课堂总结	总结本节课所讲的知识点,着重强调重点、难点,思政要点,并进一步了解碳足迹的测量方式,便于学生课后复习和掌握。	学生分享教师总结	3分钟	课程总结,并强调思政内容
课后思考	【课后作业和思考】 1.选择观看登山相关的电影 《绝命海拔》《喜马拉雅》《冰峰72小时》《八千米死亡线》《荒野生存》《北壁》《垂直极限》《触摸世界之巅》…… 2.阅读《无痕山林》2017年北京大学出版社出版,作者是杰弗里·马里恩	作业布置	2分钟	布置课后作业,巩固授课内容
参考书目	[1]梁传成,梁传声.野外生存教程[M].高等教育出版社,2003. [2]张惠红,陶于.定向运动与野外生存(第二版)[M].高等教育出版社,2006. [3]冉孟刚,史伟.定向运动与野外生存训练教程[M].北京师范大学出版社,2014. [4]张瑞林.户外运动(第二版)[M].高等教育出版社,2011. [5](美)艾米·罗斯特.野外生存必备技能(户外生存系列)[M].现代出版社,2016. [6](英)罗布·利尔沃.徒步中国:用脚步丈量魅力中国[M].中国人民大学出版社,2017.			

7.24 教学单元二十五 野外综合实践能力培养及考核

表 7-43　课程思政要点："弘扬红军翻越大雪山精神"
培养不畏艰险勇攀高峰的意志品质

授课题目 野外综合实践能力培养及考核	授课对象：2022 级社体专业户外运动专业方向 授课时间：校外实践 2—7 天
教学目的、要求： 在实践中的运用：野外生存技能、野外宿营、户外环保、定向、户外活动安全管理等。 教学重点：体验登山与户外露营生活 教学难点：户外运动实践的安全风险管理	
课程思政： 距离四姑娘山实践基地小金县日隆镇 20 分钟车程的达维镇，是红军长征的达维会师点，参观烈士陵园、访谈红军后代，学习和感受红军长征"达维会师"的丰功伟绩，有利于学生继承红军精神，激发爱国情怀。夹金山是中国工农红军二万五千里长征路的起点，学习和"弘扬红军翻越大雪山精神"是野外生活生存课程典型的思想政治教育内容(元素)。	
教学内容： 一、综合实践规划 课程分为三个阶段： 准备阶段：(制订计划书) 　　实施阶段：(1. 四姑娘山基地实践；2. 社会调查服务；3. 考核与评价) 　　课后阶段：整理露营装备、完成总结书 二、《户外运动》实践课–计划书范本 指导老师： 队名： 口号： 图标： 队歌： 活动概况：(目的地简介) 导游组 1. 活动目的 2. 活动时间 3. 活动计划(日程安排)	

续表

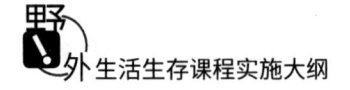

授课题目 野外综合实践能力培养及考核	授课对象：2022级社体专业户外运动专业方向 授课时间：校外实践 2—7 天
D1 7：50　学校南大门集合上车 11：00　到达养马峡（建营地） 12：30　中餐 13：30　登山 17：00　下山返回营地 18：30　收拾.洗漱 19：00　晚餐 19：30　晚会准备 20：30　营火晚会 22：00　就寝	D2 7：30　起床 8：00　洗漱\早餐 9：00　集合 9：30　户外游戏、野外生存技能比拼 10：30　野炊准备 12：00　野炊午餐 15：00　上车，返校

4.小组分工

队长	安全组	食品组	装备组	财务组	医疗组	交通组	环保组	晚会组

5.安全与环保管理（队员纪律要求、环保责任）
6.食品计划（个人、集体）食品组

野炊菜单							
集体、个人准备的食材							

7.经费预算　财务组

7. 课程实施

续表

授课题目 野外综合实践能力培养及考核	授课对象：2022级社体专业户外运动专业方向 授课时间：校外实践2—7天

8. 个人携带物品清单　装备组

9. 集体装备清单（责任人）装备组

帐篷	睡袋	防潮垫	背包	炊具	其他

10. 健康管理及注意事项　医疗组
11. 出发集合时间、地点　交通组
12. 晚会节目单　晚会组
13. 队员名单（姓名、电话、身份证号码）购买保险

注意事项：在自然环境中开展的集体户外运动，必须具有高度安全意识，保证自身及团队成员的人身安全及财产安全。本人承诺在活动期间，将严格遵守以下安全守则，如有违反，后果自负。

1. 注意安全，遵守组织纪律，听从教师安排，遇到分歧大家可以商量解决，但决定权在教师。
2. 保持良好的团队协作精神。
3. 禁止私自离队活动，外出至少2人一组并向教师报告。
4. 禁止私自进行攀登、涉水等具有危险性的活动。
5. 环保。维护生态环境，不要砍伐幼树及珍稀树种，电池和塑料袋等不可降解垃圾不要丢弃在景区，统一收拾带出风景区。
6. 禁止私自生火。
7. 注意饮食卫生，注意预防疾病。注意自我保护。
8. 有任何困难或疑问尽快和教师沟通。
9. 遵守当地风俗习惯，不要伤害当地人感情。

三、社会调查服务

四姑娘山基地集中实践期间，采用探究式学习法，分为4—6个小组，教师带领各小组对四姑娘山管理局户外运动中心、四姑娘山高山协作公司等进行野外生存活动与当地经济发展、乡村振兴等相关主题的调查。普及碳足迹等高阶环保理念，对乡村居民、高山向导、户外爱好者进行环保宣传。记录调研情况课后完成调研报告。前往距离四姑娘山镇20分钟车程的达维镇，参观烈士陵园、访谈红军后代，学习和感受红军长征"达维会师"的丰功伟绩，继承红军精神，激发爱国情怀。

续表

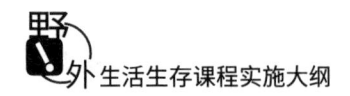

授课题目 野外综合实践能力培养及考核	授课对象：2022级社体专业户外运动专业方向
	授课时间：校外实践 2—7 天

四、考核与评价

1. 四姑娘山集中实践(权重 30%)：组织与策划 5%,风险评估与管理、户外环保 10%,综合技能实操 10%,课程总结书 5%

评价：小组为单位的活动计划书/策划书及 PPT 展示、小组为单位的风险评估与管理、户外环保等内容设计及表格设计展示 word/ecxl 表格,设计实施效果及可行性评价(详见附件"评价实施细则")；以小组、个人为单位的专业综合技能实操(详见附件"评价实施细则")；课程总结书(含文字总结、照片、视频)由教师进行综合考量打分。

2. 社会调查与服务(权重 10%)社会调查：5%；环保登山宣传：5%

评价：小组为单位的调查报告及 PPT 展示、小组为单位的环保公益宣传总结书(含文字总结、照片、视频)、向游客发放绿色环保碳足迹评价表(统计与分析的 PPT 展示)。由师生共同投票打分。

五、野外综合实践成果图片展示

7. 课程实施

续表

授 课 题 目 野外综合实践能力培养及考核	授课对象：2022级社体专业户外运动专业方向
	授课时间：校外实践 2—7 天

续表

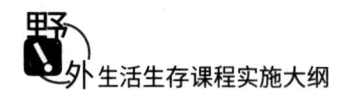

授课题目 野外综合实践能力培养及考核	授课对象：2022级社体专业户外运动专业方向 授课时间：校外实践2—7天

六、野外综合实践成果视频展示

    2013年四姑娘山_超清.mp4

    2014年四姑娘山课程之旅——追寻人生的价值_标清 (2).flv

    2015四川师范大学环保登山_高清在线观看_百度视频.mp4

    2016年四川师范大学环保登山队纪录片_标清.flv

    小雪宝顶纪录片_高清.mp4

教学方法：
挖掘思政元素积极组织参加相关学科竞赛：(例)以"夹金山""达维镇"长征精神，红色文化为背景组织学生参加第十七届"挑战杯"全国总决赛（红色专项）获一等奖，实现四川师范大学全国A级赛事"零"的突破！

课后思考与作业：
1. 分组总结分享，在实践中运用技能的感想。
2. "弘扬红军翻越大雪山精神"主题班会。

8. 课程要求

8.1 学生自学的要求

本课程贯彻"以学生为中心"的教学理念,强调学生"学"的主动性,教师组织、指导、帮助和促进学生学习,充分发挥学生的主动性、积极性和创造性,从而达到最优的教学效果。

1. 创设情景,形成问题,促进自学

通过视频分析、问题讨论、查资料等方式,调动学生学习主动性,鼓励同学积极学习。

2. 大胆质疑,乐于思考,勤奋自学

"有疑则有思,无疑则无思"。勇于质疑,不轻易苟同他人意见,大胆发表自己独特的见解。教学中多留给学生思考、探究和自我开拓的余地,以教学内容本身的矛盾与学生已有的知识、经验之间的矛盾为突破口,启发学生去探究式学习,使学生的思维活跃起来,使学生勤于思考,乐于思考,从而更加积极自主地投入学习。

3. 制定自主学习计划

自主学习能力的高低是影响大学生学习效果的主要因素。因此,制定符合自身学习目标的自主学习计划十分必要。对于低年级的大学生,自主学习计划可以先根据本门课程的实施大纲,制定本门课程一个学期的自主学习计划。适应之后再根据本专业的人才培养方案和毕业要求制定一个学年甚至是整个大学阶段的自主学习计划。

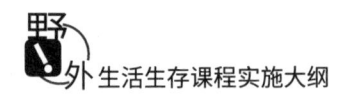

4.掌握高效的自主学习方法

（1）知识的掌握是一个循序渐进的过程，良好的学习习惯和方法会提高学习的效率。在自主学习本门课程时，阅读《野外生活生存》课程大纲和课程实施大纲，了解本课程的主要学习章节和内容。

（2）课前认真阅读教材、参考书以及网络资源，查阅各种资料，深入地了解本课程的最新研究进展和知识更新情况，整理出知识的主线和脉络，补充教材中遗漏的知识，然后据此制定自己的学习计划。养成自主学习的好习惯，提高对野外生活生存的兴趣爱好。

（3）理解野外生活、生存与现代生活及休闲方式的关系。

（4）树立参与户外运动的安全意识。

8.2　课外阅读的要求

阅读中国MOOC、智慧树等线上课程；通过图书馆电子数据库查阅《野外生活生存》及《户外运动》等相关图书资料。观看与野外生活生存、登山、攀岩、户外运动等相关电影，撰写读后感、观后感：

1.观看与野外生活生存、登山、攀岩、户外运动相关的电影2—4部；

《绝命海拔》《喜马拉雅》《冰峰72小时》《八千米死亡线》《荒野生存》《北壁》《垂直极限》《触摸世界之巅》……

2.通过图书馆借阅或网上查阅野外生活生存相关书籍2—3本；

3.定期阅读《户外探险》《山野》等期刊杂志；

4.定期阅读野外生活生存、户外运动相关的微信公众号文章；

5.通过百度、CNKI、MOOK、智慧树等平台搜集各类资料学习了解；

6.完成2篇以上观后感（读后感）。

8.3　课堂讨论的要求

坚持"自主、合作、探究"的教学理念。通过质疑、深思、感悟、论辩培养学生的竞争意识和合作精神,发展交往和思辨能力。

首先是要科学构建合作学习小组,构建合作学习小组是进行合作学习活动的组织前提。学生积极有效的参与,所有的学生都要参与讨论,尤其是性格内向、沉默寡言的学生尤为重要,引导他们参与进来,尽量发言。学生参与程度是衡量课堂讨论成功与否的重要指标。

其次,精心设计"问题"是课堂讨论的核心,"学起于思,思源于疑",疑问是思维的火花,思维应从问题开始。当教师精心设计的问题成为启发学生自由积极思考和探究的有效力量时,课堂讨论就会充满生机和活力,呈现出百花齐放、百家争鸣的有益局面,教学目标才能圆满实现。

最后,学生的发言机会要保持平衡,尽量不要集中在几个同学之间。教师控制讨论的节奏,并对同学的发言加以点拨提升,启发学生将问题讲清楚讲明白。课堂讨论时使用标准普通话,声音清晰洪亮。并强调使用规范的专业术语,并注意给定的时间。

课程在教学过程中,较多地采用讨论式教学,让更多的学生参与到课堂中来,尽量避免老师讲太多。课堂讨论是激发学生创造活力、学习热情的重要环节。通过这一环节把学生自学环节存在的问题和困惑消除掉,通过激烈的思维碰撞拓展学生思维、升华认知、提高能力,并培养学生良好的学习习惯及行为习惯。

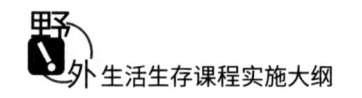

8.4 课程实践的要求

本课程的实践性教学包括两个方面,一是教师的"教"(不脱离野外环境和现实生活的实际情况);二是学生的"学"(理论+技能的方式,最终要能在实践中检验学习的效果)。本课程的所有学习内容均需要在实践操作中进行检验。本课程实践性教学的方式包括四个层次:一、校内实践;二、校园周边实践;三、校外市内基地实践;四、市外省内基地集中实践。具体要求如下:

1. 模块化任务设定。校内及校园周边基地实践时,将理论学习与实践操作交替进行,将"弓箭、鱼叉(鱼篓)制作,庇护所搭建,动植物给养获取,徒手抓鱼,钻木取火,过滤器制作,水源寻找,陷阱铺设"等实操科目模块化,独立设定任务和考核标准。教师引导学生结合自身体验和本体感受,对实践过程进行评估和调整,制订优化策略、方案。

2. 教师问题导向。在校外市内基地露营及野外炊事实践时,学生分组开展野外生活生存与自我成长、野外生活生存团队精神、野外生活生存与环境保护等相关内容的辩论赛,教师分析点评。

3. 小组合作练习。在市外省内基地(四姑娘山)集中实践时,采用小组合作练习法,进行高山营地建设、高原息服、山地救援等综合技能训练,以及登顶海拔5038m的四姑娘山大峰,完成挑战人生中第一座雪山的目标时,让学生通过真实体验与亲身感受,记录高原野外生存过程中的身心状况,观察不同海拔高度的生态环境,分析登山路线与野外生存计划制定的科学性及合理性,评估野外生活生存活动对自然环境的影响。

4. 反思与引导教学。在完成野外集中实践物资回收整理、营地垃圾分类及处理,营地拆除与生态恢复,回收游客遗留垃圾,向游客宣传环保理念与行为准则时,反思野外生活生存过程对植被、水源的影响,运用绿色环保碳足迹评价表进行自评和他评。

8.课程要求

5.社会调查与服务。四姑娘山基地集中实践期间,采用探究式学习法,在教师带领下对四姑娘山管理局户外运动中心、四姑娘山高山协作公司等进行野外生存活动与当地经济发展、乡村振兴等相关主题的调查。普及碳足迹等高阶环保理念,对乡村居民、高山向导、户外爱好者进行环保宣传,记录调研情况,课后完成调研报告。前达维镇,参观烈士陵园、访谈红军后代,学习和感受红军长征"达维会师"的丰功伟绩,继承红军精神,激发爱国情怀。

9. 课程考核

9.1 出勤(迟到、早退等)、课堂讨论、作业、报告等的要求

9.1.1 出勤

出勤率是课堂教学的重要环节,学生不得无故迟到或早退。安全第一是野外生活生存课程的首要工作,故野外生活生存上课前5分钟由班长在教学场地(教室或实践基地)整队集合(集中)、清点人数,迟到10分钟以内,需自行罚站15分钟,若迟到10分钟以上,按旷课对待;早退同样按旷课论;旷课者一次扣除出勤分3分,3次旷课将取消该门课的考试资格,病假、事假者(须出具医院开具的病假条、学院开具的事假条等有效证明)1次扣出勤分1分;全勤分为10分。

9.1.2 作业

作业分为课内作业(单元作业、课后习题)和课外作业(线上),每一次理论和实践课后均会布置本堂课作业。作业质量要求:书写认真、规范,格式符合要求,书面整洁。未达到要求,每次扣1分。杜绝抄袭,一旦发现,取消本次作业成绩。作业满分为10分。

9. 课程考核

9.1.3 课堂讨论

在课堂教学环节中设置了多个不同难度、不同梯度、不同类型的思考题,鼓励同学们积极思考并主动回答问题。同时,若同学们对上课讲授过程中的任一知识有疑问,均可示意老师,师生共同探讨。根据回答问题的答案和小组讨论情况,酌情给予分数,满分为 5 分。对于主动回答问题的同学,以及在小组讨论环节提出有创意的 idea 的同学,在理论成绩里相应加 1—3 分(理论成绩满分不超过 20 分)。

9.1.4 从业资格证考取

教师根据学生考取的从业资格证书与课程和专业的相关度来评判学生应得的分数,从业资格证考取满分不超过 5 分。

9.2　成绩的构成与评分规则说明

成绩构成:

实行多维度形成性课程评价考核方式,强化能力性、过程性考核,新增课程思政内容考核,具体考核内容由:基本理论+校内及校园周边模块化实践+校外基地综合实践+"重走长征路、徒步大渡河"(新增思政考核内容)+社会调查与服务(新增思政考核内容)构成。

评分规则说明:

1.基本理论:20%

课内:出勤 5%;课堂讨论 5%

课外:作业(含线上)5%;从业资格证书考取 5%

评价:随堂教师随机点名提问、学生回答问题,学生提问;学习心得体会(新增思政考核点);线上线下单元测试(单元试卷)、从业资格证书认证及评分。

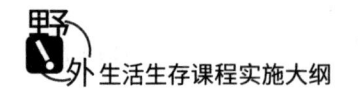

2. 校内及校园周边模块化实践：30%

模块：分"弓箭制作、鱼叉制作、鱼篓制作，庇护所搭建，动植物给养获取，徒手抓鱼，钻木取火，过滤器制作，水源寻找，陷阱铺设"10个模块，各模块占10%，合计30%。

评价：模块评分标准，含珍爱生命、敬畏自然、爱惜动植物资源意识考核（新增思政考核点）（详见附件"评价实施细则"）。

3. 校外综合实践：30%

校外市内：露营及野外炊事5%；方向识别及野外救护5%

四姑娘山集中实践：组织与策划5%；风险评估与管理，环保意识、勤俭节约习惯养成（新增思政考核点）5%；综合技能实操5%；课程总结书5%

评价：小组为单位的活动计划书/策划书及PPT展示、小组为单位的风险评估与管理、户外环保等内容设计及表格设计展示word/ecxl表格，设计实施效果及可行性评价（详见附件"评价实施细则"）；以小组、个人为单位的专业综合技能实操（详见附件"评价实施细则"）；课程总结书（含文字总结、照片、视频）由教师进行综合考量打分。

4. 四姑娘山集中实践社会调查与服务（新增课程思政考核评价内容）：10%

"夹金山""达维会师"红色资源社会调查：5%；环保登山宣传：5%

评价：小组为单位的调查报告及PPT展示、小组为单位的环保公益宣传总结书（含文字总结、照片、视频）、向游客发放绿色环保碳足迹评价表（统计与分析的PPT展示）。由师生共同投票打分。

5. "重走长征路、徒步大渡河"体验式课程思政教学（新增课程思政考核评价内容）：10%

学生徒步日记：5%；长征精神主题辩论：5%

评价：学生每日撰写徒步日记（含身体感受、思想顿悟、沿途影像资料、自媒体宣传成效等内容）以小组为单位展示并上传教师邮箱参评；以小组为单位在徒步第四天晚上参加以长征精神为主题的辩论会，教师现场点评及评分；活动结束后，召开"重温红色记忆，传承红色基因"主题班会对教学活动进行总结，同学互评、教师点评活动的总体表现，进一步升华课程思政教育成果。

9. 课程考核

*实践教学模块评分标准(细则)

(一)手杖及长矛制作(刀的使用)10%

1. 能熟练使用刀具:5 分
2. 能在野外熟练制作手杖及长矛并基本实现其功能:8 分
3. 能充分运用自身携带的现有物品巧妙地利用环境资源完成制作:9 分
4. 制作过程和成果创意性强:10 分

(二)宿营装备的使用及野外庇护所的搭建 10%

1. 能正确使用宿营装备:5 分
2. 能利用野外环境搭建野外庇护所,并基本实现其功能:8 分
3. 能充分运用现有自然环境资源搭建庇护所,并较好地实现其功能:9 分
4. 制作成果能充分体现环保意识:10 分

(三)弓箭制作 10%

1. 能熟练使用刀具:3 分
2. 能在野外熟练制作弓箭并基本实现其功能:5 分
3. 能充分运用自身携带的现有物品及环境资源完成制作,且能试射 25 米以上:6 分
4. 制作符合原理,且能试射 50m 以上:8 分
5. 制作过程和成果富有创意,且射程超过 80m:10 分

(四)鱼叉制作 10%

1. 能理解鱼叉的叉鱼原理:5 分
2. 能在野外熟练制作鱼叉并基本实现其功能:6 分
3. 能充分运用自身携带的现有物品及环境资源完成制作,且功能性强:8 分
4. 制作符合原理,且实际价值:9 分
5. 制作过程和成果附有创意:10 分

(五)徒手抓鱼 10%

1. 能熟记徒手抓鱼原理及实践操作流程:5 分
2. 单位时间内能徒手抓起 3 条鱼:7 分
3. 单位时间内能徒手抓起 4 条鱼:9 分
4. 单位时间内能徒手抓起 5 条鱼:10 分

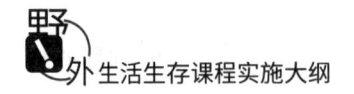

（六）野外给养的获取（植物性给养）10%

1. 能熟练掌握可食用植物的鉴别方法：5 分

2. 单位时间内能采摘 3 样可食用、适口性好、营养价值较高的野生植物：7 分

3. 单位时间内能采摘 4 样可食用、适口性好、营养价值较高的野生植物：9 分

4. 单位时间内能采摘 5 样可食用、适口性好、营养价值较高的野生植物：10 分

（七）高海拔营地建设 10%

1. 充分利用高原环境不破坏环境：5 分
2. 能较好地实现营地功能：7 分
3. 能充分的实现营地功能：9 分
4. 营地建设创意性强：10 分

（八）野外救护 10%（累积分）

1. 能制作野外担架（1 种以上）：2 分
2. 包扎野外伤员（1 个部位以上）：2 分
3. 会野外伤员运输：3 分
4. 野外救护的实效性（处置得当、转运合理）：3 分

（九）钻木取火 10%（累积分）

1. 能选取和识别砖木取火材料（2 种以上）：2 分
2. 能制作砖木取火工具（1 个以上）：2 分
3. 能讲出砖木取火的基本原理：3 分
4. 能成功点火：3 分

（十）过滤器制作 10%

1. 能理解过滤器的制作原理：5 分
2. 能在野外找到制作过滤器的材料并讲述其功能：6 分
3. 能充分运用自身携带的现有物品及环境资源完成制作（过滤材料不少于三种）：8 分
4. 制作符合原理，且实际过滤效果良好：9 分
5. 制作过程和成果具有创意：10 分

9.3 考试形式及说明

本课程评定采用多维度形成性考核、强化能力性考核、综合实践能力的评价方式,考核内容由基本理论＋校内及校园周边模块化实践＋校外基地综合性考核＋"重走长征路、徒步大渡河"(新增思政考核内容)＋社会调查与服务(新增思政考核内容)构成。

10. 课程资源

10.1 教材与参考书

教材:

国外教材:

《U.S, Army Survival Manual》《British Army Survival Manual》《Alpinismo Su Ghiaccio E Misto》《Arrampicata su Ghiaccio Verticale》等。

国内教材:

张惠红,陶于.定向运动与野外生存(第三版)[M].北京:高等教育出版社,2019.

参考书:

梁传成,梁传声.野外生存教程[M].北京:高等教育出版社,2003.

冉孟刚,史伟等.定向运动与野外生存训练教程[M].北京:北京师范大学出版社,2014.

张瑞林.户外运动(第二版)[M].北京:高等教育出版社,2011.

10.2　专业学术著作

本课程主要是技能性课程,对阅读的要求偏重实践类书籍。
1.(美)艾米·罗斯特.野外生存必备技能(户外生存系列)[M].北京:现代出版社,2016.
2. 中国徒步穿越·西南卷(仅适用PC阅读)[M].西安:陕西师范大学出版社,2004.
3.(英)罗布·利尔沃.徒步中国:用脚步丈量魅力中国[M].北京:中国人民大学出版社,2017.

10.3　专业刊物

《户外探险》(Outside)探险杂志社
《山野》国家体育总局
杰弗里·马里恩.无痕山林[M].北京:北京大学出版社出版,2017.

10.4　网络课程资源

1. 中国大学MOOC(https://www.icourse163.org/)
2. 智慧树在线教育(https://www.zhihuishu.com/)

3.国家精品课程网站(http://www.jingpinke.com/)

4.高等学校教学资源(http://www.cctr.net.cn/)

5.户外网站：

中国户外资料网(www.8264.com)

荒野求生(美)(https://so.360kan.com/index.php？ kw)

中国定向协会(www.oacn.org/)

中国登山协会(http://cmasports.sport.org.cn/xhck/)

6.《皮皮电子书》图书馆：有强大的知网、维普、读秀、超星、万方、龙源、博看、北大法宝、法意、国研等数百种数据库高权通道以及120多个高校图书馆入口,全部资源无限下载,不限IP,打造网络最全面图书馆。

7.《壹课堂》,最全面的大学课程教学视频网站,全学科覆盖,为学生提供最全面的网络学习空间。

11. 课堂规范

11.1　课堂纪律

1. 上课有迟到、早退现象的,上报学院,每迟到或早退一次在平时成绩中扣 1 分,扣满 3 分的同时在学院内通报批评,并报教务处备案。

2. 课有玩手机、吃东西、随意交谈走动等影响正常教学秩序现象的,上报学院,同时在学院内通报批评,并报教务处备案。

3. 未经批准而无故缺课的。缺课一次在平时成绩中扣 3 分,扣满 6 分的,在学院内通报批评,并报教务处备案。无故缺课次数超过 3 次(含 3 次)的,取消该生该门课程的考试资格。确因个人原因无法上课的必须至少提前一天履行请假手续,因病请假的,需到校医院开具病假证明;因事请假的,须至辅导员处开具事假证明;因突发疾病等原因无法及时开具假条的,可先由班级学习委员口头请假,并在课后补交病假或事假证明。

4. 师生之间以爱感化,以情动人。

5. 培养学生尊重他人的习惯和意识。

6. 教师要灵活处理各类问题。

7. 树立教师威信。

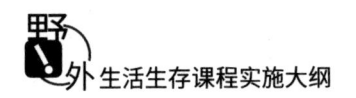

11.2　课堂礼仪

1. 教师着装整洁、尊重学生,遵守教师行为规范。
2. 学生严格遵守《四川师范大学学生文明礼仪规范》,禁止穿背心和拖鞋上课。
3. 认真做好课前准备
4. 遵守课堂纪律
5. 师生相互尊重

12. 学术诚信

12.1　考试违规与作弊处理

　　根据我校教务处发布的《四川师范大学学生考试违纪及作弊处理办法》执行。"车无辕而不行,人无信则不立"。诚实守信是中华民族的传统美德,是人的立身之本,更是每一位大学生在文明社会中立于不败之地的基本道德品质。每年考试,总有少数心存侥幸参与作弊的学生被查处,这些同学为之付出了惨痛的代价:因考试作弊被取消学位、退学,有的甚至失去来之不易的工作岗位。在此,我们衷心希望广大同学能够树立远大理想,明确人生目标,切勿因一念之差、一时冲动而使自己的大学生活乃至整个人生留下遗憾。

　　诚实做事,诚信做人,做一块经得起烈焰烤炙的真金!

12.2　杜撰数据、信息处理等

　　"内诚于心,外信于人"。诚信对科学研究的重要性不言自明,是我校长期坚持并执行的一项准则。加强学风建设、增强学术道德规范教育,相信学子们能够坚持学术诚信、恪守学术道德、抵制学术造假,坚守住学术不可逾越的底线,努力成为有真才实学的高质量人才。

如有违规,按学校相关文件要求执行。

12.3　学术剽窃处理等

长期以来,学校十分重视学术规范与学术诚信的建设工作。学校在加强学术道德和学风建设,遏制学风不正、学术不端等方面做了大量工作。诚实守信是做人的基本要求,做学问和做人是统一的。要加强思想道德教育、校风学风教育和诚信教育;教师要为人师表,对学生敢于要求,严于要求,把学风建设和如何做人的教育结合起来,尽到教书育人的责任;要把师德师风教育工作纳入教师培训体系;要注重发挥老教师传帮带作用,将学术诚信和学术道德的抽象要求变成师生的自觉行动,变他律为自律,将学术道德规范内化为师生员工的主动追求。

如有违规,按学校相关文件要求执行。

13. 教学合约

13.1　合约理解

开课前,同学们需要仔细阅读本课程实施大纲,特别要了解课程进度、阅读书目、考试方法等内容,并为上课做好相应准备。在本课程的第一次课中,老师要对实施大纲进行专门的解释与说明,并回答同学们的相关问题。

13.2　学生责任

尽管与己有异,但能够倾听别人的观点,对课程内容进行主动思考,从而获得理解。爱护同学,主动帮助别人,主动参与课程讨论与实践。

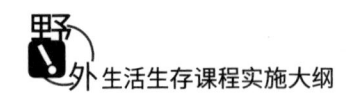

13.3　老师责任

备好课,写好教案,不断充实新内容,运用新方法。讲授时,清楚、准确。注意培养学生提出与建构问题的能力。实施民主教学,经常了解学生对教学的意见。强化安全与组织纪律教育,严格课堂管理。

13.4　遵守的标准和期望

标准:学生获悉本大纲纸质材料 3 周后,没有异议,表示愿意遵守相关约定,3 周后,如仍有异议,老师也不可立即否定其异议,而要与其认真沟通,仍有异议,提请教研室讨论,讨论时当事人与至少 2 名学生代表参加,共同决议相应事项。

期望:期望每个个体以契约精神与态度应对课程实施中出现的问题;期望人人以事实为依据,不道听途说,不以讹传讹;期望彼此尊重,相互理解,共同成长;期望大家不仅收获知识、技能,也收获师生情谊;期望课堂干干净净,无论行为还是精神。

13.5　阅读课程实施大纲,理解其内容

我已经认真阅读了《野外生活生存》课程实施大纲的全部内容,并

清楚理解本实施大纲全部内容的含义与要求;我认同任课教师针对课程实施所提的课程标准;愿意遵守各项教学纪律与规范、学术诚信等规定,努力完成本课程的教学目标。

  签约学生: 年 月 日
  签约教师: 年 月 日

13.6 同意遵守课程实施大纲中阐述的标准和期望

  我同意遵守课程实施大纲中所确定的责任和义务,我愿遵守各项教学纪律与规范、学术诚信规定,努力完成本课程的教学目标。

  签约学生: 年 月 日
  签约老师: 年 月 日

14. 其他说明

暂无